하루 15분 국어 독해력의 기틀을 다지는

뿌리깊은 초등국어 독해력

2단계

초판 23쇄 발행일 2024년 8월 28일 **발행처** (주)마더텅 **발행인** 문숙영

책임편집 임경진 **진행** 남희정, 정반석

집필 구주영 선생님(당동초), 김태호 선생님, 신명우 선생님(서울교대부초), 오보람 선생님(은천초),

최성훈 선생님(울산 내황초), 서혜림 선생님, 박지애, 문성준, 김영광, 허주희, 김수진, 김미래, 오은화, 정소현, 신은진,

김하늘, 임일환, 이경은, 박성수, 김진희, 이다경, 김다애, 장지훈, 마더텅 초등국어 편집부

해설집필 · 감수 김태호 선생님, 신명우 선생님(서울교대부초), 김지남 선생님(서울교대부초), 최성훈 선생님(울산 내황초)

교정 백신희, 안예지, 이복기 **베타테스트** 이예랑, 양채원, 황라율, 윤지효, 권민혜, 성시환, 박수진, 김동준, 이예준

삽화 김미은, 김복화, 서희주, 이혜승, 이효인, 장인옥, 지효진, 최준규, 박미경

디자인 김연실, 양은선 **컷** 이혜승, 김유리, 양은선 **인디자인편집** 조유미

제작 이주영 **주소** 서울시 금천구 가마산로 96, 708호 **등록번호** 제1-2423호(1999년 1월 8일)

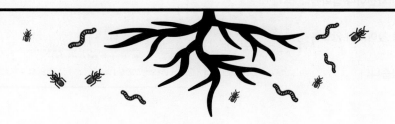

이 책의 구성

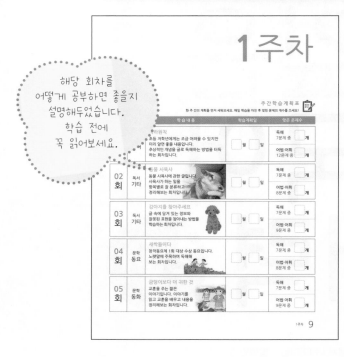

해당 회차를
어떻게 공부하면 좋을지
설명해두었습니다.
학습 전에
꼭 읽어보세요.

〈뿌리깊은 초등국어 독해력〉은 공부할 내용을
주 단위로 묶었습니다.
'주간학습계획표'는 한 주 동안 공부할 내용을
미리 살펴보고, 학생 스스로 계획을 세울 수 있도록
도와줄 것입니다.

글의 내용과 관련된
사진이나 삽화가 수록되어 있어요.
독해가 어려우면 그림을 보고
내용을 미리 짐작해보아요.

〈뿌리깊은 초등국어 독해력〉에는
다양한 글감과 여러 가지 형식의 글이 실려 있습니다.
글의 길이와 어휘의 난이도를 고려해 1회차부터
40회차까지 점점 어려워지도록 엮었습니다.
그리고 지문마다 글을 독해하는 데
학생들이 거부감을 줄일 수 있도록
글의 내용과 관련된 사진이나 삽화를
수록했습니다.
여기에 따로 사전을 찾아보지 않도록
'어려운 낱말'을
지문의 아래에 두었습니다.

지문 아래에
어려운 낱말을 모아서
뜻을 풀이했어요.
사전을 따로
안 찾아도 돼요.

구성 3 독해력을 기르는 7문제

구성 4 배경지식 더하기

해설지를 빠르게 찾아갈 수 있게 '찾아가기' 날개가 달려 있어요.

<〈뿌리깊은 초등국어 독해력〉에서 독해 문제는 모두 7문제가 출제됩니다. 중심생각을 묻는 문제부터 세부내용, 그리고 글의 내용을 응용해야 풀 수 있는 추론 문제까지 이어지도록 문제를 배치했습니다. 이러한 구성의 문제를 풀다 보면 먼저 숲을 보고 점차 나무에서 심지어 작은 풀까지 보는 방법으로 자연스레 글을 읽게 될 것입니다.

국어 독해력을 기르는 데 필요한 것은 무엇보다 배경지식입니다. 배경지식을 알고 읽는 글과 그렇지 않은 글에 대한 이해도는 하늘과 땅 차이입니다. 〈뿌리깊은 초등국어 독해력〉에는 해당 회차의 지문과 관련된 내용이면서 학생들의 배경지식을 넓히는 데 도움이 될 만한 글들이 곳곳에 자리하고 있습니다.

구성 5 어법·어휘편

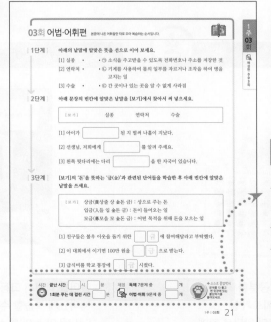

〈뿌리깊은 초등국어 독해력〉에는 어휘·어법만을 따로 복습할 수 있는 별도의 쪽이 회차마다 들어있습니다. 마치 영어 독해 공부를 하듯 해당 회차 지문에서 어렵거나 꼭 알아두어야 할 낱말들만 따로 선정해 확인하는 순서입니다. 총 3단계로 이뤄져 있습니다. 1,2단계는 해당 회차 지문에서 나온 낱말을 공부하고, 3단계에서는 어휘 또는 어법을 확장하여 공부할 수 있습니다.

구성 6 학습결과 점검판

한 회를 마칠 때마다 걸린 시간 및 맞힌 문제의 개수, 그리고 '평가 붙임딱지'를 붙일 수 있는 (자기주도평가)란이 있습니다. 모든 공부를 다 마친 후 스스로 그 결과를 기록함으로써 학생은 그날의 공부를 다시 한 번 되짚어 볼 수 있습니다. 그리고 하나하나 성취해가는 기쁨도 느낄 수 있습니다.

구성 7 다양한 주간 부록

바른 언어 생활 알아보기

꼭 알아두어야 할 맞춤법

독해에 도움 되는 배경지식

알아두면 도움 되는 관용 표현

〈뿌리깊은 초등국어 독해력〉에는 주마다 독해에 도움이 될 만한 다양한 부록이 실려 있습니다. 독해에 도움이 될 만한 배경지식부터, 독해력을 길러주는 한자까지 다양한 주제와 이야기로 구성되어 있습니다.

구성 8 정답과 해설

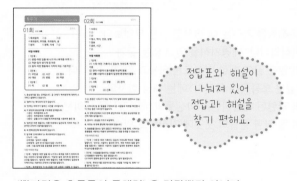

정답표와 해설이 나뉘어져 있어 정답과 해설을 찾기 편해요.

〈뿌리깊은 초등국어 독해력〉은 정답뿐만 아니라 문제를 이해할 수 있도록 도와주는 해설도 수록되어 있습니다. 빠르게 정답을 확인할 수 있도록 정답표와 해설을 깔끔하게 분리했습니다.

구성 9 유형별 분석표

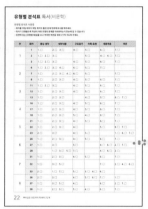

〈뿌리깊은 초등국어 독해력〉은 유형별 분석표와 그에 따른 문제 유형별 해설도 실었습니다. 학생이 해당 회차를 마칠 때마다 틀린 문제의 번호에 표시를 해두면, 나중에 학생이 어떤 유형의 문제를 어려워하는지 알 수 있게 됩니다.

계속 표시해 나가면 부족한 부분을 한눈에 알 수 있어요.

구성 10 독해력 나무 기르기

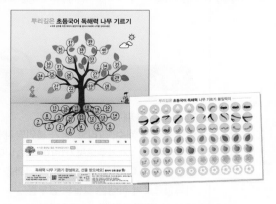

〈뿌리깊은 초등국어 독해력〉은 학생이 공부한 진도를 확인할 수 있도록 '독해력 나무 기르기'를 부록으로 실었습니다. 회차를 마칠 때마다 알맞은 칸에 어울리는 붙임딱지를 붙여서 독해력 나무를 완성해 보세요.

구성 11 낱말풀이 놀이

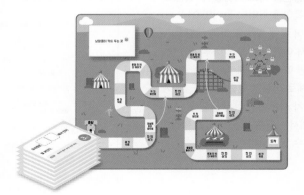

놀이를 하면서 그동안 공부했던 낱말을 재미있게 복습할 수 있도록 교재 뒷부분에 부록으로 '낱말풀이 놀이'를 실었습니다. 카드 수수께끼를 풀면서 말을 움직이는 보드게임입니다.

뿌리깊은 초등국어 독해력에 수록된
전체 글의 종류와 글감

비문학(독서)

	국어	사회/역사	과학		기타
설명문	01회_10쪽 육하원칙	교과연계 16회_76쪽 고인돌 초등사회5-2 1.우리 역사의 시작과 발전	교과연계 06회_32쪽 산호 초등과학4-2 1.식물의 생활	교과연계 11회_54쪽 겨울잠을 자는 동물 겨울2-2 2.겨울 탐정대의 친구 찾기	교과연계 02회_14쪽 동물 사육사 초등사회4-2 1.경제생활과 바람직한 선택
	교과연계 17회_80쪽 편지를 쓰는 방법 초등국어2-1 5.낱말을 바르고 정확하게 써요	36회_164쪽 밸런타인데이	교과연계 21회_98쪽 여러 가지 맛 초등과학5-2 4.우리 몸의 구조와 기능	교과연계 26회_120쪽 여러 종류의 둥지 초등과학3-2 1.동물의 생활	
	22회_102쪽 의성어와 의태어		교과연계 31회_142쪽 해시계 초등과학4-2 3.거울과 그림자		
논설문		교과연계 12회_58쪽 전기를 절약합시다 초등사회5-1 2.환경과 조화를 이루는 국토			27회_124쪽 하루를 시작하는 방법
실용문	교과연계 28회_128쪽 어린이 캠프 당첨 초등국어3-1 3.중요한 내용을 적어요			교과연계 08회_40쪽 드론 조종 설명서 초등국어3-1 3.중요한 내용을 적어요	교과연계 03회_18쪽 강아지를 찾아 주세요 초등국어3-1 3.중요한 내용을 적어요
전기문		38회_172쪽 알프레드 노벨			32회_146쪽 모차르트
대화문	교과연계 33회_150쪽 유학 간 형과의 전화 통화 초등국어3-1 3.중요한 내용을 적어요				교과연계 07회_36쪽 보고 싶은 지우에게 초등국어2-1 5.낱말을 바르고 정확하게 써요
기타	교과연계 13회_62쪽 교내 방송 초등국어3-1 3.중요한 내용을 적어요	37회_168쪽 경복궁 탐방	교과연계 23회_106쪽 일기 예보 초등과학5-2 1.날씨와 우리 생활		18회_84쪽 전주 기행문

문학

동시	교과서 09회_44쪽 도토리나무 초등국어3-1 (2007개정)	교과서 14회_66쪽 발가락 초등국어3-2 1.재미가 솔솔 (2015개정)	교과서 24회_110쪽 나무 노래 초등국어3-2 4.감동을 나타내요 (2018개정)	교과서 34회_154쪽 산 샘물 초등국어3-1 1.재미가 톡톡톡 (2018개정)	39회_176쪽 바닷가에서	
동화	05회_26쪽 금덩이보다 더 귀한 것	교과서 10회_48쪽 이름 짓기 가족회의 초등국어2-1 3.마음을 나누어요 (2017개정)	교과서 15회_70쪽 받아쓰기 시험 초등국어2-2 5.이야기를 나누어요 (2014개정)	교과서 25회_114쪽 이모의 결혼식 초등국어1-2 (2009개정)	교과서 30회_136쪽 사슴의 뿔과 다리 초등국어2-1	교과서 35회_158쪽 은혜 갚은 개구리 초등국어활동3-2 9.작품 속 인물이 되어	교과서 40회_180쪽 아낌없이 주는 나무 초등국어3-2 7.감동을 느껴 보아요 (2015개정)
기타	04회_22쪽 새싹들이다 (동요)	19회_92쪽 토끼의 간 (연극)	20회_92쪽 다른 사람을 이기는 방법 (탈무드)	29회_132쪽 고드름 (동요)			

뿌리깊은 초등국어 독해력 목차

스스로 붙임딱지 활용법

공부를 마치면 아래 보기를 참고해 알맞는 붙임딱지를 '학습결과 점검표'에 붙이세요. ※붙임딱지는 마지막 장에 있습니다.

**다 풀고 나서
스스로 대단하다는
생각이 들었을 때**
- 정답 수 : 5개 이상
- 걸린 시간 : 10분 이하

**열심히 풀었지만
어려운 문제가 있었을 때**
- 정답 수 : 4개 이하
- 걸린 시간 : 20분 이상

**오늘 읽은 글이
재미있었을 때**
- 내용이 어려웠지만
점수와 상관없이
학생이 재미있게 학습했다면

**스스로 공부를 시작하고
끝까지 마쳤을 때**
- 학생이 스스로 먼저
오늘 할 공부를 시작하고
끝까지 했다면

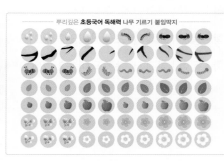

독해력 나무 기르기 붙임딱지 활용법

공부를 마치면 아래 설명을 참고해 알맞는 붙임딱지를 '독해력 나무 기르기'에 붙이세요. 나무를 완성해 가면서 끝까지 공부를 했다는 성취감을 느껴 보세요.
※독해력 나무 기르기는 뒤표지 안쪽에 있습니다.

❶ 그날 학습을 마쳤을 때, 학습을 한 회차 칸에 어울리는 붙임딱지를 자유롭게 붙이세요.

❷ 첫째~셋째 줄까지는 뿌리 부분(1~20일차)에 붙이는 붙임딱지입니다. 뿌리 모양 붙임딱지는 뿌리 끝의 모양에 맞춰서 붙여 보세요.

❸ 넷째~일곱째 줄까지는 나무 부분(21~40일차)에 붙이는 붙임딱지입니다.

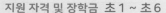

2025 The 5th Mothertongue Scholarship for TOP Elementary School Students

2025 마더텅 제5기 초등학교 성적 우수 장학생 모집

2025년 저희 교재로 열심히 공부해 주신 분들께 장학금을 드립니다!

대상 30만 원 / 금상 10만 원 / 은상 3만 원

지원 자격 및 장학금 초1 ~ 초6

지원 과목 국어 / 영어 / 한자 중 1과목 이상 지원 가능 ※여러 과목 지원 시 가산점이 부여됩니다.

성적 기준
아래 2가지 항목 중 1개 이상의 조건에 해당하면 지원 가능
① 2024년 2학기 혹은 2025년 1학기 초등학교 생활통지표 등 학교에서 배부한 학업성취도를 확인할 수 있는 서류
② 2024년 7월~2025년 6월 시행 초등학생 대상 국어/영어/한자 해당 인증시험 성적표
책과함께 KBS한국어능력시험, J-ToKL, 전국영어학력경시대회, G-TELP Jr., TOEFL Jr., TOEIC Bridge, TOSEL, 한자능력검정시험(한국어문회, 대한검정회, 한자교육진흥회 주관)

위 조건에 해당한다면 마더텅 초등 교재로 공부하면서 **느낀 점**과 **공부 방법, 학업 성취, 성적 변화** 등에 관한 자신만의 수기를 작성해서 마더텅으로 보내 주세요. 우수한 글을 보내 주신 분들께 **수기 공모 장학금**을 드립니다!

응모 대상 마더텅 초등 교재들로 공부한 초1~초6

뿌리깊은 초등국어 독해력, 뿌리깊은 초등국어 독해력 어휘편, 뿌리깊은 초등국어 독해력 한국사, 뿌리깊은 초등국어 한자, 초등영문법 3800제, 초등영문법 777, 초등교과서 영단어 2400, 초등영어 받아쓰기·듣기 10회 모의고사, 비주얼파닉스 Visual Phonics, 중학영문법 3800제 스타터 및 기타 마더텅 초등 교재 중 1권 이상으로 신청 가능

응모 방법

① 마더텅 홈페이지 이벤트 게시판에 접속
② [2025 마더텅 초등학교 장학생 선발] 클릭 후
[2025 마더텅 초등학교 장학생 지원서 양식]을 다운
③ [2025 마더텅 초등학교 장학생 지원서 양식] 작성 후
메일(mothert.marketing@gmail.com)로 발송

접수 기한 2025년 7월 31일 　 수상자 발표일 2025년 8월 12일 　 장학금 수여일 2025년 9월 10일

1주차

한 주 간의 계획을 먼저 세워보세요. 매일 학습을 마친 후 맞힌 문제의 개수를 쓰세요!

회차	영역	학습내용	학습계획일	맞은 문제수
01회	독서 국어	**육하원칙** 초등 저학년에게는 조금 어려울 수 있지만 미리 알면 좋을 내용입니다. 추상적인 개념을 글로 독해하는 방법을 터득하는 회차입니다.	월 일	독해 7문제 중 ☐ 개 어법·어휘 12문제 중 ☐ 개
02회	독서 기타	**동물 사육사** 동물 사육사에 관한 글입니다. 사육사가 하는 일을 항목별로 잘 분류하고 정리해보는 회차입니다.	월 일	독해 7문제 중 ☐ 개 어법·어휘 8문제 중 ☐ 개
03회	독서 기타	**강아지를 찾아 주세요** 글 속에 담겨 있는 정보와 잘못된 표현을 찾아내는 방법을 학습하는 회차입니다.	월 일	독해 7문제 중 ☐ 개 어법·어휘 9문제 중 ☐ 개
04회	문학 동요	**새싹들이다** 창작동요제 1회 대상 수상 동요입니다. 노랫말에 주목하며 독해해 보는 회차입니다.	월 일	독해 7문제 중 ☐ 개 어법·어휘 8문제 중 ☐ 개
05회	문학 동화	**금덩이보다 더 귀한 것** 교훈을 주는 짧은 이야기입니다. 이야기를 읽고 교훈을 배우고 내용을 정리해보는 회차입니다.	월 일	독해 7문제 중 ☐ 개 어법·어휘 9문제 중 ☐ 개

독서 | 설명문 |

01회

공부한 날 [ ]월[ ]일
시작 시간 [ ]시[ ]분

독해력 2단계 01회
▲ QR코드를 찍으면
지문 읽기를 들을 수 있어요

나는 배가 고파서 학교 가기 전에 집에서 밥을 먹었다.

육하원칙은 글에서 중요한 내용을 빠뜨리지 않게 하는 여섯 가지 **원칙**^①을 말합니다. 육하원칙을 지키면 생각하는 내용을 **조리 있게**^② 글로 쓸 수 있습니다.

육하원칙의 첫 번째는 '누가'입니다. 글의 **주인공**^③이 누구냐는 것입니다. 다음은 '언제'입니다. 글이 담고 있는 이야기가 일어난 시간이 언제냐는 것입니다. 그 다음은 '어디서'입니다.

글에 쓰인 내용이 일어난 장소가 어디인지 밝히는 것을 말합니다. '어디서' 다음에는 '무엇을'이 글에 담겨야 합니다. 예를 들어, '나는 밥을 먹었다.'에서 '밥을'이 '무엇을'이 됩니다. 그 다음에는 '어떻게'가 들어가야 합니다. 글의 이야기가 어떤 **방법**^④으로 일어났는지 적는 것을 말합니다. 마지막으로 '왜'가 글에 들어가야 합니다. '왜'는 주인공이 그 일을 한 **까닭**^⑤을 뜻합니다.

육하원칙은 앞으로 글을 쓰거나 읽을 때 계속 나오게 될 중요한 원칙입니다. 육하원칙은 글을 좀 더 **정확**^⑥하고 자세하게 쓰게 해줍니다. 육하원칙에 따라 글을 읽으면 글의 내용을 정확하게 읽는 데에도 도움이 됩니다.

 어려운 낱말 풀이 | ① **원칙** 어떤 행동에서 지켜야 하는 기본적인 규칙 原근원 원 則법칙 칙 ② **조리 있게** 말이나 글이 앞뒤가 잘 들어맞게 條가지 조 理다스릴 리 - ③ **주인공** 어떤 일에서 중심이 되는 사람 主주인 주 人사람 인 公공평할 공 ④ **방법** 어떤 일을 해 나가거나 목적을 이루기 위하여 하는 방식 方모 방 法법 법 ⑤ **까닭** 일이 생기게 된 이유 ⑥ **정확** 바르고 확실함 正바를 정 確굳을 확

1
중심
생각

이 글에서 가장 중심이 되는 낱말을 찾아 ○표 하세요.

[보기]   글   까닭   방법   주인공   장소   육하원칙

2
세부
내용

육하원칙에 들어가지 <u>않는</u> 것을 고르세요. ────────────────── [   ]

① 누가   ② 언제   ③ 얼마나   ④ 어떻게   ⑤ 왜

3
세부
내용

다음 중 이 글의 내용과 <u>다른</u> 것은 어느 것인가요? ──────────────── [   ]

① '누가'는 글의 주인공이 누구냐는 것이다.

② '언제'는 주인공이 그 일을 한 까닭을 뜻한다.

③ '어디에서'는 이야기가 일어난 장소가 어디인지를 말한다.

④ '어떻게'는 글의 이야기가 어떤 방법으로 일어났는지를 적는 것이다.

⑤ 육하원칙은 글이나 이야기에 꼭 들어가야 하는 여섯 가지를 말한다.

4
구조
알기

빈칸에 알맞은 낱말을 넣어 이 글의 내용을 정리해 봅시다.

☐☐☐☐ 이란 글이나 이야기에 꼭 들어가야 하는 여섯 가지를 말한다.

↓

누가, 언제, 어디에서, ☐☐☐ , 어떻게, 왜

↓

☐☐☐☐ 은 정확하고 자세하게 ☐ 을 쓰거나 읽게 해준다.

5

어휘
표현

다음에 설명하는 낱말을 본문에서 찾아 쓰세요.

어떤 행동에서 지켜야 하는 기본적인 규칙

☐ ☐

6

내용
적용

육하원칙이 중요한 이유는 무엇인가요?

육하원칙은 글을 좀 더 ☐☐ 하고 ☐☐ 하게 쓰게 해주기

때문입니다.

7

추론

다음은 현진이가 쓴 일기입니다. 육하원칙에 해당하는 항목 중 <u>빠진</u> 것을 골라보세요. ----- [   ]

2024년 3월 16일 토요일 날씨 맑음

　나는 오늘 같은 반 친구들과 팀을 나누어서 달리기 시합을 했다. 다음 달에 있을 운동회 준비를 위해서였다. 열심히 연습해서 우리 반이 꼭 1등을 했으면 좋겠다.

① 누가　　　② 어디에서　　　③ 무엇을　　　④ 어떻게　　　⑤ 왜

배경지식 더하기

육하원칙에 따라 쓰는 신문 기사

알릴 만한 가치가 있는 사건이나 사실을 신속하고 정확하게 전달하기 위하여 쓴 글을 기사문이라고 합니다. 신문이나 잡지 등에서 어떠한 사실을 알리는 글을 말하기도 합니다.

기사문을 쓸 때에는 읽는 이의 관심을 끌 만한 내용인지 살펴보아야 합니다. 또, 정확한 사실을 육하원칙에 따라 체계적으로 쓰고 문장은 간결하게 써야 합니다.

01회 어법·어휘편 본문에 나온 어휘들만 따로 모아 복습하는 순서입니다.

[**1**단계] 아래의 낱말에 알맞은 뜻을 선으로 이어 보세요.

[1] 방법 •　　　　• ㉠ 일이 생기게 된 이유

[2] 까닭 •　　　　• ㉡ 어떤 일을 해 나가거나 목적을 이루기 위하여 하는 방식

[3] 원칙 •　　　　• ㉢ 어떤 행동에서 지켜야 하는 기본적인 규칙

[**2**단계] 아래 낱말과 관련된 육하원칙을 선으로 알맞게 이어 보세요.

[1] 누가 •　　　　• ㉠ 까닭 (예 : 발표자로 뽑혔기 때문에)

[2] 언제 •　　　　• ㉡ 장소 (예 : 학교에서)

[3] 어디서 •　　　　• ㉢ 대상 (예 : 발표를)

[4] 무엇을 •　　　　• ㉣ 방법 (예 : 칠판을 사용해서 할 것이다.)

[5] 어떻게 •　　　　• ㉤ 시간 (예 : 내일)

[6] 왜 •　　　　• ㉥ 주인공 (예 : 나는)

[**3**단계] 낱말 뜻을 읽고 십자말풀이의 빈칸을 채워보세요.

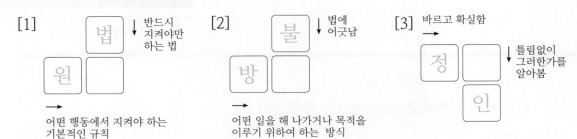

[1]

법 ↓ 반드시 지켜야만 하는 법

원 □

→ 어떤 행동에서 지켜야 하는 기본적인 규칙

[2]

불 ↓ 법에 어긋남

방 □

→ 어떤 일을 해 나가거나 목적을 이루기 위하여 하는 방식

[3] 바르고 확실함 →

정 □ ↓ 틀림없이 그러한가를 알아봄

□ 인

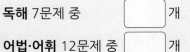

시간 **끝난 시간** □ 시 □ 분

1회분 푸는 데 걸린 시간 □ 분

채점 **독해** 7문제 중 □ 개

어법·어휘 12문제 중 □ 개

← 스스로 붙임딱지
문제를 다 풀고 맨 뒷장에 있는 붙임딱지를 붙여보세요.

02회

독서 | 설명문 | 관련교과 : 초등사회4-2 1.경제생활과 바람직한 선택

독해력 2단계 02회
▲ QR코드를 찍으면
지문 읽기를 들을 수 있어요

공부한 날 　　월　　일

시작 시간 　　시　　분

　　동물원에 가면 많은 동물 친구들을 만날 수 있습니다. 그런데 동물원의 동물들은 누가 돌봐 줄까요? 동물원에 사는 동물들을 돌봐 주는 사람을 동물 **사육**①사라고 합니다.

　　사육사는 동물들이 사는 곳을 **관리**②하는 일을 합니다. 동물들의 집을 깨끗하게 청소하고, 고장 나거나 망가진 부분을 고칩니다.

　　사육사는 정해진 시간에 동물들에게 먹이를 줍니다. 동물마다 먹이의 종류와 먹이를 먹는 시간이 다릅니다. 그렇기 때문에 시간을 꼼꼼하게 확인해서 동물들에게 알맞은 먹이를 주어야 합니다.

　　동물들의 건강을 살피는 것도 사육사의 일입니다. 사육사는 매일 동물들이 아프거나 불편한 곳은 없는지 확인합니다. 아프거나 다친 동물들에게는 약을 챙겨 줍니다.

　　동물원에 놀러 온 사람들에게 동물들에 대해 설명해 주는 일도 사육사들이 합니다. 동물에 대해 잘 설명하기 위해, 사육사들은 미리 동물들의 특징이나 성격을 잘 공부해 놓아야 합니다.

　　사육사들은 귀여운 동물들과 함께 생활하는 일이 즐겁다고 합니다. 또, 동물들이 힘들 때 도울 수 있어서 뿌듯하다고 합니다.

↑ 사육사(왼쪽)와 수의사(오른쪽)가 코끼리를 살피고 있는 모습 (출처 : 연합뉴스)

1

중심
생각

이 글에서 소개하고 있는 직업은 무엇인가요?

☐☐☐

어려운 낱말 풀이 ┊ ① **사육** 어린 가축이나 짐승이 자라도록 먹이어 기름 飼기를 사 畜기를 육
┊ ② **관리** 사람이나 동식물을 보살펴 돌봄 管맡을 관 理다스릴 리

2
중심
생각

이 글에서 중심이 되는 내용은 무엇인가요? ·· [　　　]

① 사육사가 하는 일

② 동물들이 좋아하는 음식

③ 동물들이 사는 집의 종류

④ 동물들의 병을 치료하는 방법

⑤ 사육사가 되려면 어떻게 해야 할까요?

3
세부
내용

사육사가 하는 일이 <u>아닌</u> 것은 무엇인가요? ··································· [　　　]

① 동물들에게 알맞은 먹이를 줍니다.

② 어린이들에게 동물에 대해 설명해 줍니다.

③ 아프거나 상처를 입은 동물들에게 약을 줍니다.

④ 동물을 구경하러 온 사람들의 티켓을 확인합니다.

⑤ 동물들의 집을 깨끗하게 청소하고, 고장 나거나 망가진 부분을 고칩니다.

4
내용
적용

빈칸을 채워 '사육사가 하는 일'을 정리해 보세요.

사육사가 하는 일
1. 동물들이 사는 곳 　　 하기
2. 동물들에게 정해진 시간에 　　 주기
3. 동물들의 　　 관리
4. 사람들에게 동물들에 대해 　　 하기

5
어휘
표현

빈칸을 채워 표를 완성하세요.

낱말	뜻
관리	사람이나 동식물을 보살펴

6 사육사가 시간을 꼼꼼하게 확인해서 동물들에게 먹이를 주어야 하는 이유는 무엇인가요?

내용
적용

동물마다 먹는 먹이의 ☐☐와 먹이를 먹는 ☐☐이

다르기 때문입니다.

7 이 글의 밑줄 친 부분을 통해 알 수 있는 사실을 바르게 말한 친구는 누구일까요?

추론 --- [   ]

① 형욱 : 사육사가 돈을 많이 버나봐.

② 민교 : 사육사는 위험한 직업인 것 같아.

③ 수아 : 사육사가 우리 집도 고쳐주었으면 좋겠어.

④ 지민 : 부모님으로부터 직업을 물려받아서 사육사가 되었나봐.

⑤ 연아 : 사육사들은 동물들을 사랑하는 마음이 많이 있을 것 같아.

 배경지식 더하기

동물과 함께 하는 직업 : 수의사

사육사가 동물들에게 먹이를 주고, 관리하는 직업이라면, 수의사는 동물들을 치료하는 직업입니다. 우리를 진찰해주고 얼른 나을 수 있도록 도와주는 의사 선생님처럼, 수의사 선생님들은 동물들을 전문적으로 진료해주고, 치료해주고, 잘 나을 수 있도록 도와주는 분들이지요. 동물들이 인기가 많아지고 반려 강아지, 반려 고양이 등 점점 더 많은 동물들이 사람들과 함께하고 있습니다.

02회 어법·어휘편 본문에 나온 어휘들만 따로 모아 복습하는 순서입니다.

[1단계] 아래의 낱말에 알맞은 뜻을 선으로 이어 보세요.

[1] 사육 •　　　　　　• ㉠ 사람이나 동식물을 보살펴 돌봄

[2] 관리 •　　　　　　• ㉡ 어린 가축이나 짐승이 자라도록 먹이어 기름

[3] 생활 •　　　　　　• ㉢ 사람이나 동물이 일정한 환경에서 활동하며 살아감

[2단계] 아래 문장의 빈칸에 알맞은 낱말을 [보기]에서 찾아서 써 넣으세요.

[보 기]	사육	관리	생활

[1] 동물원의 동물들을 돌보아 주는 사람을 동물 ☐☐ 사라고 합니다.

[2] 귀여운 동물들과 함께 ☐☐ 하는 일은 즐겁습니다.

[3] 가축이 질병에 걸리지 않게 ☐☐ 가 필요합니다.

[3단계] 아래 [예시]를 참고하여 알맞은 답을 써 보세요.

[예 시]	사육<u>사</u> : 사육을 <u>하는 사람</u>

[1] 강<u>사</u> : ☐ 의 ☐ 를 <u>하는 사람</u>

[2] 간호<u>사</u> : ☐☐ 를 <u>하는 사람</u>

시간　끝난 시간 ☐ 시 ☐ 분　　채점　독해 7문제 중 ☐ 개　　← 스스로 붙임딱지

1회분 푸는 데 걸린 시간 ☐ 분　　어법·어휘 8문제 중 ☐ 개　　문제를 다 풀고 맨 뒷장에 있는 붙임딱지를 붙여보세요.

03회

독서 | 실용문 | 관련교과 : 초등국어3-1 3.중요한 내용을 적어요

공부한 날 [ ]월 [ ]일

시작 시간 [ ]시 [ ]분

2단계 03회 21쪽

▲ QR코드를 찍으면
지문 읽기를 들을 수 있어요

우리 가족이 정말 사랑하는 강아지인 '초코'를 찾아 주세요!

🐩 나이 : 12살

🐩 이름 : 초코

🐩 특징 : _____

🐩 성별 : 수컷

🐩 실종① 날짜 : 2024년 3월 12일 화요일 오후 7시

🐩 실종 장소 : 사랑동 행복공원 놀이터 앞

🐩 연락처② : 010-6640-1064

나이가 많고 다리가 ㉠아푼 강아지입니다. 왼쪽 뒷다리에는 다리 **수술**③을 한 자국이 있습니다. 우리 집 아이가 어렸을 때부터 함께 자란 강아지입니다. 아이가 ㉡마니 슬퍼하고 있습니다. 찾아 주시면 꼭 감사의 뜻을 전하겠습니다. 우리 초코를 보신다면 꼭 연락해 주세요!

※ 사례금④ : 30만 원

🧻 어려운 낱말 풀이 ① **실종** 간 곳이나 있는 곳을 알 수 없게 사라짐 失잃을 실 踪발자취 종 ② **연락처** 소식을 주고받을 수 있는 곳 連닿을 연 絡이을 락 處곳 처 ③ **수술** 기계를 사용하여 자르거나 째거나 조작을 하여 병을 고치는 일 手손 수 術재주 술 ④ **사례금** 상대에게 고마운 뜻으로 주는 돈 謝사례할 사 禮예도 례 金돈 금

1 이 글에서 가장 중심이 되는 낱말을 찾아 ○표 하세요.
중심
생각

[보 기]　　행복공원　　　　감사　　　　　수술
　　　　　　　사례금　　　　　강아지　　　　놀이터

2 이 글의 중심 내용은 무엇인가요? ────────────────── [　　　]
중심
생각

① 돈을 빌려 주세요.

② 꼭 전화를 주세요.

③ 강아지 수술은 슬퍼요.

④ 우리 강아지를 찾아 주세요.

⑤ 행복공원 놀이터에서 만나요.

3 '초코'에 대한 설명으로 맞는 것은 O, 틀린 것은 X로 표시하세요.
세부
내용

(1) 12살이에요. ──────────────────────── [　　　]

(2) 암컷 푸들이에요. ─────────────────────── [　　　]

(3) 다리가 튼튼해서 잘 걸어 다녀요. ───────────── [　　　]

(4) 왼쪽 뒷다리에 수술 자국이 있어요. ───────────── [　　　]

(5) 목에 하트 모양 목걸이를 하고 있어요. ──────────── [　　　]

4 다음 내용이 들어갈 알맞은 곳을 고르세요. ───────────── [　　　]
구조
알기

바로 뒤에 미끄럼틀이 있어요.

① 이름　　　② 성별　　　③ 실종 날짜　　　④ 실종 장소　　　⑤ 연락처

5 ㉠, ㉡에서 맞춤법이 틀린 곳을 바른 말로 고쳐봅시다.
어휘
표현

㉠ 틀린 말 : ☐☐ → 바른 말 : ☐☐

㉡ 틀린 말 : ☐☐ → 바른 말 : ☐☐

6

이 글에는 초코의 특징이 빠져 있습니다. 초코를 보다 빨리 찾을 수 있도록 알맞은 낱말에 ○를 하여 초코의 특징을 완성해 보세요.

초코는 { 갈색 / 흰색 } 의 강아지입니다. 그리고 { 노란색 / 하늘색 } 의 목줄을 하고 있습니다.

7

이 글을 읽고 친구들이 대화를 나누었습니다. 맞지 <u>않은</u> 내용을 말하는 친구를 고르세요. ────────── [   ]

① 지훈 : 갈색 푸들이어서 이름을 초코로 지었나봐.

② 건영 : 나이가 많고 다리가 아픈 강아지라는데 지금쯤 어디에 있을까?

③ 희윤 : 나도 강아지를 잃어버렸던 적이 있어서 더욱 이해가 돼.

④ 동주 : 어렸을 때부터 함께 자란 강아지인데 정말 너무 슬프겠어.

⑤ 시우 : 2월쯤 길 잃은 갈색 푸들을 봤는데 이 번호로 연락해 봐야겠어.

 배경지식 더하기

푸들

푸들은 프랑스의 강아지예요. 똑똑하고 애교가 많아 우리나라에서도 많은 사랑을 받고 있는 종입니다. 양처럼 곱슬곱슬하고 촘촘한 털을 갖고 있는 푸들은 털이 잘 빠지지 않아 털이 집안에 날리는 것을 싫어하는 사람들이 키우면 좋습니다.

지혜롭고 영리해 사람의 말을 잘 알아듣고 훈련에 잘 따릅니다. 노인이나 어린이가 있는 어느 가정에나 잘 어울리며 여러 가지 개인기를 훈련시키고 싶은 초보자들이 키우면 좋아요.

03회 어법·어휘편

본문에 나온 어휘들만 따로 모아 복습하는 순서입니다.

[1단계] 아래의 낱말에 알맞은 뜻을 선으로 이어 보세요.

[1] 실종 •   • ㉠ 소식을 주고받을 수 있도록 전화번호나 주소를 저장한 것

[2] 연락처 •   • ㉡ 기계를 사용하여 몸의 일부를 자르거나 조작을 하여 병을 고치는 일

[3] 수술 •   • ㉢ 간 곳이나 있는 곳을 알 수 없게 사라짐

[2단계] 아래 문장의 빈칸에 알맞은 낱말을 [보기]에서 찾아서 써 넣으세요.

> [보기]   실종   연락처   수술

[1] 아이가 [   ] 된 지 벌써 나흘이 지났다.

[2] 선생님, 저희에게 [   ] 를 알려 주세요.

[3] 왼쪽 뒷다리에는 다리 [   ] 을 한 자국이 있습니다.

[3단계] [보기]의 '돈'을 뜻하는 '금(金)'과 관련된 단어들을 학습한 후 아래 빈칸에 알맞은 낱말을 쓰세요.

> [보기]   상금(賞상줄 상 金돈 금) : 상으로 주는 돈
> 입금(入들 입 金돈 금) : 돈이 들어오는 일
> 모금(募모을 모 金돈 금) : 어떤 목적을 위해 돈을 모으는 일

[1] 친구들은 불우 이웃을 돕기 위한 [ ][금] 에 참여해달라고 부탁했다.

[2] 이 대회에서 이기면 100만 원을 [ ][금] 으로 받는다.

[3] 급식비를 학교 통장에 [ ][금] 시켰다.

시간 끝난 시간 [ ]시 [ ]분   1회분 푸는 데 걸린 시간 [ ]분   채점 독해 7문제 중 [ ]개   어법·어휘 9문제 중 [ ]개   ← 스스로 붙임딱지 문제를 다 풀고 맨 뒷장에 있는 붙임딱지를 붙여보세요.

1주 | 03회   21

새싹들이다

힘차게

작사/작곡: 좌승원

마음을열어 하늘을보라 넓고높고 ㉠푸른하늘

가슴을펴고 소리쳐보자 우리들은새싹들이다

푸른꿈이자—란다 곱고고운꿈

두리둥실떠—간다 구름이되어

①너른 벌판을 달려나가자 씩씩하게나가자

㉡어깨를걸고 함께나가자 발맞춰나가자

어려운 낱말 풀이   ① **너른** 넓은

1
중심
생각

이 노래에서는 '우리들'을 무엇이라고 하고 있나요?

☐☐들

2
어휘
표현

밑줄 친 ㉠처럼 색깔을 나타내는 낱말로 표현한 것을 찾으세요. ------------- [   ]

① 내 동생

② 커다란 돌

③ 귀여운 아기

④ 새하얀 마음

⑤ 살랑살랑 나뭇잎

3
작품
이해

이 노래를 친구들과 함께 부르려고 합니다. 부르는 방법을 바르게 말하는 친구는 누구인가
요? -- [   ]

① 지원 : 이 노래는 작은 소리로 들릴 듯 말 듯하게 불러야 해.

② 태윤 : '발맞춰 나가자'라는 가사처럼 함께 걷는 율동을 하자.

③ 현민 : 노래를 부르면서 아주 무서운 표정을 지어야 잘 어울려.

④ 민정 : 무대 뒤의 배경은 까맣게 칠해서 캄캄한 밤하늘로 꾸미자.

⑤ 서원 : 이 노래에 어울리는 계절은 아주 추운 겨울날이라고 생각해.

4
어휘
표현

다음 빈칸에 어울리는 말을 노래에서 찾아 쓰세요.

하늘에는 구름이 ☐☐☐☐ 떠다닙니다.

5 이 시를 읽고 떠오르는 모습이 <u>아닌</u> 것을 고르세요. ------------------------------ [   ]

세부
내용

① 하늘을 보는 친구들의 모습

② 넓고 높은 푸른 하늘의 모습

③ 함께 소리치는 친구들의 모습

④ 넓은 벌판을 달려가는 친구들의 모습

⑤ 어깨를 걸고 벌판에서 낮잠 자는 친구들의 모습

6 밑줄 친 ㉡을 가장 잘 표현하고 있는 그림을 고르세요. ------------------------------ [   ]

추론
적용

①    ②    ③

④    ⑤

7 이 노래가 실린 음악책에는 어떤 말이 쓰여 있을까요? ------------------------------ [   ]

추론
적용

① 부모님께 죄송했던 일을 떠올리며 불러 봅시다.

② 선생님께 감사한 마음을 담아 노래를 불러 봅시다.

③ 파릇파릇 자라나는 우리들을 표현하며 신나게 불러 봅시다.

④ 먼 곳에 있어 보고 싶은 사람을 떠올리며 노래를 불러 봅시다.

⑤ 자신의 물건 중 가장 아끼는 물건을 떠올리며 노래를 불러 봅시다.

04회 어법·어휘편 본문에 나온 어휘들만 따로 모아 복습하는 순서입니다.

해설편 0003쪽

[1단계] 꾸며 주는 말에 가장 어울리는 표현들을 찾아 선으로 이어 보세요.

[1] 넓은 •
[2] 푸른 •
[3] 씩씩한 •

• ㉠ 내 친구
• ㉡ 교실
• ㉢ 소나무

[2단계] 빈칸에 알맞은 낱말을 [보기]에서 골라 쓰세요.

[보 기] 넓은 푸른 씩씩한

[1] 이곳은 우리 모두가 뛰어 놀 수 있는 [   ] 놀이터야.

[2] 주사 맞고도 울지 않는 것을 보니 정말 [   ] 아이구나.

[3] 바다를 색칠하기 위해 [   ] 빛깔 물감을 준비하자.

[3단계] 밑줄 친 부분을 읽을 때에 소리 나는 대로 써 보세요.

[1] 마음을 열어 하늘을 보라.

→ [ ] [ ] [ ]

[2] 우리들은 새싹들이다.

→ [ ] [ ] [ ] [ ]

시간 끝난 시간 [ ]시 [ ]분   채점 독해 7문제 중 [ ]개   ← 스스로 붙임딱지
1회분 푸는 데 걸린 시간 [ ]분   어법·어휘 8문제 중 [ ]개   문제를 다 풀고 맨 뒷장에 있는 붙임딱지를 붙여보세요.

05회

문학 | 동화 |

공부한 날 [ ]월[ ]일
시작 시간 [ ]시[ ]분

독해력 2단계 05회
▲ QR코드를 찍으면
지문 읽기를 들을 수 있어요

한 젊은이가 오랫동안 열심히 일을 해서 **급여**①로 금덩이를 받았다. 고향으로 가던 길에 **여관**②에서 하룻밤 묵게 되었다. 이튿날 아침, 여관을 나선 젊은이는 뒤에서 자기를 부르는 소리를 들었다. 돌아보니 ㉠여관 주인이 뛰어오고 있었다.

"당신이 금덩이를 두고 갔기에 이렇게 쫓아왔소."

젊은이는 감사의 인사를 하고는 다시 길을 떠났다. 조금 가다가 강가에 ㉡다다르니, **장마**③로 **수위**④가 잔뜩 불어난 강물에 한 아이가 빠져 허우적거리고 있었다. [㉢] 아이를 구하려는 사람은 아무도 없었다. 헤엄을 칠 줄 모르는 젊은이는 품속의 금덩이를 꺼내 높이 쳐들고 외쳤다.

"저 아이를 구한 사람에게 **답례**⑤로 이 금덩이를 드리겠소."

그러자 한 사람이 옷을 벗어부치며 나서더니 강물에 첨벙 뛰어들어 마침내 아이를 구하였다. 젊은이는 약속대로 금덩이를 그 사람에게 주었다. 이때, 아이의 아버지가 달려왔다. 바로 여관 주인이었다.

"정말 고맙소. 저의 아들을 구하려고 귀한 금덩이를 남에게 주니……."

여관 주인이 눈물을 글썽거리며 고맙다고 하자, 젊은이가 말하였다.

"아무리 금덩이가 귀한들 사람 목숨에 비하겠습니까? 여관에 금덩이를 떨어뜨리고 나왔을 때부터 그것은 제 물건이 아니었습니다. 그것으로 아이를 구했으니 저는 오히려 좋은 일을 한 셈이지요. 그리고 당신도 좋은 마음씨에 대한 보상을 받은 셈이니 좋지 않습니까?"

－전래동화
「금덩이보다 더 귀한 것」

1
중심
생각

이 이야기는 어떤 물건을 중심으로 펼쳐지고 있나요?

☐☐☐

2
요소

이 이야기가 일어난 중요한 장소 두 곳을 쓰세요.

☐☐ , ☐☐

3
추론
적용

밑줄 친 ㉠의 성격은 어떠한가요? -- [   ]

① 정직하다.
② 욕심이 많다.
③ 화를 잘 낸다.
④ 부끄럼이 많다.
⑤ 호기심이 많다.

4
어휘
표현

밑줄 친 ㉡ 대신에 쓸 수 있는 표현을 고르세요. ------------------------------------ [   ]

① 떠나니
② 도망가니
③ 도착하니
④ 뛰어드니
⑤ 달아나니

어려운 낱말 풀이 ① **급여** 일한 것에 대해 주는 돈 給줄 급 與줄 여 ② **여관** 일정한 돈을 받고 손님을 묵게 하는 집 旅나그네 여 館객사 관 ③ **장마** 여름철 중 비가 여러 날 동안 오는 기간 ④ **수위** 강, 바다, 호수, 댐 등의 물의 높이 水물 수 位자리 위 ⑤ **답례** 남에게 말, 행동, 물건 따위로 감사를 표하는 것 答대답 답 禮예도 례

5

ⓒ에 들어갈 표현을 고르세요. -- [   ]

① 그러면

② 하지만

③ 이어서

④ 신기하게

⑤ 예를 들어

6

다음은 이 이야기에서 젊은이가 겪은 일들입니다. 순서대로 정리한 것을 고르세요.
--- [   ]

> (가) 강물에 한 아이가 허우적거리는 것을 보았다.
>
> (나) 여관 주인에게 금덩이를 돌려받았다.
>
> (다) 일을 해서 급여로 금덩이를 받았다.
>
> (라) 아이를 살린 사람에게 금덩이를 주었다.
>
> (마) 여관에 금덩이를 두고 떠났다.

① (가)-(나)-(다)-(라)-(마)   ② (다)-(마)-(나)-(가)-(라)

③ (가)-(라)-(다)-(마)-(나)   ④ (마)-(나)-(다)-(가)-(라)

⑤ (다)-(가)-(라)-(나)-(마)

7

이 이야기의 등장인물들의 속마음을 상상해 보았습니다. 다음 중 가장 적절한 것을 고르세
요. -- [   ]

① 여관 주인 : '내 아들을 살리려면 이 금덩이를 돌려줘야겠어.'

② 젊은이 : '여관 주인은 나에게 나쁜 짓을 하려던 게 틀림없어.'

③ 물에 뛰어든 사람 : '금덩이를 받지 않아도 저 아이는 꼭 구해야 해.'

④ 젊은이 : '금덩이보다는 저 아이의 목숨이 훨씬 더 중요하지 않을까?'

⑤ 여관 주인 : '이 금덩이를 주면 저 젊은이가 나에게 무언가를 주겠지.'

05회 어법·어휘편

본문에 나온 어휘들만 따로 모아 복습하는 순서입니다.

해설편 004쪽

[**1단계**] 아래의 낱말에 알맞은 뜻을 선으로 이어 보세요.

[1] 급여 •　　　　　　　　　• ㉠ 일정한 돈을 받고 손님을 묵게 하는 집

[2] 여관 •　　　　　　　　　• ㉡ 일한 것에 대해 주는 돈

[3] 수위 •　　　　　　　　　• ㉢ 강, 바다, 호수, 댐 등의 물의 높이

[**2단계**] 빈칸에 알맞은 낱말을 [보기]에서 골라 쓰세요.

[보 기]	급여	여관	수위

[1] 날이 어두워졌으니 　　　　　 에서 쉬었다가 가자.

[2] 갑자기 비가 많이 내려서 개울가의 　　　　　 가 높아졌어.

[3] 아르바이트를 하면 그에 대한 　　　　　 를 받는다고 하네.

[**3단계**] 문제의 빈칸에 아래 [보기]의 단어를 채워 넣으세요.

[보 기]	답례	답변	답안

[1] 질문을 하고 그에 대한 　　　　　 을 받았다.

[2] 감사에 대한 　　　　　 로 선물을 받았다.

[3] 수수께끼에 대한 　　　　　 을 작성하였다.

시간　끝난 시간 □시 □분
1회분 푸는 데 걸린 시간 □분

채점　독해 7문제 중 □개
어법·어휘 9문제 중 □개

← 스스로 붙임딱지
문제를 다 풀고 맨 뒷장에 있는 붙임딱지를 붙여보세요.

맞히다(○) / 맞추다(×)

지완이는 재열이에게 수수께끼 문제를 내었습니다.

지완 : 재열아! 내가 내는 수수께끼의 정답을 **맞춰**봐!

재열 : 그래! 내가 **맞추**면 나를 수수께끼 왕이라고 불러줘.

지완 : 공부해서 남 주는 사람은?

재열 : 음……. 혹시 선생님?

지완 : 오, 대단한데?

"정답을 맞춰요."는 '맞혀요(맞히어요)'로 써야 맞습니다. '알아맞히다'의 경우에도 답을 알아서 맞는 답을 말하거나 적는 것이므로 '맞히다'를 쓴 '알아맞히다'가 맞습니다. 또한 사수가 쏜 화살이나 총알이 표적에 정확히 맞으면, 과녁의 한가운데를 '맞혔다'고 표현합니다.

그러나 "내 답안지를 친구의 답안지와 맞춰 보았다."거나 "내 답안지를 정답과 맞춰 보았다."라고 할 때는 두 개를 비교해 살피는 것이므로 '맞추다'를 써야 합니다. 그리고 퍼즐처럼 그림이나 사진 따위의 흩어진 조각들을 모아 원래 형태로 완성하는 것은 '맞추기' 놀이라 할 수 있습니다.

바르게 고쳐 보세요.

지완 : 재열아! 내가 내는 수수께끼의 정답을 **맞춰**봐!

→ 재열아! 내가 내는 수수께끼의 정답을 ☐☐ 봐!

재열 : 그래! 내가 **맞추**면 나를 수수께끼 왕이라고 불러줘.

→ 그래! 내가 ☐☐ 면 나를 수수께끼 왕이라고 불러줘.

2주차

한 주 간의 계획을 먼저 세워보세요. 매일 학습을 마친 후 맞힌 문제의 개수를 쓰세요!

회차	영역	학습 내용	학습계획일	맞은 문제수
06회	독서 과학	**산호** 한 가지 중심 낱말에 대해 보다 많은 정보가 담긴 글입니다. 글에 담긴 각 정보가, 중심이 되는 낱말과 어떤 관련이 있는지 독해하는 회차입니다.	월 일	독해 7문제 중 □개 어법·어휘 9문제 중 □개
07회	독서 기타	**보고 싶은 지우에게** 전학 간 친구가 쓴 편지입니다. 편지 속에 담긴 세세한 내용을 독해하고 구별해내는 법을 학습하는 회차입니다.	월 일	독해 7문제 중 □개 어법·어휘 8문제 중 □개
08회	독서 과학	**드론 조종 설명서** 실용문 중 어떤 물건에 대한 사용설명서입니다. 글을 통해 사용법을 읽어내는 방법을 터득하는 회차입니다.	월 일	독해 7문제 중 □개 어법·어휘 9문제 중 □개
09회	문학 동시	**도토리나무** 대상을 의인화해서 쓴 시입니다. 화자의 마음을 시를 통해 읽는 방법을 터득하는 회차입니다.	월 일	독해 7문제 중 □개 어법·어휘 6문제 중 □개
10회	문학 동화	**이름 짓기 가족회의** 주인공의 생각과 느낌이 잘 나타나 있는 이야기입니다. 읽어보면서 주인공의 생각과 느낌에 공감해보세요.	월 일	독해 7문제 중 □개 어법·어휘 7문제 중 □개

06회

↑ 맑은 바닷속에는 아름다운 빛깔의 산호가 살고 있습니다. 마치 해초처럼 바닥에 붙어 있습니다.

　푸른 바다의 아름다운 바닷속을 들여다본 적이 있나요? 바닷속에는 아름다운 물고기들과 거북이, 그리고 색색의 **해초**들이 서로 어울려 살고 있습니다. 그중 아주 맑은 바다의 밑바닥에는 울긋불긋한 색깔의 산호가 있습니다. 산호는 다른 해초들처럼 바다 밑바닥에 **고정**된 채 살아갑니다. 그래서 산호는 식물이라고 생각하기 쉽습니다. 하지만 산호는 식물이 아닙니다.

　산호는 동물로 **분류**합니다. 보통 동물은 움직일 수 있고 식물은 움직이지 못합니다. 또 다른 차이점은 동물은 다른 생물을 먹어서 영양분을 얻고 식물은 스스로 영양분을 만든다는 점이 있습니다. 그런데 산호는 바다 밑바닥에 고정된 채 살아간다고 했지요? 그럼 어째서 산호는 식물이 아니라 동물일까요? 산호를 자세히 살펴보면 몸 주위에 아주 작은 **촉수**들이 있는 것을 볼 수 있습니다. 산호는 이 촉수를 움직여 아주 작은 생물인 **플랑크톤**이나 다른 동물의 작은 알을 잡아먹습니다. 그렇기 때문에 산호는 동물로 분류합니다.

　그런데 요즘 산호가 사라지고 있습니다. 지구 온난화 때문입니다. 지구 온난화는 **환경 오염**으로 지구의 온도가 올라가는 것입니다. 산호는 **수온**에 쉽게 **영향**을 받습니다. 바닷물의 온도가 조금만 올라가도 산호는 죽는다고 합니다. 그리고 산호의 아름다운 겉모습 때문에 사람들이 산호를 마구 잡아서 산호가 사라지고 있다고 합니다.

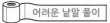 어려운 낱말 풀이

① **해초** 바다에 나는 식물 海바다 해 草풀 초　② **고정** 한곳에 꼭 붙어 있거나 붙어 있게 함 固굳을 고 定정할 정　③ **분류** 종류에 따라서 나눔 分나눌 분 類무리 류　④ **촉수** 동물의 몸 주위에 뾰족하게 내밀어져 있는 기관 觸닿을 촉 手손 수　⑤ **플랑크톤** 물속에서 물결에 따라 떠다니는 작은 생물을 통틀어 이르는 말　⑥ **환경 오염** 인간의 활동으로 자연이 더럽혀지는 일 環고리 환 境지역 경汚더러울 오 染물들일 염　⑦ **수온** 물의 온도 水물 수 溫따뜻할 온　⑧ **영향** 어떤 것의 힘이 다른 것에 미치는 것 影그림자 영 響울릴 향

1
중심
생각

다음 중 이 글에서 가장 중심이 되는 것은 무엇인가요? ------------------------------ [   ]

① 바다　　　　　　　　② 동물　　　　　　　　③ 식물

④ 산호　　　　　　　　⑤ 지구 온난화

2
중심
생각

이 글을 쓴 까닭이 무엇인지 고르세요. ------------------------------ [   ]

① 바다의 아름다움을 표현하려고

② 식물과 동물의 차이점을 설명하려고

③ 산호에 대해서 설명하려고

④ 지구 온난화의 이유를 알려주려고

⑤ 산호를 직접 본 경험을 표현하려고

3
세부
내용

이 글의 내용에 맞는 것에는 ○표, 틀린 것에는 ×표 하세요.

(1) 산호는 아주 맑은 바다에서 볼 수 있다. ------------------- [   ]

(2) 산호는 여기저기 돌아다닐 수 있다. ------------------- [   ]

(3) 산호는 촉수를 가지고 있다. ------------------- [   ]

(4) 산호는 바닷물의 온도에 쉽게 영향을 받는다. ------------------- [   ]

4
세부
내용

산호가 동물인 까닭을 아래에서 <u>모두</u> 골라 ○표를 하세요.

> [보 기]　여기저기 돌아다닐 수 있다.　　　플랑크톤을 먹고 산다.
>
> 　　　　　<u>스스로 영양분을 만들지 못한다.</u>　촉수를 움직인다.
>
> 　　　　　<u>스스로 영양분을 만든다.</u>　　　바다 밑바닥에 고정된 채 살고 있다.

5
어휘
표현

[보기]가 설명하는 낱말을 이 글에서 찾아서 써 보세요.

> [보 기]　　　　　환경 오염으로 지구의 온도가 올라가는 것

☐ ☐ ☐ ☐ ☐

6

다음은 이 글의 내용을 요약한 문장입니다. 이 글의 순서대로 적어 보세요.

> • 산호는 촉수를 움직여 작은 생물을 먹기 때문에 동물이다.
> • 맑은 바다 속에 고정된 채 살아가는 산호는 식물이 아니다.
> • 지구 온난화 때문에 산호가 사라지고 있다.

1.

↓

2.

↓

3.

7

산호는 지구 온난화 때문에 사라지고 있다고 합니다. 지구 온난화가 산호를 사라지게 하는 까닭을 적으세요.

산호는 ☐☐☐ 의 온도에 쉽게 영향을 받습니다.

지구 온난화는 환경 오염으로 ☐☐ 의 온도가 올라가는 것입니다.

☐☐ 의 온도가 올라가면 ☐☐☐ 의 온도도 올라갑니다.

☐☐☐ 의 온도가 조금만 올라가도 산호는 쉽게 죽어 버립니다.

06회 어법·어휘편 본문에 나온 어휘들만 따로 모아 복습하는 순서입니다.

해설편 004쪽

[1단계] 아래의 낱말에 알맞은 뜻을 선으로 이어 보세요.

[1] 고정 •　　　　　• ㉠ 한곳에 꼭 붙어 있거나 붙어 있게 함

[2] 분류 •　　　　　• ㉡ 어떤 것의 힘이 다른 것에 미치는 것

[3] 영향 •　　　　　• ㉢ 종류에 따라서 나눔

[2단계] 아래 문장의 빈칸에 알맞은 낱말을 [보기]에서 찾아서 써 넣으세요.

[보 기]　　　　고정　　　　분류　　　　영향

[1] 산호는 수온에 쉽게 ☐☐ 을 받습니다.

[2] 산호를 식물이라고 생각하기 쉽지만 산호는 동물로 ☐☐ 해야 합니다.

[3] 산호는 바다 밑에 ☐☐ 된 채 움직이지 못합니다.

[3단계] 빈칸에 알맞은 낱말을 넣어 문장을 완성하세요.

[1] 지구 온난화는 ☐ㅎ ☐ㄱ ☐ㅇ ☐ㅇ 으로 지구의 온도가 오르는 것입니다.
　　　　→ 인간의 활동으로 자연이 더럽혀지는 일

[2] ☐ㅂ ☐ㅌ 동물은 움직일 수 있습니다.
　　→ 흔히

[3] 산호의 아름다운 ☐ㄱ ☐ㅁ ☐ㅅ 때문에 산호를 마구 잡는다고 합니다.
　　　　→ 겉으로 드러나 보이는 모습

시간　끝난 시간 ☐시 ☐분　　채점　독해 7문제 중 ☐개　　← 스스로 붙임딱지
　1회분 푸는 데 걸린 시간 ☐분　　　　어법·어휘 9문제 중 ☐개　　문제를 다 풀고 맨 뒷장에 있는 붙임딱지를 붙여보세요.

07회

독서 | 편지글 | 관련교과 : 초등국어2-1 5.낱말을 바르고 정확하게 써요

공부한 날 [ ]월[ ]일
시작 시간 [ ]시[ ]분

2단계 07회 21쇄
▲ QR코드를 찍으면
지문 읽기를 들을 수 있어요

보고 싶은 지우에게

　지우야, 안녕? 나 희정이야. 어느덧 내가 서울로 **전학**① 온 지 한 달이 지났어. 그동안 잘 지냈지? 해남 땅끝마을 바다도 예전처럼 **쪽빛**②으로 **넘실대고**③ 있을지 궁금하다.

　우리 처음 만났을 때 생각나니? 내가 처음 전학 왔을 때 네가 내 짝꿍이었잖아. 그때 처음 전학 와서 너무 낯설었는데 네가 말도 걸어주고 공기놀이도 같이 해줘서 얼마나 고마웠는지 몰라.

　체육 시간에 피구할 때도 기억나. 파도 소리 들리는 운동장에서 피구하고 놀았잖아. 정호가 피구 못한다고 나를 놀리니까 네가 정호에게 큰소리치면서 뭐라고 했었지. 나는 당황해서 울기만 했는데 말이야.

　참, 선생님께서는 잘 계시니? 우리 선생님 처음 봤을 때 무뚝뚝한 남자 선생님이시라 당황했었는데……. 알고 보니 우리 마음도 많이 이해해 주시고 수업도 재밌게 가르쳐 주셨어. 나 그림에 소질 있다고 화가가 되어 보라고 하셨지. 그 말씀 덕분에 미술 공부를 시작할 수 있었어. 언젠가 땅끝마을에 다시 가면 바닷가 **풍경**④을 도화지에 ㉠담고 싶어.

　내 친구 지우야! 헤어지던 날 네가 주었던 소라 껍데기 아직도 잘 간직하고 있어. 우리 다시 만나는 날 꼭 소라 껍데기 들고 갈게. 그때까지 너도 즐겁고 행복하게 지내! 이 편지 받으면 꼭 답장하고. 안녕.

　　　　　　　　　　　　　　　　　　　　　　　2024년 6월 23일

　　　　　　　　　　　　　　　　　　　　　　　너의 친구 희정이가

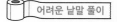

어려운 낱말 풀이 ① **전학** 다니던 학교에서 다른 학교로 옮겨 가서 배움 轉구를 전 學배울 학 ② **쪽빛** 짙은 푸른빛 ③ **넘실대고** 물결이 자꾸 부드럽게 움직이고 ④ **풍경** 산이나 들, 강, 바다 등의 자연이나 지역의 모습 風바람 풍 景볕 경

1 이 글과 같은 글을 무엇이라고 하나요? ─────────────────────────── [　　　]

중심
생각

① 일기　　　　　　　② 전기문　　　　　　　③ 편지글

④ 기행문　　　　　　⑤ 안내문

2 이 글을 쓴 목적으로 가장 알맞은 것은 무엇인가요? ──────────── [　　　]

세부
내용

① 경험을 반성하기 위해

② 친구에게 마음을 전하기 위해

③ 선생님께 마음을 전하기 위해

④ 지난 일을 오랫동안 기억하기 위해

⑤ 미술을 시작하게 됐음을 알리기 위해

3 이 글의 내용으로 알맞은 것을 고르세요. ──────────────────── [　　　]

세부
내용

① 지우는 전학을 갔다.

② 지우와 희정이는 늘 싸우던 사이였다.

③ 희정이는 지우가 준 소라 껍데기를 잃어버렸다.

④ 희정이는 해남 땅끝마을 바닷가 풍경을 그림으로 그렸다.

⑤ 지우와 희정이를 가르쳤던 선생님은 남자 선생님이다.

4 이 글은 어디에서 어디로 보내져야 할까요?

세부
내용

　　　　　　　에서　　　　　　　로

5 ㉠담다와 비슷한 의미로 사용된 것을 고르세요. ──────────────── [　　　]

어휘
표현

① 밥솥에 쌀을 <u>담다</u>.

② 병에 간장을 <u>담다</u>.

③ 가방에 책을 <u>담다</u>.

④ 흙을 화분에 <u>담다</u>.

⑤ 그림에 친구 얼굴을 <u>담다</u>.

6

희정이가 해남 땅끝마을에서 경험한 일을 시간 순서대로 나열해보세요.

가	서울로 전학을 감
나	정호에게 놀림을 당함
다	지우에게 소라 껍데기를 받음
라	지우의 짝꿍이 됨

☐ → ☐ → ☐ → ☐

7

다음은 희정이의 편지를 받은 지우의 답장입니다. 답장을 읽은 희정이가 지우에게 할 수 <u>없</u>는 말은 무엇인지 고르세요. ·· [   ]

> 희정아, 나 지우야. 네 편지를 보니 네가 더욱 보고 싶어.
> 우리가 함께 놀던 운동장도 그대로인데 너만 없는 것 같아 너무 허전해. 우리 마을에 있는 바다는 여전히 쪽빛으로 넘실대고 있어. 내가 네게 준 소라 껍데기를 보며 내 생각을 많이 해줬으면 좋겠어. 우리가 다시 만날 그날이 빨리 왔으면 좋겠다.
> 내 친구 희정아. 항상 건강하고 그림도 열심히 그려서 꼭 좋은 화가가 되길 바라.
> 너도 이 편지 받으면 꼭 답장해. 그럼 안녕.

① 미술 공부 열심히 하고 있을게.

② 피구를 했던 운동장도 그대로구나.

③ 바다는 지금도 쪽빛으로 넘실대고 있구나.

④ 선생님은 여전히 우리를 잘 이해해 주시는구나.

⑤ 소라 껍데기를 보며 너와 놀던 때를 추억할게.

[1단계] 아래의 낱말에 알맞은 뜻을 선으로 이어 보세요.

[1] 전학 • • ㉠ 다니던 학교에서 다른 학교로 옮겨 가서 배움

[2] 넘실대다 • • ㉡ 산이나 들, 강, 바다 등의 자연이나 지역의 모습

[3] 풍경 • • ㉢ 물결이 자꾸 부드럽게 움직이다

[2단계] 아래 문장의 빈칸에 알맞은 낱말을 [보기]에서 찾아서 써 넣으세요.

[보 기]   전학   넘실대다   풍경

[1] 해남 땅끝마을 바다는 쪽빛으로 ⬚ .

[2] 어느덧 내가 서울로 ⬚ 온 지 한 달이 지났어.

[3] 언젠가 그곳에 가면 바닷가 ⬚ 을 도화지에 담고 싶어.

[3단계] 주어진 뜻풀이를 읽고, 알맞은 낱말에 ◯표 하세요.

붙이다 : 떨어져 있던 물건을 떨어지지 않게 하다.

부치다 : 편지나 물건을 우편 등의 방법으로 맡겨 보내다.

[1] 도화지에 색종이를 오려서 (붙였다 / 부쳤다).

[2] 할머니께서 택배로 맛있는 고구마를 (붙이셨다 / 부치셨다).

시간 끝난 시간 ⬚ 시 ⬚ 분   채점 독해 7문제 중 ⬚ 개   ◀ 스스로 붙임딱지
1회분 푸는 데 걸린 시간 ⬚ 분   어법·어휘 8문제 중 ⬚ 개   문제를 다 풀고 맨 뒷장에 있는 붙임딱지를 붙여보세요.

08회

독서 | 실용문 | 관련교과 : 초등국어3-1 3.중요한 내용을 적어요

공부한 날 □월 □일
시작 시간 □시 □분

독해력 2단계 08회
▲ QR코드를 찍으면
지문 읽기를 들을 수 있어요

날아라 드론 조종① 설명서

| 전원 켜기

조종기의 전원 스위치를 오른쪽으로 밀면 전원이 켜집니다.

| 위아래로 움직이기

조종기의 왼쪽 스틱을 위로 움직이면 드론이 위로 올라갑니다. 마찬가지로 왼쪽 스틱을 아래로 내리면 드론이 아래로 내려갑니다.

| 앞뒤로 움직이기

조종기의 오른쪽 스틱을 위로 움직이면 드론이 앞으로 나아갑니다. 드론을 뒤로 움직이고 싶을 때는 오른쪽 스틱을 아래로 움직이면 됩니다.

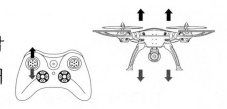

| 양옆으로 움직이기

조종기의 왼쪽 스틱을 오른쪽으로 움직이면 드론이 오른쪽으로 이동합니다. 왼쪽 스틱을 왼쪽으로 움직이면 드론은 왼쪽으로 이동합니다.

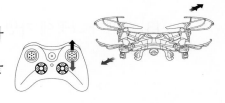

| 미세하게② 조정하기③

드론이 지나치게 한쪽 방향으로 치우쳐 있을 때는 미세 조정 버튼을 이용해 **균형**④을 맞춥니다. 위아래 미세 조정, 앞뒤 미세 조정, 양옆 미세 조정 버튼을 **적절하게**⑤ 눌러 조절합니다. 예를 들어 드론이 너무 왼쪽으로 움직일 경우 양옆 미세 조정 버튼을 누르면 됩니다.

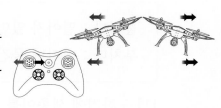

1

중심
생각

이 글을 쓴 이유는 무엇인가요? ────────────── [   ]

① 잃어버린 드론을 찾으려고

② 드론의 종류를 설명하려고

③ 드론의 조종 방법을 설명하려고

④ 드론이 움직이는 이유를 설명하려고

⑤ 드론이 만들어지는 과정을 설명하려고

2

세부
내용

다음 중 드론을 오른쪽으로 움직이기 위한 방법으로 알맞은 것을 고르세요. ────── [   ]

① 양옆에 있는 미세 조정 버튼을 누른다.

② 조종기의 왼쪽 스틱을 왼쪽으로 움직인다.

③ 조종기의 왼쪽 스틱을 오른쪽으로 움직인다.

④ 조종기의 오른쪽 스틱을 왼쪽으로 움직인다.

⑤ 조종기의 오른쪽 스틱을 오른쪽으로 움직인다.

3

세부
내용

빈칸에 알맞은 말을 써 넣으세요.

> 드론이 지나치게 한쪽 방향으로 치우쳐 있을 때는
>
> [ ] [ ] [ ] [ ] [ ] [ ] 을 이용해 균형을 맞춥니다.

4

구조
알기

다음 내용이 들어갈 알맞은 곳을 고르세요. ──────────── [   ]

> 전원이 켜지면 스틱에 불이 들어옵니다.

① 전원 켜기

② 위아래로 움직이기

③ 앞뒤로 움직이기

④ 양옆으로 움직이기

⑤ 미세하게 조정하기

🧻 어려운 낱말 풀이 | ① **조종** 비행기나 자동차 등의 기계를 다룸 操잡을 조 縱세로 종 ② **미세** 알아보기 어려울 정도로 아주 작음 微작을 미 細가늘 세 ③ **조정** 어떤 기준이나 상황에 맞게 정돈함 調고를 조 整가지런할 정 ④ **균형** 어느 한쪽으로 기울어지거나 치우치지 않은 상태 均고를 균 衡저울대 형 ⑤ **적절하게** 꼭 알맞게 適맞을 적 切끊을 절-

5

어휘 표현

[보기]의 뜻을 가진 낱말을 이 글에서 찾아 아래 빈칸에 써 보세요.

> [보 기] 기계의 전기를 이었다 끊었다 하는 장치

서진아, 밥통 ☐☐☐ 를 눌러줄래?

6

내용 적용

드론을 앞으로 움직이고 싶은 경우 어떻게 해야 하는지 써 보세요.

드론 조종기의 ☐☐☐ ☐☐ 을 ☐ 로 움직이연

드론이 앞으로 나아갑니다.

7

추론

다음 중 조종기의 스틱을 [보기]와 같이 움직였을 때 드론이 움직일 방향을 고르세요.
--- [   ]

> [보 기] 왼쪽 스틱을 위로 움직인다 - 오른쪽 스틱을 아래로 움직인다

① 드론이 앞으로 움직임 - 드론이 위로 움직임
② 드론이 앞으로 움직임 - 드론이 뒤로 움직임
③ 드론이 위로 움직임 - 드론이 오른쪽으로 움직임
④ 드론이 위로 움직임 - 드론이 뒤로 움직임
⑤ 드론이 위로 움직임 - 드론이 위로 움직임

배경지식 더하기

왜 무인기를 '드론(drone)'이라고 부를까요?

무인기는 사람이 타지 않는 비행기를 말합니다. 흔히 조종기로 조종하는 작은 드론이 무인기로 알려져 있습니다. 하지만 크든 작든 사람이 타지 않는 비행기는 무인기로 부르고, 흔히 '드론'이라고 부릅니다.

드론은 영어 단어로 'drone'입니다. 벌이 윙윙거리면서 날아다니는 소리 또는 수컷 벌을 뜻합니다. 무인기를 '드론'으로 부르게 된 까닭은 정확히 알려져 있지 않습니다. '드론'이 날아다니는 소리가 벌의 소리와 비슷하기 때문이라고 하는 사람들도 있습니다. 무인기가 처음 만들어졌을 때, 붙여졌던 별명이 '여왕벌'이었기 때문이라고 하는 사람들도 있습니다.

해설편 0 0 5 쪽

08회 어법·어휘편 본문에 나온 어휘들만 따로 모아 복습하는 순서입니다.

[**1** 단계] 아래의 낱말에 알맞은 뜻을 선으로 이어 보세요.

[1] 조종 •   • ㉠ 알아보기 어려울 정도로 아주 작음

[2] 미세 •   • ㉡ 어떤 기준이나 상황에 맞게 정돈함

[3] 조정 •   • ㉢ 비행기나 자동차 등의 기계를 다룸

[4] 균형 •   • ㉣ 어느 한쪽으로 기울어지거나 치우치지 않은 상태

[**2** 단계] 아래 문장의 빈칸에 알맞은 낱말을 [보기]에서 찾아서 써 넣으세요.

> [보 기]   조종   미세   조정   균형

[1] 현미경으로 ☐☐ 한 물체를 확대하여 관찰할 수 있다.

[2] 흔들리지 않도록 몸의 ☐☐ 을 똑바로 잡아라.

[3] 어제는 아빠께 드론 ☐☐ 방법을 배웠다.

[4] 이 카메라는 거리를 자동으로 ☐☐ 해 준다.

[**3** 단계] 다음 중 '이동'이라는 뜻을 포함한 문장을 고르세요. ------------------------------ [   ]

① 차렷 자세로 계속 서 있었다.

② 어젯밤에 침대에서 잠을 잤다.

③ 검은 가방은 어제부터 의자 위에 있었다.

④ 몸이 아파서 쉬는 시간에 엎드려 있었다.

⑤ 점심시간이 되자마자 학생들은 일층으로 뛰어 내려갔다.

시간   **끝난 시간** ☐ 시 ☐ 분   채점   **독해** 7문제 중 ☐ 개   ◀ **스스로 붙임딱지**

1회분 푸는 데 걸린 시간 ☐ 분   **어법·어휘** 9문제 중 ☐ 개   문제를 다 풀고 맨 뒷장에 있는 붙임딱지를 붙여보세요.

09회

도토리나무

윤동재

도토리나무가 다람쥐들을 위해
도토리 한 알
땅바닥에 **떨구어**^① 주었다.

어디로 떨어졌는지 몰라
어미 다람쥐 아기 다람쥐
서로 바라보고 있다.

도토리나무가 **안타까운**^② 듯
어디로 떨어졌는지 가르쳐 주려고
자꾸만 나뭇잎을 흔들고 있다.

1
중심
생각

시 속에 등장하는 것들을 <u>모두</u> 찾아서 O표를 그려 보세요.

[보 기]   도토리나무   아기 다람쥐   어미 다람쥐   가을바람

어려운 낱말 풀이 | ① **떨구어** 떨어뜨려 ② **안타까운** 보기에 딱해 가슴이 아픈

2 시와 가장 어울리는 장소는 어디인가요? ──────────────── [   ]

요소

① 숲속   ② 바다   ③ 호수

④ 모래밭   ⑤ 마당

3 도토리나무가 안타까워하는 까닭을 고르세요. ──────────── [   ]

세부
내용

① 사람들이 찾아주지 않아서

② 동물들이 도토리를 몽땅 먹어서

③ 다람쥐가 도토리나무를 괴롭혀서

④ 다람쥐들이 자신이 떨구어 준 도토리를 보지 못해서

⑤ 엄마 다람쥐와 아기 다람쥐가 도토리를 빼앗겨서

4 시를 읽고 느낄 수 있는 기분을 고르세요. ───────────── [   ]

작품
이해

① 평화로움   ② 시끄러움   ③ 무서움

④ 즐거움   ⑤ 두려움

5 도토리나무가 되었다고 생각하며 일기를 완성해 보세요.

세부
내용

나는 오늘 엄마 다람쥐와 아기 다람쥐를 위해 ☐☐☐ 를

한 알 떨구어 주었다. 그런데 엄마 다람쥐와 아기 다람쥐는

그것도 모르고 서로 바라보고만 있었다. 나는 안타까워서 어디로

떨어졌는지 가르쳐주려고 ☐☐☐ 을 흔들어주었다.

6 이 시에 대해 가장 잘 설명한 친구는 누구인지 고르세요. ------------------------------ [   ]

작품
이해

① 현서 : 봄의 싱그러움을 그리고 있는 시야.

② 지연 : 말하는 이가 누구인지 시에 확실하게 나타나 있어.

③ 성윤 : 도토리가 땅바닥으로 떨어질 때 흉내 내는 말을 사용했어.

④ 승연 : 도토리나무를 사람처럼 표현했네.

⑤ 예원 : 이 시에서 말하는 주인공은 다람쥐야.

7 아래의 시와 이 작품의 공통점은 무엇일까요? ------------------------------ [   ]

추론
적용

> ### 바다
>
> 박필상
>
> 바다는 엄마처럼
> 가슴이 넓습니다.
> 온갖 물고기와
> 조개들을 품에 안고
> 파도가
> 칭얼거려도
> 다독다독 달랩니다.
>
>

① 주인공이 같다.

② 글자 수가 같다.

③ 시의 장소가 같다.

④ 흉내 내는 말을 사용했다.

⑤ 사람이 아닌 것을 사람처럼 표현했다.

[**1단계**]   빈칸에 알맞은 낱말을 [보기]에서 골라 쓰세요.

> [보기]   서로   자꾸만

[1] 친구라면 ☐☐☐☐☐ 양보해야지.

[2] 방금 먹었는데도, 맛있는 음식이 ☐☐☐☐☐ 먹고 싶네.

[**2단계**]   설명을 읽고 밑줄 친 낱말이 문장에서 쓰인 뜻을 찾아 번호를 쓰세요.

> **떨구다**   ① 시선을 아래로 향하다.
>   ② 놓거나 빠뜨려서 흘리다.

[1] 도토리나무가 다람쥐를 위해 도토리를 땅에 <u>떨구어</u> 주었다. ·········· [   ]

[2] 선생님과 눈이 마주친 나는 곧바로 눈을 <u>떨구었다</u>. ······················ [   ]

[**3단계**]   설명을 읽고 사진에 알맞은 낱말을 써 넣으세요.

나	무	+	가	지	=	나	뭇	가	지

> 두 낱말이 합쳐질 때 'ㅅ'이 더해지기도 합니다.
> 이것을 사이시옷이라고 합니다.

[1]   나 무 + 잎 = ☐ ☐ ☐

[2]    비 + 방 울 = ☐ ☐ ☐

시간   **끝난 시간** ☐시 ☐분   채점  **독해** 7문제 중 ☐개   ← 스스로 붙임딱지

1회분 푸는 데 걸린 시간 ☐분   **어법·어휘** 6문제 중 ☐개   문제를 다 풀고 맨 뒷장에 있는 붙임딱지를 붙여보세요.

2주 | 09회 **47**

문학 | 동화 | 관련교과 : 초등국어2-1㉮ 3.마음을 나누어요 (2017개정)

10회

공부한 날 　月　　일
시작 시간 　시　　분

독해력 2단계 10회
▲ QR코드를 찍으면
지문 읽기를 들을 수 있어요

"영미야, ㉠우리 집 방울토마토 이름을 지어 줘야 하는데 뭐가 좋을까?"

"글쎄, 방울이? 아님 빨강이?"

영미는 방울토마토에 별로 관심이 없나 봐요.

공기놀이를 하면서 **건성으로**① 대답을 하네요. 살짝 서운한 마음이 들었어요.

"빨강이는 안 될 것 같아. 아직 어려서 초록색이거든."

집에 오자마자 베란다로 달려갔어요. **반나절**② 사이에 많이 토실토실해진 것 같아요.

"얘들아, 잘 놀았어? 하루 종일 매달려 있느라 힘들진 않았니?"

봄바람이 살랑살랑 불어오니 ㉡방울토마토 삼 형제가 흔들흔들! 괜찮다고, 즐겁게 잘 놀고 있었다고 고개를 끄덕이는 것 같아요.

"얘들아, 나는 오늘 좀 슬펐어. ㉢친구들에게 너희 자랑을 하려고 했는데 다들 별로 관심이 없는 거야. 재현이는 토마토가 싫다고 하고, 영미는 공기놀이만 좋아하고……. 너희가 말을 할 수 있으면 참 좋을 텐데. 나는 혼자라서 가끔 외롭거든."

방울토마토에게 이런저런 얘기를 하니까 신기하게도 기분이 조금 풀리는 것 같아요. 내 마음속 비밀을 털어 놓을 수 있는 ㉣비밀 친구가 생긴 것 같기도 하고요. 이제 힘든 일이 있으면 방울토마토 삼 형제에게 얘기해야겠어요. 그럼 오늘처럼 나를 위로해 주겠죠?

저녁밥을 먹은 우리 가족은 '방울토마토 삼 형제 이름 짓기' 가족회의를 열었어요. 엄마는 나를 바라보며 씽긋 웃었어요.

"아영아, 하루 종일 쥐어짰는데 겨우 하나 건졌어. 방글, 방실, 방긋 어때? 애들 모습을 보니까 우리 아영이 어렸을 때 웃던 얼굴이 생각나서 말이야."

"여보, 정말 아영이처럼 귀여운 이름인데? 우리 아영이 어릴 때 정말 귀여웠잖아. 시내에 데리고 나가면 다들 난리가 났었지."

아빠는 껄껄껄 웃으며 **맞장구**③를 쳤어요.

"그럼 이제 아영이 차례네. 두구두구두구!"

신이 난 아빠는 배를 두 손으로 마구 두드렸어요. 내 생각을 말할 차례가 되니까 조금 긴장도 되고 부끄러웠어요. 숨이 **가쁜**⁴ 것 같기도 하고요.

"ⓛ한영이, 두영이, 세영이…… . 다른 친구들을 보니까 동생이나 언니, 오빠랑 이름 한 글자씩 똑같더라고요. 은비랑 은채, 재현이랑 재성이 오빠, 현아랑 영아 언니…… . 그래서 내 이름에 있는 '영'자에다 하나, 둘, 셋을 붙인 거예요."

"우리 아영이의 '영'자를 **돌림자**⁵로 썼구나."

"와, 제법 **기발한데**⁶? 아영이랑 방울토마토가 진짜 가족이 된 것 같네. 하하하."

이렇게 해서 **만장일치**⁷로 방울토마토 삼 형제의 이름을 한영이, 두영이, 세영이로 정하게 되었어요. 내 생각이 뽑히니까 기분이 좋아요.

－허윤, 「이름 짓기 가족회의」

1 중심 생각
이 이야기는 무엇을 중심으로 펼쳐지고 있나요?

☐☐☐☐☐

2 세부 내용
주인공과 가족들은 방울토마토의 이름을 짓기 위해 무엇을 했나요?

☐☐☐☐

3 세부 내용
아영이가 영미에게 서운해 한 까닭은 무엇인가요?

☐☐ 으로 대답해서

4 어휘 표현
다음 중 뜻하는 것이 <u>다른</u> 하나를 고르세요. ────[   ]

① ㉠   ② ㉡   ③ ㉢   ④ ㉣   ⑤ ㉤

어려운 낱말 풀이 ① **건성으로** 대충 ② **반나절** 한나절의 반 半반 반 - ③ **맞장구** 남의 말에 덩달아 그렇다고 해줌 ④ **가쁜** 숨이 차오르는 ⑤ **돌림자** 형제자매 이름 속에 넣어 쓰는 글자 - 字 글자 자 ⑥ **기발한데** 놀라울 정도로 재치가 뛰어난데 奇기특할 기 拔뽑을 발 - ⑦ **만장일치** 모든 사람의 생각이 같음 滿찰 만 場마당 장 —하나 일 致이를 치

5

세부
내용

이야기의 내용과 맞는 것은 무엇인가요? ────────────────── [   ]

① 아영이에게는 언니가 있다.

② 아영이는 학교에서 기쁜 일이 있었다.

③ 방울토마토의 이름은 방글, 방실, 방긋이다.

④ 방울토마토의 이름은 아영이의 친구들이 지어줬다.

⑤ 아영이는 방울토마토에게 자신의 속마음을 이야기했다.

6

작품
이해

이야기를 읽고 친구들이 대화를 나누었습니다. 이야기를 잘못 이해한 친구는 누구인지 고르

세요. ─────────────────────────────── [   ]

① 민준 : 아영이는 어렸을 때 아주 귀여웠나보네.

② 서연 : 아영이네 방울토마토는 아주 예쁜 빨간색이구나.

③ 지훈 : 방울토마토 삼형제는 아영이에게 가족이나 마찬가지구나.

④ 현준 : 아영이가 가끔 혼자라서 외로워했다니, 너무 마음이 아파.

⑤ 민서 : 영미는 공기놀이를 하느라 아영이의 방울토마토에 관심이 없네.

7

추론
적용

만약 아영이네 방울토마토가 네 개였다면, 네 번째 방울토마토의 이름은 무엇으로 지었을까
요?

□□□

10회 어법·어휘편

본문에 나온 어휘들만 따로 모아 복습하는 순서입니다.

[1단계] 아래의 낱말에 알맞은 뜻을 선으로 이어 보세요.

[1] 맞장구 •　　　　　• ㉠ 모든 사람의 생각이 같음

[2] 돌림자 •　　　　　• ㉡ 놀라울 정도로 재치가 뛰어나다

[3] 기발하다 •　　　　• ㉢ 형제자매 이름 속에 넣어 쓰는 글자

[4] 만장일치 •　　　　• ㉣ 남의 말에 덩달아 그렇다고 해줌

[2단계] 빈칸에 알맞은 낱말을 [보기]에서 골라 쓰세요.

> [보 기]　　　　토실토실　　　　　살랑살랑

[1] 바깥에 바람이 ☐☐☐☐ 불어서 참 시원해.

[2] ☐☐☐☐ 아기 돼지, 젖 달라고 꿀꿀꿀.

[3단계] 다음은 하루를 나타내는 순우리말입니다. [보기]를 보고 오른쪽에 있는 빈칸에 알맞은 낱말을 써 보세요.

> [보 기]
>
> **하루**: 한 낮과 한 밤이 지나는 동안
> **한나절**: 하룻낮의 반
> **반나절**: 한나절의 반

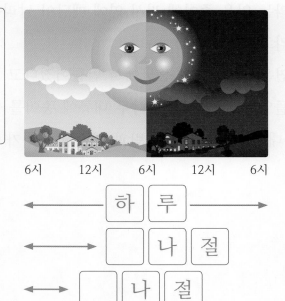

6시　　12시　　6시　　12시　　6시

←———— 하 루 ————→

←———— ☐ 나 절

←———— ☐ 나 절

시간 **끝난 시간** ☐ 시 ☐ 분

1회분 푸는 데 걸린 시간 ☐ 분

채점 **독해** 7문제 중 ☐ 개

어법·어휘 7문제 중 ☐ 개

 ← 스스로 붙임딱지
문제를 다 풀고
맨 뒷장에 있는
붙임딱지를
붙여보세요.

2주 | 10회 51

연날리기

　인도에서는 연날리기와 연싸움을 즐겨 매년 독립기념일마다 큰 연날리기 축제를 엽니다. 연싸움은 연을 날리면서 서로의 연줄을 마주 걸어 상대방의 연줄을 끊는 사람이 이기는 놀이입니다. 인도 사람들은 연싸움에서 이기기 위해 특별한 연을 만들기도 합니다.

　오래 전 옛날에 연날리기는 행복과 소망을 뜻하는 놀이였습니다. 사람들은 갖고 싶은 물건이나 바라는 일을 종이에 써서 연에 매달아 날리곤 했습니다. 연이 높이 날아가면 소망이 이루어질 것이라고 믿었습니다.

　연은 2000년 전 중국에서 만들어졌다고 전해집니다. 중국의 병사들이 적에게 겁을 주기 위해 만들었다고 합니다. 대나무 대롱에 종이를 붙여 연을 만들었는데, 바람이 대나무 통 속을 지나가면 대나무 통에서 휘파람과 비슷한 소리가 났습니다. 적군들은 그 소리에 겁을 먹고 달아났습니다.

소망 어떤 일을 바람. 또는 그 바라는 것 所바 소 望바랄 망

3주차

한 주 간의 계획을 먼저 세워보세요. 매일 학습을 마친 후 맞힌 문제의 개수를 쓰세요!

회차	영역	학습내용	학습계획일	맞은 문제수
11회	독서 과학	**겨울잠을 자는 동물** 한 가지 중심 낱말에 여러 가지 예가 설명된 글입니다. 한 문단에 담긴 여러 내용을 구분하는 방법을 학습하는 회차입니다.	☐월 ☐일	독해 7문제 중 ☐ 개 어법·어휘 10문제 중 ☐ 개
12회	독서 사회	**전기를 절약합시다** 주장하는 글입니다. 글에서 글쓴이가 주장하는 것과 주장에 대한 근거가 어떻게 연결되어 있는지 독해하는 회차입니다.	☐월 ☐일	독해 7문제 중 ☐ 개 어법·어휘 8문제 중 ☐ 개
13회	독서 국어	**교내 방송** 안내 방송 글입니다. 안내 방송을 듣거나 읽을 때 어떻게 해야 방송의 내용을 놓치지 않는지 그 방법을 학습하는 회차입니다.	☐월 ☐일	독해 7문제 중 ☐ 개 어법·어휘 10문제 중 ☐ 개
14회	문학 동시	**발가락** 대상을 사람처럼 표현해서 쓴 시입니다. 대상의 특징을 어떻게 잘 살렸고, 어떻게 표현했는지 감상하고 독해하는 회차입니다.	☐월 ☐일	독해 7문제 중 ☐ 개 어법·어휘 7문제 중 ☐ 개
15회	문학 동화	**받아쓰기 시험** 인물의 속마음이 본격적으로 서술된 작품입니다. 학생들에겐 아주 익숙한 소재를 통해 인물의 속마음이 동화로 어떻게 쓰이는지 독해하는 회차입니다.	☐월 ☐일	독해 7문제 중 ☐ 개 어법·어휘 9문제 중 ☐ 개

11회

독서 | 설명문 | 관련교과 : 겨울 2-2 2.겨울 탐정대의 친구 찾기

공부한 날　　　월　　　일

시작 시간　　　시　　　분

독해력 2단계 11회

▲ QR코드를 찍으면
지문 읽기를 들을 수 있어요

　눈 내리는 겨울에는 **매서운**^① 추위에 몸이 움츠러들지 않나요? 그래서 밖에 나갈 때에는 몸을 따뜻하게 하기 위해 두꺼운 옷을 입습니다. 사람들은 이러한 방법으로 겨울을 이겨냅니다. 하지만 동물들은 어떻게 겨울을 이겨 낼까요?

　추운 겨울 동안 잠을 자는 동물이 있습니다. 겨울에는 먹이가 **충분**^②하지 않기 때문입니다. 겨울잠을 자는 동물은 겨울이 오기 전에 충분히 먹이를 먹습니다. 그리고 겨울 동안 잠을 잠으로써 움직이는 데 필요한 에너지 **소비**^③를 줄입니다. 겨울잠은 동물이 건강하게 봄을 맞이하기 위한 중요한 역할을 합니다.

　겨울잠을 자는 동물로 곰이 있습니다. 곰은 나무나 바위로 된 구덩이에서 얕은 잠을 잡니다. 얕은 잠을 자기 때문에 잠을 자는 동안에도 중간에 일어나서 먹이를 찾아 먹거나 움직이기도 합니다. 자라도 겨울잠을 잡니다. 자라는 물 바닥의 모래 속으로 파고 들어가 꼭꼭 숨어 잠을 잔답니다. 자라의 친구 개구리와 도롱뇽도 겨울잠을 자는 동물 친구입니다. 혀를 날름날름 내밀고 돌아다니는 뱀도 겨울에는 깊은 잠에 빠집니다. 땅속, 돌이나 쓰러진 나무 밑은 겨울에도 바깥보다는 덜 춥기 때문에 뱀이 잘 수 있는 장소로는 **안성맞춤**^④이지요. 이 외에도 박쥐, 너구리, 고슴도치 등도 모두 다가올 봄을 위해 겨울엔 깊은 잠을 자는 동물들이랍니다.

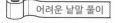 **어려운 낱말 풀이**
　① **매서운** 찬바람이나 추위가 아주 심한
　② **충분** 모자라지 않고 남을 정도로 많음 充찰 충 分나눌 분
　③ **소비** 필요한 일을 하기 위해 써서 없애는 일 所곳 소 費쓸 비
　④ **안성맞춤** 꼭 들어맞음 (안성은 지역 이름) 安편안 안 城재 성-

해설편 007쪽

1
중심
생각

이 글의 제목으로 가장 알맞은 것은 무엇인가요? ────────────── [   ]

① 눈 내리는 겨울

② 겨울잠을 자는 동물

③ 곰이 겨울잠을 자는 곳

④ 자라의 친구 – 개구리와 도롱뇽

⑤ 뱀이 혀를 날름날름 내미는 까닭

2
중심
생각

글을 쓴 까닭은 무엇인가요? ──────────────────── [   ]

① 겨울에 대해 설명하기 위해

② 에너지를 아끼는 방법을 알리기 위해

③ 겨울잠을 자는 동물에 대해 설명하기 위해

④ 겨울잠을 자야 하는 까닭을 주장하기 위해

⑤ 사람들이 겨울을 이겨내는 방법을 설명하기 위해

3
세부
내용

겨울잠을 자는 동물 중 얕은 겨울잠을 자는 동물은 무엇인지 고르세요. ───────── [   ]

① 개구리   ② 뱀   ③ 도롱뇽   ④ 곰   ⑤ 박쥐

4
구조
알기

글의 내용을 정리한 것입니다. 빈칸을 채워 보세요.

```
        ┌──┬──┬──┐
        │  │  │  │ 을 자는 동물
        └──┴──┴──┘
   ┌────────┼────────────┐
 ┌───┐    ┌───┐        ┌───┐
 │ 곰 │    │자라│        │ 뱀 │
 └───┘    └───┘        └───┘
```

곰
• ☐☐ 나 바위로 된 ☐☐☐ 에서 얕은 잠을 잠.

자라
• 물 바닥의 ☐☐ 속으로 파고 들어가 겨울잠을 잠.
• 자라의 친구 개구리와 ☐☐☐ 도 겨울잠을 잠.

뱀
• 땅속, ☐ 이나 쓰러진 ☐☐ 밑에서 잠.

5 어휘
표현 사진을 보고 알맞은 말을 찾아 ○표 하세요.

겨울에는 땅속이 바깥보다 (더 / 덜) 춥습니다.

6 내용
적용 동물들이 겨울잠을 자는 까닭은 무엇인가요?

겨울에는 ☐☐ 가 충분하지 않기 때문입니다. 그리고 겨울 동안 잠을

잠으로써 움직이는 데 필요한 ☐☐☐ 소비를 줄입니다.

겨울잠은 동물이 건강하게 ☐ 을 맞이하기 위한 중요한 역할을 합니다.

7 추론 동물원에 있는 곰과 뱀은 이 글에 나온 동물들과 달리 겨울잠을 자지 않습니다. 그 까닭을
이 글의 내용을 통해 한번 생각해 보고 답을 골라 보세요. -------------------------------- [　　　　]

① 겨울에도 먹이가 충분히 주어져서
② 동물원에서 겨울잠을 못 자게 해서
③ 겨울잠을 잘 장소가 적당하지 않아서
④ 관람객들이 자주 찾아와 겨울잠을 잘 틈이 없어서
⑤ 바로 옆에 있는 우리에 다른 종류의 동물이 있어서

배경지식 더하기

여름잠을 자는 동물도 있어요.

열대지방 혹은 아열대지방(열대와 온대 중간 지방)에서는 여름잠을 자
는 동물이 있습니다. 겨울잠과 반대로 여름잠을 자는 동물은 먹이를 사
냥하거나 돌아다니기에 너무 더워서 잠을 잡니다. 또한 비가 오랫동안
내리지 않아 몸의 수분을 지키기 위해 잠을 자기도 합니다. 잘 알려진
여름잠 동물로는 달팽이가 있습니다. 달팽이는 비가 오랫동안 오지 않
을 때, 껍데기의 뚜껑을 닫고 여름잠을 잡니다. 그 외 악어, 거북이 등
도 지역에 따라 여름잠을 자기도 한답니다.

11회 어법·어휘편 본문에 나온 어휘들만 따로 모아 복습하는 순서입니다.

[1단계] 아래의 낱말에 알맞은 뜻을 선으로 이어 보세요.

[1] 매서운 •   • ㉠ 필요한 일을 하기 위해 써서 없애는 일

[2] 충분 •   • ㉡ 꼭 들어맞음

[3] 소비 •   • ㉢ 모자라지 않고 남을 정도로 많음

[4] 안성맞춤 •   • ㉣ 찬바람이나 추위가 아주 심한

[2단계] 아래 문장의 빈칸에 알맞은 낱말을 [보기]에서 찾아서 써 넣으세요.

> [보기]   매서운   충분   소비   안성맞춤

[1] 그 옷이 너한테는 딱 [   ] 이로구나.

[2] 겨울잠은 겨울 동안의 에너지 [   ] 을(를) 줄입니다.

[3] 겨울에는 먹이가 [   ] 하지 않기 때문에 동물은 겨울잠을 잡니다.

[4] 눈 내리는 겨울에는 [   ] 추위에 몸이 움츠러듭니다.

[3단계] 사진을 보고 아래 문장에 알맞은 낱말을 골라보세요.

[1]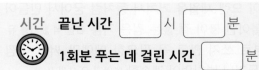
배가 많이 고파요.
밥 좀 (더 / 덜) 주세요.

[2]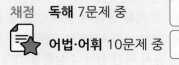
물놀이를 할 때는
자신의 키보다 (깊은 / 얕은)
물에 들어가면 위험합니다.

시간   **끝난 시간** [   ]시 [   ]분   채점   **독해** 7문제 중 [   ]개    ← 스스로 붙임딱지
[시계] **1회분 푸는 데 걸린 시간** [   ]분   [별]   **어법·어휘** 10문제 중 [   ]개   문제를 다 풀고 맨 뒷장에 있는 붙임딱지를 붙여보세요.

12회

독서 | 논설문 | 관련교과 : 초등사회5-1 2.환경과 조화를 이루는 국토

공부한 날   월   일
시작 시간   시   분

독해력 2단계 12회
▲ QR코드를 찍으면
지문 읽기를 들을 수 있어요

우리는 평소 생활 속에서 전기를 많이 사용합니다. 머리를 말릴 때 헤어드라이어를 사용하고, 텔레비전이나 컴퓨터를 할 때에도 전기를 사용하지요. 전기를 만들어 내는 방법 중 가장 많이 쓰이는 방법은 **석탄**과 **석유**를 이용하는 방법입니다. 하지만 석탄과 석유는 환경을 **오염**시키기도 하고, 양이 많지 않아 아껴 써야 합니다. 우리가 생활 속에서 전기를 **절약**할 수 있는 방법에 대해 알아봅시다.

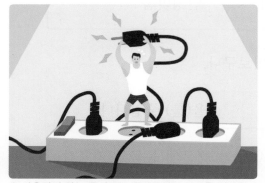
⬆ 사용하지 않는 콘센트는 뽑아두어야 전기를 절약할 수 있습니다.

먼저, 사용하지 않는 전기 제품은 콘센트에서 뽑아야 합니다. 전기 제품을 사용하지 않고 꽂아만 두더라도 아주 많은 전기가 ⟨ ㉠ ⟩ 됩니다.

둘째, 항상 적절한 실내 온도를 **유지**해야 합니다. 여름에는 전기가 많이 ⟨ ㉡ ⟩ 되는 에어컨 대신 선풍기나 부채를 사용하도록 합니다. 겨울철에는 실내 온도를 20도 정도로 유지하고, 내복을 입으면 에너지를 더욱 절약할 수 있습니다.

셋째, 불필요한 전기 사용을 줄여야 합니다. 낮에 햇빛이 창가로 들어올 때는 굳이 전등을 켜지 않아도 됩니다. 또 컴퓨터나 텔레비전을 오랫동안 사용하지 않을 때에는 꼭 전원을 끄도록 합니다.

마지막으로 빨래는 한 번에 모아서 하도록 합니다. 급할 때가 아니라면 빨래를 되도록 모아서 하고, 찬물로 세탁하면 더 많은 전기를 아낄 수 있습니다.

⬆ 에어컨은 많은 전기를 사용합니다.

🧻 어려운 낱말 풀이

① **석탄** 땔감으로 쓰는 검은 광물(땅속에 묻힌 식물이 오랜 세월을 거쳐서 돌처럼 굳어서 만들어진다) 石돌 석 炭숯 탄 ② **석유** 땅속에 묻혀 있고 불을 붙이면 불이 잘 붙는 검은 기름 石돌 석 油기름 유 ③ **오염** 더럽게 됨 汚더러울 오 染물들 염 ④ **절약** 함부로 쓰지 않고 꼭 필요한 데에만 써서 아낌 節마디 절 約맺을 약 ⑤ **유지** 어떤 상태나 상황을 그대로 두거나 변함없이 계속함 維벼리 유 持가질 지

1

중심
생각

이 글에서 가장 중심이 되는 낱말 두 개를 찾아 ○표 하세요.

절약   컴퓨터   전기   빨래   텔레비전

2

세부
내용

이 글에서 전기를 아껴 써야 하는 까닭으로 말한 것은 무엇인지 고르세요. ········ [   ]

① 부모님을 도와드리기 위해

② 전기 요금이 비싸기 때문에

③ 빨래를 자주 하면 힘들기 때문에

④ 컴퓨터를 많이 하면 안 되기 때문에

⑤ 에너지를 아껴 쓰면 환경 오염을 막을 수 있기 때문에

3

세부
내용

여름에 에어컨 대신 사용할 수 있는 것들을 써 보세요.

☐ ☐ ☐ , ☐ ☐

4

구조
알기

이 글의 내용을 정리해 봅시다.

전기를 아껴 쓰는 방법

| 사용하지 않는 전기 제품은 콘센트에서 뽑아 두기 | 적절한 실내 ☐ ☐ 를 유지하기 | 불필요한 ☐ ☐ 사용을 줄이기 | ☐ ☐ 는 한 번에 모아서 하기 |

5 [보기]를 참고해서 | ㉠ | 과 | ㉡ | 에 들어갈 알맞은 단어를 고르세요. .... [   ]

어휘
표현

> [보 기] ㉠ : 돈, 물건, 시간 등을 아끼지 않고 함부로 쓰는 것
>
> ㉡ : 돈, 물건, 시간 등이 써서 없어지는 것

	㉠	㉡
①	증가	감소
②	낭비	소비
③	절약	감소
④	소비	낭비
⑤	절약	낭비

6 전기를 절약하기 위해 겨울철에 할 수 있는 일을 써 보세요.

내용
적용

겨울철에는 ☐☐ 온도를 20도 정도로 유지하고,

☐☐ 을 입으연 전기를 더욱 절약할 수 있습니다.

7 전기 절약을 바르게 실천하고 있는 친구는 누구인지 고르세요. .... [   ]

추론

① 민호 : 여름이라 너무 더워서 에어컨을 계속 켜고 있었어.

② 소현 : 겨울에 너무 추워서 보일러를 하루 종일 틀어 놓았어.

③ 장훈 : 매일 사용하는 컴퓨터를 일일이 끄기 귀찮아서 계속 켜 두었어.

④ 유리 : 휴대폰 충전기는 금방 또 사용하니까 그냥 콘센트에 꽂아둬야겠어.

⑤ 연우 : 옷을 한 벌씩 빨래하지 않고 다른 옷이랑 같이 세탁하려고 모아뒀어.

12회 어법·어휘편 본문에 나온 어휘들만 따로 모아 복습하는 순서입니다.

[1단계] 아래의 낱말에 알맞은 뜻을 선으로 이어 보세요.

[1] 오염 •　　　　　• ㉠ 더럽게 됨

[2] 절약 •　　　　　• ㉡ 어떤 상태나 상황을 그대로 두거나 변함없이 계속함

[3] 유지 •　　　　　• ㉢ 함부로 쓰지 않고 꼭 필요한 데에만 써서 아낌

[2단계] 아래 문장의 빈칸에 알맞은 낱말을 [보기]에서 찾아서 써 넣으세요.

> [보기]　　　오염　　　절약　　　유지

[1] 우리가 전기를 ☐☐ 할 수 있는 방법은 여러 가지가 있습니다.

[2] 석탄과 석유는 환경을 ☐☐ 시키기도 합니다.

[3] 항상 적절한 실내 온도를 ☐☐ 해야 합니다.

[3단계] 밑줄 친 낱말을 맞춤법에 맞게 고쳐 쓰세요.

[1] 맑은 날에는 <u>해빛</u>이 창가로 들어옵니다.

→ ☐☐

[2] 낮에는 <u>구지</u> 전등을 켜지 않아도 됩니다.

→ ☐☐

시간 **끝난 시간** ☐시 ☐분　**1회분 푸는 데 걸린 시간** ☐분

채점 **독해** 7문제 중 ☐개　**어법·어휘** 8문제 중 ☐개

← 스스로 붙임딱지 문제를 다 풀고 맨 뒷장에 있는 붙임딱지를 붙여보세요.

3주 | 12회 61

13회

독서 | 기타 | 관련교과 : 초등국어3-1 3.중요한 내용을 적어요.

공부한 날   월   일

시작 시간   시   분

독해력 2단계 13회

▲ QR코드를 찍으면
지문 읽기를 들을 수 있어요

우리초등학교 방송반에서 알려드립니다.

요즘 **식중독**^① 때문에 많은 학생들이 병원에 다닌다고 합니다. 우리 모두 **당분간**^②은 식중독을 조심해야 하겠습니다.

이러한 식중독 문제를 **예방**^③하기 위해 학생들에게 지켜야 할 몇 가지 **사항**^④을 알려드리니 꼭 지켜주시기 바랍니다.

먼저 손을 자주 씻어야 합니다. 우리 손은 금방 더러워지기 쉽습니다. 더러운 손으로 음식을 먹게 되면 식중독에 더 쉽게 걸릴 수 있습니다. 따라서 손은 자주 씻어 줘야 하고 특히 밖에 나갔다 왔을 경우 곧바로 손을 씻도록 해야 합니다.

다음으로 음식을 익혀서 먹도록 해야 합니다. 익히지 않은 음식에는 **균**^⑤들이 많이 살고 있을 수 있습니다. 따라서 열에 익혀 먹어야 식중독을 피할 수 있습니다. 생선 초밥이나 생선 회 같은 ㉠**날음식**^⑥은 피하도록 합니다.

끝으로 만든 지 오래된 음식은 되도록 먹지 않아야 합니다. 여름에는 음식이 금방 상하게 됩니다. 상한 음식을 먹게 되면 식중독에 걸리기 쉽습니다. 따라서 오래된 음식은 피하도록 하고, 음식을 오래 두고 먹고 싶으면 꼭 냉장고 등에 **보관**^⑦해야 합니다.

지금까지 알려드린 것들을 기억해서 꼭 지켜 주시기 바랍니다.

우리초등학교 방송반이었습니다. 감사합니다.

어려운 낱말 풀이 ① **식중독** 상한 음식을 먹은 후 배탈이 나는 것 食밥 식 中가운데 중 毒독 독 ② **당분간** 앞으로 얼마간 當당할 당 分나눌 분 間시간 간 ③ **예방** 사고나 병이 나지 않게 미리 막는 것 豫미리 예 防막을 방 ④ **사항** 낱낱의 내용 事일 사 項항목 항 ⑤ **균** 생물에 붙어살면서 병을 일으키는 아주 작은 생물 菌균 균 ⑥ **날음식** 익히지 않은 음식 - 飮마실 음 食먹을 식 ⑦ **보관** 어떤 물건을 간직하여 관리함 保지킬 보 管맡을 관

1

중심
생각

무엇을 위한 방송인지 고르세요. ─────────────────────────── [   ]

① 장소를 소개하기 위한 방송

② 사람들을 초대하기 위한 방송

③ 지켜야 할 것을 알리기 위한 방송

④ 자신의 주장을 설득하기 위한 방송

⑤ 스스로 지켜야 할 일을 다짐하기 위한 방송

2

세부
내용

다음 중 이 방송에서 말하지 <u>않은</u> 내용은 무엇인지 고르세요. ──────────── [   ]

① 손 씻기

② 음식 익혀 먹기

③ 배가 아프면 뜨거운 물 마시기

④ 만든 지 오래된 음식은 먹지 않기

⑤ 음식을 오래 두려면 냉장고에 보관하기

3

세부
내용

이 방송을 한 곳은 어디인가요?

우리초등학교 ☐☐☐

4

어휘
표현

밑줄 친 '㉠날음식'과 같은 뜻을 지닌 말을 이 글에서 찾아서 써 보세요.

☐☐☐☐☐ 음식

5

이 방송을 듣고 아래의 알림장에 중요한 내용을 빈칸을 채워 정리해보세요.

1. 당분간 ☐☐☐ 조심

2. ☐을 자주 씻기

3. ☐☐ 음식 먹기

4. 안든 지 ☐☐ 된 음식은 되도록 먹지 않기

6

이 교내 방송을 잘 듣지 <u>않은</u> 친구는 누구인가요? ------------------------------- [   ]

① 지우 : 달걀을 익혀서 먹었어.
② 예은 : 집에 와서 손을 씻었어.
③ 예준 : 마트에서 사온 초밥을 먹지 않았어.
④ 수빈 : 음식을 다 먹고 남은 것은 냉장고에 보관해두었어.
⑤ 지훈 : 점심에 나온 김밥을 집에 가져와서 밤에 먹었어.

7

다음은 신문 기사 제목입니다. 이 중에서 이 방송을 하게 된 까닭이 될 만한 기사 제목은 무엇인지 고르세요. ------------------------------- [   ]

① 오늘 날씨, 곳곳에 소나기
② 여름철 어린이 식중독 환자 늘어나
③ 러시아, 평창 올림픽 참가 금지 결정
④ 50대 여성, 앞집 반려견에 물려
⑤ 도서관에서 초등 저학년 대상 독서 교실 열려

13회 어법·어휘편 본문에 나온 어휘들만 따로 모아 복습하는 순서입니다.

[1단계] 아래의 낱말에 알맞은 뜻을 선으로 이어 보세요.

[1] 방송 •   • ㉠ 상한 음식을 먹고 배탈이 나는 것

[2] 보관 •   • ㉡ 많은 사람들이 듣고 볼 수 있도록 음성이나
화면을 내보내는 것

[3] 식중독 •   • ㉢ 낱낱의 내용

[4] 사항 •   • ㉣ 어떤 물건을 간직하여 관리함

[2단계] 아래 문장의 빈칸에 알맞은 낱말을 [보기]에서 찾아서 써 넣으세요.

[보 기]   당분간   곧바로

[1] 학교가 끝난 후에는 ☐☐☐ 집으로 돌아가야 합니다.

[2] ☐☐☐ 은 식중독을 조심해야 합니다.

[3] 밖에 나갔다 오면 ☐☐☐ 손을 씻어야 합니다.

[4] 오늘부터 다음 주까지는 ☐☐☐ 게임을 하지 말도록 하자.

[3단계] 밑줄 친 낱말의 알맞은 뜻을 찾아 ○표를 하세요.

[1] 더러운 손으로 음식을 먹으면 식중독에 걸릴 수 있습니다.
① 물건을 매달아 올려놓다.
② 병이 들다.

[2] 음식을 열에 익혀 먹어야 식중독을 피할 수 있습니다.
① 자주 경험해서 서투르지 않게 하다.
② 고기나 채소 등 날것을 굽거나 삶거나 끓이다.

시간 끝난 시간 ☐시 ☐분   채점 독해 7문제 중 ☐개   ← 스스로 붙임딱지
1회분 푸는 데 걸린 시간 ☐분   어법·어휘 10문제 중 ☐개   문제를 다 풀고
맨 뒷장에 있는
붙임딱지를
붙여보세요.

14회

문학 | 동시 | 관련교과 : 초등국어3-2㉮ 1.재미가 솔솔 (2015개정)

공부한 날 ☐ 월 ☐ 일

시작 시간 ☐ 시 ☐ 분

독해력 2단계 14회
▲ QR코드를 찍으면
지문 읽기를 들을 수 있어요

발가락

류호철

내 양말에 구멍이 뽕
발가락이 쏙 나왔다.

발가락은 꼼틀꼼틀
저거끼리① 좋다고 논다.

나도 좀 보자
나도 좀 보자
서로 **밀치기**② 한다.

모처럼③ 구경하려는데
와 밀어내노④
서로서로 얼굴을 내민다.

㉮ 그런데 엄마가 양말을 **기워서**⑤
발가락은 다시
캄캄한 세상에서
숨도 못 쉬고 살게 되었다.

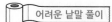 어려운 낱말 풀이

① **저거끼리** '저희끼리'의 경상도 사투리   ② **밀치기** 서로 밀어내기   ③ **모처럼** 오래간만에
④ **와 밀어내노** '왜 밀어내니'의 경상도 사투리   ⑤ **기워서** 꿰매서

1

중심
생각

이 시의 가장 중심이 되는 낱말 두 개를 찾아 ○표를 하세요.

양말   구경   엄마   발가락

2

요소

시에서 말하는 이는 무엇을 하고 있나요? ────────────────── [   ]

① 양말을 신고 있다.

② 양말을 고르고 있다.

③ 양말을 꿰매고 있다.

④ 친구들과 밀치기를 하고 있다.

⑤ 양말 구멍 사이로 나온 발가락들을 보고 있다.

3

추론
적용

시에서 말하는 이는 밑줄 친 ㉮에서 발가락에 대해 어떤 기분을 느꼈을지 고르세요. [   ]

① 서로 밀어내서 무섭다.

② 자꾸 꼼틀거려서 짜증난다.

③ 서로 구경하려 해서 귀찮다.

④ 서로 얼굴을 내밀어서 창피하다.

⑤ 다시 숨을 못 쉬게 되어 안타깝다.

4

어휘
표현

이 시가 재미있는 이유가 아닌 것을 고르세요. ────────────── [   ]

① 사투리를 사용하였다.

② 흉내 내는 말을 사용하였다.

③ 글자 수를 똑같이 맞추었다.

④ 발가락을 살아 있는 사람처럼 표현하였다.

⑤ 누구나 한 번쯤은 겪어봤을 것 같은 일로 시를 썼다.

5

세부
내용

빈칸을 채워 시와 같은 내용의 줄글을 완성하세요.

오늘 내 ☐☐ 에 구멍이 나서 ☐☐☐ 들이 밖으로 나오게 되었다. ☐☐☐ 이 움직이는 것이 마치 서로 밀치기를 하는 것 같았다. 그런데 ☐☐ 가 ☐☐ 을 기워서 ☐☐☐ 은 다시 캄캄한 세상에서 숨도 못 쉬고 살게 되었다.

6 시에 대해 잘못 말한 친구를 고르세요. --- [   ]

작품
이해

① 태문 : 발가락들은 그동안 많이 답답했겠구나.

② 태희 : 발가락들은 무엇을 제일 구경하고 싶었던 걸까?

③ 영찬 : 시를 읽으니까 나도 양말에 구멍이 난 적이 떠올랐어.

④ 한별 : 맞아. 그래서 구멍이 났을 때 서로서로 얼굴을 내민 것 같아.

⑤ 세현 : 발가락들이 서로 부끄러워하는 모습이 머릿속에서 떠오르는 것 같아.

7 다음 빈칸을 채우며 '연'과 '행'에 대해 알아보세요.

추론
적용

1연	1행	내 양말에 구멍이 뿅
	2행	발가락이 쏙 나왔다.
2연	☐행	발가락은 꼼틀꼼틀
	4행	저거끼리 좋다고 논다.
☐연	5행	나도 좀 보자
	6행	나도 좀 보자
	☐행	서로 밀치기 한다.
4연	8행	모처럼 구경하려는데
	☐행	와 밀어내노
	10행	서로서로 얼굴을 내민다.
☐연	11행	그런데 엄마가 양말을 기워서
	12행	발가락은 다시
	☐행	캄캄한 세상에서
	14행	숨도 못 쉬고 살게 되었다.

이 시는 ☐ 연 ☐ 행으로 이루어진 시입니다.

14회 어법·어휘편 본문에 나온 어휘들만 따로 모아 복습하는 순서입니다.

해설편 008쪽

[**1**단계] 아래의 낱말에 알맞은 뜻을 선으로 이어 보세요.

[1] 쏙   •   • ㉠ 몸의 한 부분을 구부리거나 비틀며 자꾸 움직이는 모양

[2] 꼼틀꼼틀 •   • ㉡ 밀어내기

[3] 밀치기 •   • ㉢ 안으로 깊이 들어가거나 밖으로 볼록하게 내미는 모양

[**2**단계] 빈칸에 알맞은 낱말을 [보기]에서 골라 쓰세요.

[보 기]   쏙   꼼틀꼼틀   밀치기

[1] 지렁이가 밖으로 나와서 [   ] 거리고 있다.

[2] 과자가 입안으로 [   ] 들어갔습니다.

[3] 서로 [   ] 하지 말고 질서 있게 서 있으세요.

[**3**단계] 다음 중 '캄캄한'과 비슷한 느낌이 <u>아닌</u> 낱말을 고르세요. ------------- [   ]

① 깜깜한   ② 컴컴한   ③ 껌껌한   ④ 어두운   ⑤ 흐릿한

시간 **끝난 시간** [   ]시 [   ]분   채점 **독해** 7문제 중 [   ]개

1회분 푸는 데 걸린 시간 [   ]분   **어법·어휘** 7문제 중 [   ]개

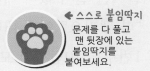

← 스스로 붙임딱지
문제를 다 풀고 맨 뒷장에 있는 붙임딱지를 붙여보세요.

문학 | 동화 | 관련교과 : 초등국어2-2㉮ 5.이야기를 나누어요 (2014개정)

15회

공부한 날 [ ]월 [ ]일

시작 시간 [ ]시 [ ]분

독해력 2단계 15회

▲ QR코드를 찍으면
지문 읽기를 들을 수 있어요

1교시에 받아쓰기 시험

-"국어" 5단원

-70점 밑으로는 숙제 낼 거니까 열심히 하세요.

몇 자 되지도 않는 하얀 글씨가 **눈앞을 캄캄하게 만들었다.**① 당장 책을 펼쳤지만 이미 얼어버린 머릿속에 글자가 제대로 들어올 리 없었다. 처음 칠판을 보았을 때는 눈앞이 캄캄하고 **머릿속은 새하얘졌다.**② 그런데 다시 생각하여 보니 그럴 필요가 없었다. 은수는 받아쓰기를 잘할 자신은 없었지만 그렇다고 벌벌 떨 필요도 없다고 생각하였다. 그렇게 마음을 먹으니 하얀색과 검은색밖에 없던 은수의 눈에 원래대로 색깔이 돌아왔다.

"넌 백 점 맞을 게 **뻔한데** 무엇하러 그렇게 열심히 하니?"

은수는 괜히 뒷자리에 앉은 승규를 **집적거렸다.**③

"내가 넌 줄 아니? 넌 나랑 다르잖아."

승규가 말하였다.

"놀기 싫으면 그냥 싫다고 하지, 왜 이상한 사람 **취급**④을 해? 그래 알았다. 너같이 선생님께 사랑받고 공부 잘하는 애는 다 맞아라."

"시끄러워. 너 때문에 공부가 안 되잖아. 선생님께 이를 거야."

"그래, 일러라 일러. 에이, ㉠<u>삐아삐아!</u>"

은수는 승규에게 입을 삐죽이며 삐아삐아를 보냈다. 삐아삐아는 은수가 상상 놀이를 할 때 쓰는 말인데 그때마다 뜻은 다르다. 보통 기분이 나쁘거나 마음에 들지 않는 일에 삐아삐아를 날려 보낸다. 신기하게도 삐아삐아를 날리면 기쁘고 **통쾌**⑤한 마음은 커지고, 화나고 속상한 마음은 **산산조각**⑥ 나 버린다. 그래서 은수의 **사전**⑦에는 남들이 모르는 이상한 낱말이 많이 들어 있다.

은수에게는 지루하기만 한 시간이 지나고 받아쓰기 시험이 시작되었다. 선생님께서 불러 주시는 말들이 비틀비틀 춤을 추며 다가왔다. 은수 앞에 펼쳐진 하얀 종이에는 검은 글씨가 삐뚤빼뚤 질서 없이 내려앉았다.

"다 됐지요? 연필 내려놓고 짝끼리 바꾸세요."

1번부터 10번까지 모두 열 문제가 끝났다. 아이들은 모두 빨간 색연필을 꺼내 들었다.

"정답 잘 확인하여 점수를 정확하게 매기세요."

선생님께서 칠판에 반듯하게 답을 적으셨다.

"야호!"

"어, 이상하네?"

"아이고!"

정답이 하나씩 써질 때마다 아이들의 입에서 터져 나오는 말소리도 **제각각**⑧이었다. 잠시 뒤, 은수 앞에는 빨간 동그라미가 정확히 열 개 그려진 시험지가 놓였다.

'ⓛ삐아삐아, 삐아삐아!'

은수는 시험지를 향하여 속으로 삐아삐아를 두 번 날렸다.

레이저 광선이라도 나와서 시험지를 뚫을 듯 눈빛이 날카로웠다.

"다 매겼으면 다시 짝한테 돌려주세요."

은수 앞에 놓여 있던 백 점짜리 시험지는 수진이 손으로 넘어갔다.

대신 돌아온 시험지에는 빨간 작대기 네 개가 가지런히 서 있었다.

수진이는 친절하게도 동글동글한 예쁜 글씨로 '60'이라고 써 놓기까지 하였다.

– 김대조, 「받아쓰기 시험」

1
중심
생각
주인공은 누구인가요?

□ □

2
요소
받아쓰기 시험은 언제였나요?

□ □ □

3
세부
내용
은수의 눈앞이 캄캄해진 까닭은 무엇인가요? ─────────── [　]

① 학교가 늦게 끝나서　② 받아쓰기 시험 때문에　③ 칠판 글씨가 안 보여서

④ 친구들과 싸우게 되어서　⑤ 선생님께 꾸중을 들어서

어려운 낱말 풀이 ① **눈앞을 캄캄하게 만들었다** 일이나 문제가 너무 어려운 탓에 도저히 해결 방법을 찾을 수 없는 기분이 들었다　② **머릿속은 새하얘졌다** 아무 생각도 나지 않았다　③ **집적거렸다** 성가시게 참견했다　④ **취급** 사람이나 사건을 어떠한 태도로 대함 取취할 취 扱미칠 급　⑤ **통쾌** 아주 유쾌하고 시원함 痛아플 통 快유쾌할 쾌　⑥ **산산조각** 아주 잘게 깨져서 여러 조각이 남. 또는 그 상태 散흩어질 산 散흩어질 산-　⑦ **사전** 낱말의 뜻을 설명해주는 책 辭말 사 典법 전　⑧ **제각각** 사람이나 물건이 모두 따로 각각 - 各각각 각 各각각 각

4

추론
적용

다음은 은수의 자리를 나타낸 것입니다. 이야기에 따르면 은수의 옆자리와 뒷자리 친구는 누구일지 써 보세요.

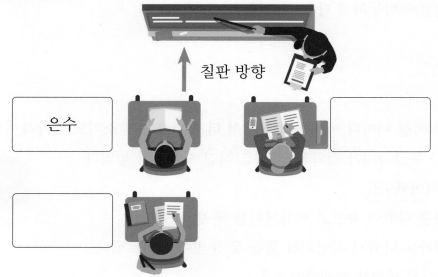

칠판 방향

은수

5

어휘
표현

은수가 상상 놀이를 할 때 쓰는 말을 찾아 쓰세요.

6

작품
이해

이야기를 읽고 친구들이 대화를 나누었습니다. 이 글의 내용과 <u>다른</u> 말을 하는 친구를 고르세요. -- [   ]

① 현수 : 승규는 공부를 잘하는 친구인가 보네.

② 태영 : 수진이도 공부를 잘하는 친구인 것 같아.

③ 지원 : 은수는 받아쓰기 시험에서 60점을 받았구나.

④ 혜원 : 그래도 은수는 숙제를 안 해도 될 것 같아. 다행이다.

⑤ 은지 : 받아쓰기 시험은 국어 5단원에 관해서 시험 보는 거였구나.

7

추론
적용

밑줄 친 ㉠, ㉡의 까닭으로 알맞은 것을 고르세요. --- [   ]

① 기쁜 마음에

② 너무 지루해서

③ 얼른 점수를 확인하고 싶어서

④ 기분이 나쁘거나 마음에 들지 않아서

⑤ 선생님과 친구들에게 관심을 받고 싶어서

15회 어법·어휘편

본문에 나온 어휘들만 따로 모아 복습하는 순서입니다.

[**1단계**] 아래의 낱말에 알맞은 뜻을 선으로 이어 보세요.

[1] 제각각 •   • ㉠ 아주 유쾌하고 시원함

[2] 통쾌 •   • ㉡ 사람이나 물건이 모두 따로 각각

[3] 취급 •   • ㉢ 사람이나 사건을 어떠한 태도로 대함

[**2단계**] 빈칸에 알맞은 낱말을 [보기]에서 골라 쓰세요.

[보 기]   제각각   통쾌   취급

[1] 아주 나쁜 사람이 벌을 받게 되어서 ⬚⬚⬚ 한 기분이 들었다.

[2] 선생님은 나를 너무 어린애로 ⬚⬚⬚ 하신다.

[3] 쉬는 시간에 친구들이 교실 이곳저곳에서 ⬚⬚⬚ 놀고 있습니다.

[**3단계**] 다음은 친구가 **틀린** 받아쓰기입니다. **틀린** 곳을 찾아 바르게 고쳐 주세요.

[1] 은수는 칠판을 보자 눈앞이 캄캄하고 머리속은 새하애졌다.

→ _____

[2] 은수는 괜히 뒤자리에 앉은 승규를 찝적거렸다.

→ _____

[3] 은수의 긂시는 비뚤배뚤 질서가 없었다.

→ _____

시간 **끝난 시간** ⬚시 ⬚분   채점 **독해** 7문제 중 ⬚개

1회분 푸는 데 걸린 시간 ⬚분   **어법·어휘** 9문제 중 ⬚개

← 스스로 붙임딱지
문제를 다 풀고
맨 뒷장에 있는
붙임딱지를
붙여보세요.

걸음아 날 살려라

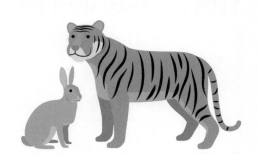

어느 추운 겨울 날, 호랑이는 숲 속을 어슬렁거렸어요.

"배고픈데 먹을 게 없나?"

배고픈 호랑이는 눈밭에서 신나게 놀고 있는 토끼를 발견했어요.

그래서 토끼를 낚아채 한 입에 잡아먹으려고 입을 크게 벌렸어요.

그 순간, 토끼는 살아남기 위해 꾀를 냈어요.

"호랑이님. 저 같이 작은 토끼 한 마리 잡아먹는다고 배가 부르겠어요? 먹을 것이 무척 많은 곳으로 안내할 테니 따라오세요."

"먹을 것이 무척 많다고?"

호랑이는 토끼를 따라 얼음이 꽁꽁 언 강으로 갔어요.

"호랑이님, 이 얼음 구멍 안에 꼬리를 집어넣으세요. 물고기 떼가 꼬리에 매달려 묵직해지면 얼른 낚아 올리세요."

추운 겨울바람이 쌩쌩 불었지만 호랑이는 꾹 참고 기다렸어요.

"꼬리가 묵직해지는 것을 보니 이젠 물고기가 많이 걸렸나 보군."

호랑이는 꼬리를 끌어올렸지만 꼬리가 얼음에 꽁꽁 얼어 움직이지 않았어요.

"헤헤. 호랑이님! 열심히 고기를 낚아보세요!"

토끼는 <u>걸음아 날 살려라</u> 산으로 도망쳤어요.

"걸음아 날 살려라."라는 표현은 있는 힘을 다해 도망친다는 뜻이에요.
얼음이 녹기 전에 호랑이를 피해 달아나는 토끼의 모습을 표현한 것이지요.

'걸음'과 관련된 또 다른 관용 표현
걸음을 떼다 준비해 오던 일을 처음으로 하기 시작하다. | **걸음을 재촉하다** 빨리 서둘러 가다.

4주차

한 주 간의 계획을 먼저 세워보세요. 매일 학습을 마친 후 맞힌 문제의 개수를 쓰세요!

회 차	영 역	학 습 내 용	학습계획일	맞은 문제수
16 회	독서 역사	고인돌 한 가지 중심 낱말에 대한 여러 방면의 사실이 설명된 글입니다. 설명하는 글의 전개가 어떻게 되는지 학습하는 회차입니다.	월 일	독해 7문제 중 ⬚ 개 어법·어휘 8문제 중 ⬚ 개
17 회	독서 국어	편지를 쓰는 방법 편지 쓰는 방법을 설명한 글을 통해 한 가지 내용을 이루는 구성요소를 읽어내는 방법을 학습하는 회차입니다.	월 일	독해 7문제 중 ⬚ 개 어법·어휘 8문제 중 ⬚ 개
18 회	독서 기타	전주 기행문 학생의 눈높이에서 쓴 기행문입니다. 공간의 변화와 각 공간에서 어떤 일을 보고 겪었는지 읽어내는 법을 배우는 회차입니다.	월 일	독해 7문제 중 ⬚ 개 어법·어휘 10문제 중 ⬚ 개
19 회	문학 연극	토끼의 간 학생들도 익히 알고 있는 〈별주부전〉을 연극으로 꾸민 글입니다. 대사와 지문으로 구성된 이야기를 읽어내는 방법을 터득하는 회차입니다.	월 일	독해 7문제 중 ⬚ 개 어법·어휘 9문제 중 ⬚ 개
20 회	문학 탈무드	다른 사람을 이기는 방법 교훈을 주는 이야기입니다. 인물의 상황과 반응을 통해 교훈을 이해해보는 회차입니다.	월 일	독해 7문제 중 ⬚ 개 어법·어휘 8문제 중 ⬚ 개

독서 | 설명문 | 관련교과 : 초등사회5-2 1.우리 역사의 시작과 발전

16회

공부한 날 □월 □일
시작 시간 □시 □분

독해력 2단계 16회
▲ QR코드를 찍으면
지문 읽기를 들을 수 있어요

↑ 강화도 부근리에 있는 고인돌

(가) 아주 오랜 옛날에 만들어진 고인돌은 '괴어 있는 돌'이라는 뜻을 가지고 있습니다. 이름처럼 바닥에 두 개의 돌을 세워 받친 뒤 그 위에 넓은 돌을 지붕처럼 얹은 모양입니다. 딱 보기에도 신기하게 생겼습니다. 도대체 왜 옛날 사람들은 고인돌을 만들었던 것일까요? (나)

고인돌의 비밀은 땅속에서 풀렸습니다. 고인돌은 바로 옛날 사람들의 무덤이었던 것입니다. 하지만 아무나 고인돌에 묻혔던 것은 아니었습니다. 그 사회의 **우두머리**^①였던 사람만이 고인돌에 묻힐 수 있었습니다. 죽고 난 후 그 사람의 위대함을 **기리기**^② 위해 큰 돌들을 세워 무덤을 만든 것이었죠. (다)

이러한 고인돌은 우리나라에서만 약 4만 개가 발견되었다고 합니다. 그 속에서 수많은 **유물**^③들도 함께 발견되었죠. 그래서 고인돌은 아주 중요한 **유적**^④입니다. (라) 고인돌이 만들어졌던 옛날에는 지금처럼 글자가 없었습니다. 그렇기 때문에 그 당시의 모습을 쓴 어떤 책도 남아 있지 않습니다. 하지만 고인돌과 유물들을 통해 그 시대의 **생활 풍습**^⑤ 등을 알아낼 수 있게 되었습니다. 이처럼 고인돌은 우리의 옛날 모습을 알려줄 중요한 유적이랍니다. (마)

1
중심
생각

이 글에 어울리는 제목을 지어보세요.

□□□ 의 비밀

 어려운 낱말 풀이

① **우두머리** 한 마을이나 사회를 다스리고 이끄는 사람   ② **기리기** 훌륭한 일이나 사람을 칭찬하고 기억하기   ③ **유물** 조상들이 후손들에게 남긴 물건 遺남길 유 物물건 물   ④ **유적** 건축물이나 전쟁이 있던 옛터 遺남길 유 跡발자취 적   ⑤ **생활 풍습** 옛날부터 그 사회에 전해 오는 생활 습관 生날 생 活살 활 風바람 풍 習익힐 습

해설편 009쪽

2 이 글에서 설명하고 있는 내용이 <u>아닌</u> 것을 골라 봅시다. ───── [　　　]

세부
내용

① 고인돌의 뜻

② 고인돌의 모양

③ 고인돌에 사용된 돌

④ 고인돌이 중요한 까닭

⑤ 고인돌이 세워진 까닭

3 고인돌에 대한 설명 중 맞는 것에는 O표, 틀린 것에는 X표 하세요.

세부
내용

(1) '괴어 있는 돌'이라는 뜻이다. ───────────────── [　　　]

(2) 바닥에 세 개의 돌을 세워 받친다. ─────────────── [　　　]

(3) 옛날 사람들의 집이었다. ──────────────────── [　　　]

(4) 아무나 고인돌에 묻힐 수 있었다. ──────────────── [　　　]

4 다음 [보기]의 내용이 들어갈 자리는 어디인가요? ──────── [　　　]

구조
알기

[보기]　또한 고인돌은 하늘에 제사를 지내는 곳으로 쓰이기도 했습니다.

① (가)　　　　② (나)　　　　③ (다)

④ (라)　　　　⑤ (마)

5 아래 설명을 뜻하는 낱말을 본문에서 찾아 쓰세요.

어휘
표현

죽은 사람을 땅에 묻어놓은 곳

□□

6 고인돌이 중요한 까닭은 무엇인지 써 보세요.

내용
적용

고인돌이 만들어졌던 옛날에는 지금처럼 ☐☐ 가 없었기

때문에 어떤 책도 찾아볼 수 없지만, 고인돌과 유물들을 통해

그 시대의 ☐☐☐☐ 등을 알아낼 수 있기 때문입니다.

7 다음은 이 글을 읽고 난 후 친구들이 고인돌에 대해서 이야기한 것입니다. 틀린 설명은 어떤

추론 것인지 고르세요. ⋯⋯⋯⋯⋯⋯⋯⋯⋯⋯⋯⋯⋯⋯⋯⋯⋯⋯⋯⋯⋯⋯⋯⋯⋯⋯⋯⋯⋯⋯⋯ [   ]

① 예은 : 땅속을 파보면 아마 유물이 묻혀 있을 거야.

② 희철 : 우리나라에서만 고인돌이 4만 개나 발견되었군.

③ 태준 : 고인돌에 묻혔으니 그 무리의 우두머리였나봐.

④ 우민 : 고인돌이라는 이름은 돌을 괴어 만들었다는 뜻이야.

⑤ 영빈 : 고인돌에 가까이 가보면 누구의 무덤인지 글자가 쓰여 있을 거야.

배경지식 더하기
고인돌을 만드는 과정

① 구덩이를 파고 받침돌을 세운다.

② 받침돌을 세운 후 흙으로 채운다.

③ 덮개돌을 올린다.

④ 고인돌을 완성한다.

[1단계] 아래의 낱말에 알맞은 뜻을 선으로 이어 보세요.

[1] 우두머리 •

[2] 생활 풍습 •

[3] 유물 •

[4] 유적 •

• ㉠ 조상들이 후손들에게 남긴 물건

• ㉡ 건축물이나 전쟁이 있던 옛터

• ㉢ 한 마을이나 사회를 다스리고 이끄는 사람

• ㉣ 옛날부터 그 사회에 전해 오는 생활 습관

[2단계] 아래 문장의 빈칸에 알맞은 낱말을 [보기]에서 찾아서 써 넣으세요.

[보기]   유물   유적

[1] 고인돌 속에서 수많은 ☐☐ 들도 함께 발견되었죠.

[2] 고인돌은 기록되지 않은 과거를 알려줄 중요한 ☐☐ 이랍니다.

[3단계] 사진 속에 있는 것은 어떤 것에 속하는지 선으로 이어보세요.

[1]

• ㉠ 풍습

[2]

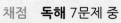

• ㉡ 유물

시간 끝난 시간 ☐시 ☐분

1회분 푸는 데 걸린 시간 ☐분

채점 독해 7문제 중 ☐개

어법·어휘 8문제 중 ☐개

 스스로 붙임딱지
문제를 다 풀고
맨 뒷장에 있는
붙임딱지를
붙여보세요.

4주 | 16회 79

17회

독서 | 설명문 | 관련교과 : 초등국어2-1 5.낱말을 바르고 정확하게 써요

공부한 날 [ ] 월 [ ] 일
시작 시간 [ ] 시 [ ] 분

독해력 2단계 17회
▲ QR코드를 찍으면
지문 읽기를 들을 수 있어요

누군가에게 내 마음을 전하는 방법은 여러 가지가 있습니다. ㉠직접 만나서 이야기를 할 수도 있고, 전화를 하거나 문자를 보낼 수도 있습니다. (가) 어버이날이나 스승의 날, 또는 친구의 생일에는 편지를 쓰기도 합니다. 요즘에는 편지를 쓰는 일이 흔하지 않습니다. 여러분들은 편지를 써 본 적이 있나요? 편지는 전화나 문자와 다르게 쓰는 법이 정해져 있는데요, 지금부터 편지를 쓰는 방법에 대해 알아보겠습니다.

편지는 받는 사람이 정해져 있습니다. 그래서 맨 처음에는 편지 받을 사람이 누구인지 씁니다. 그리고 편지를 받을 사람에게 인사를 하거나 **안부**^①를 묻는 걸로 편지를 시작합니다. (나) 다음으로 전하고 싶은 말을 적습니다. 편지를 보내는 이유와 전하고 싶은 말을 알기 쉽게 쓰는 것이 좋습니다. 전하고 싶은 말을 다 쓴 후에는 편지를 **마무리**^②하는 끝인사를 씁니다. (다) **대체로**^③ 편지를 받을 사람이 잘 지내기를 바라는 말을 씁니다. 끝인사 다음 줄에는 편지를 쓴 날짜와 편지를 보내는 사람의 이름을 씁니다. 만약 어른에게 보내는 편지라면 이름 뒤에 '올림, 드림' 등을 써야 합니다. (라)

(마) 마음을 전할 때 전화나 문자 같이 **편리**^④한 방법을 쓸 수도 있지만, 손으로 한 자 한 자 정성껏 쓴 편지를 받는다면 더욱 기쁠 것입니다. 여러분도 편지를 쓰는 방법에 맞추어 누군가에게 마음을 담은 편지를 써 보면 어떨까요?

 어려운 낱말 풀이

① **안부** 어떤 사람이 편안히 잘 지내고 있는지에 대한 소식 安편안 안 좀아닐 부
② **마무리** 일의 끝맺음
③ **대체로** 일반적으로 大클 대 體몸 체-
④ **편리** 편하고 이용하기 쉬움 便편리할 편 利이로울 리

1
중심
생각

무엇에 대해 쓴 글인지 고르세요. ──────────── [　　]

① 편지를 잘 쓰는 방법

② 우체국에서 편지를 보내는 방법

③ 전화, 문자보다 편지가 더 좋은 점

④ 다른 사람에게 마음을 전해야 하는 이유

⑤ 전화나 문자가 편지보다 더 쓰기 쉬운 이유

2
세부
내용

글의 내용에 맞지 <u>않는</u> 것을 고르세요. ──────── [　　]

① 편지는 받는 사람이 정해져 있습니다.

② 스승의 날에 선생님께 편지를 쓰기도 합니다.

③ 끝인사 다음 줄에는 편지를 쓴 날짜를 씁니다.

④ 편지는 전화나 문자와 다르게 쓰는 법이 있습니다.

⑤ 편지의 맨 처음에는 편지를 받을 사람에게 하는 인사를 씁니다.

3
세부
내용

다음 중 편지에 들어가지 <u>않아도</u> 되는 것은 무엇인가요? ──── [　　]

① 인사말　　　　　　② 끝인사　　　　　　③ 연락처

④ 보내는 사람　　　　⑤ 전하고 싶은 말

4
구조
알기

다음 내용이 들어갈 알맞은 위치를 고르세요. ────────── [　　]

[보 기]　　　"안녕?"이나 "잘 지내셨어요?"와 같은 문장을 쓰면 됩니다.

① (가)　　　　② (나)　　　　③ (다)　　　　④ (라)　　　　⑤ (마)

5
어휘
표현

밑줄 친 ㉠의 뜻은 무엇인가요? ───────────────── [　　]

① 보통과 구별되게 다른

② 항상 무엇을 거쳐야 되는

③ 중간에 아무것도 거치지 않고 바로

④ 모양, 빛깔 등이 여러 가지로 많은

⑤ 어떤 것의 자리나 역할을 바꾸어서 새로 맡은

6

내용
적용

편지를 쓰는 순서에 맞게 빈칸을 채워보세요.

> ㉠ 전하고 싶은 말을 알기 쉽게 씁니다.
>
> ㉡ 편지를 쓴 날짜와 편지를 보내는 사람의 이름을 씁니다.
>
> ㉢ 편지를 받는 사람이 누구인지 씁니다.
>
> ㉣ 편지를 받는 사람에게 인사를 하거나 안부를 묻습니다.

☐ → ☐ → ☐ → ☐

7

추론

지현이가 소영이에게 보낸 편지입니다. 이 편지에서 <u>잘못된</u> 부분을 찾아 보세요. ············· [　　　]

① 소영이에게

② 소영아 안녕?

저번에 미술 시간에 나한테 준비물을 빌려줘서 무척 고마웠어. 선생님께 혼날까봐 걱정했는데 네가 준비물을 빌려줘서 다행이었어. 다음에 네가 준비물을 안 가져오면 나도 빌려줄게. 정말 고마워.

③ 그럼 안녕. 월요일에 학교에서 만나자.

④ 2024년 6월 8일 토요일

⑤ 지현이 올림

배경지식 더하기

편지가 배달되는 과정

① 편지를 써서 봉투에 담습니다.

② 편지 봉투를 우체통에 넣거나 우체국에서 부칩니다.

③ 우체부 아저씨들이 편지들을 모아서 우체국으로 가져갑니다.

④ 우체국에서 기계로 편지들을 나눕니다.

⑤ 편지를 받는 사람의 주소와 가까운 우체국으로 옮긴 후 배달합니다.

[1단계] 아래의 낱말에 알맞은 뜻을 선으로 이어 보세요.

[1] 안부 •
[2] 마무리 •
[3] 대체로 •

• ㉠ 어떤 사람이 편안히 잘 지내고 있는지에 대한 소식
• ㉡ 일의 끝맺음
• ㉢ 많은 경우에, 보통

[2단계] 아래 문장의 빈칸에 알맞은 낱말을 [보기]에서 찾아서 써 넣으세요.

[보기]   안부   마무리   대체로

[1] 편지를 받을 사람에게 인사를 하거나 [   ]를 묻는 걸로 편지를 시작합니다.

[2] 전하고 싶은 말을 다 쓴 후에는 편지를 [   ] 하는 끝인사를 씁니다.

[3] 끝인사에는 [   ] 편지를 받을 사람이 잘 지내기를 바라는 말을 씁니다.

[3단계] 그림을 보고 아래 문장의 빈칸에 알맞은 낱말을 적어보세요.

[1] 편지는 손으로 한 자 한 자 [ ][ ][껏] 적어야 합니다.

[2] 드시고 싶은 만큼 [ ][ ][껏] 드세요.

시간 끝난 시간 [ ]시 [ ]분
1회분 푸는 데 걸린 시간 [ ]분

채점 독해 7문제 중 [ ]개
어법·어휘 8문제 중 [ ]개

← 스스로 붙임딱지
문제를 다 풀고 맨 뒷장에 있는 붙임딱지를 붙여보세요.

18회

독서 | 기타 |

공부한 날 ☐ 월 ☐ 일

시작 시간 ☐ 시 ☐ 분

독해력 2단계 18회
▲ QR코드를 찍으면
지문 읽기를 들을 수 있어요

지난 5월 20일, 우리 학교에서는 전주로 현장 체험 학습을 갔다. 1학년 동생 민아도 신나서 아침부터 **들떠 있었다.**① 어머니께서는 맛있는 김밥을 싸시느라 전날부터 장도 보시고 우리가 ㉠먹글 과일, 간식 등을 준비하시느라 바쁘셨다.

학교를 출발해 버스는 우리처럼 신나게 달렸다. 창밖으로 보이는 푸른 산과 예쁘게 핀 꽃은 정말 아름다웠다. 전주에 도착하여 엄마가 싸 주신 김밥을 친구들과 맛있게 나누어 먹었다. 점심을 다 먹고, 우리가 체험할 **한옥**②마을로 갔다.

한옥마을에서 우리가 맨 처음 먼저 간 곳은 '전동성당'이었다. '전동성당'은 한옥마을의 시작이 되는 곳이자 영화 〈약속〉, 〈전우치〉의 촬영 장소로 유명한 장소라고 선생님께서 말씀하셨다. 성당 앞에는 ㉡마는 사람들이 사진을 찍는 모습이 보였다. 나도 마찬가지로 친구들과 열심히 사진을 찍었다. 성당 안에는 직접 들어갈 수 없어서 눈으로 보기만 했다.

↑ 전동성당

성당을 나와 한옥을 구경했다. 선생님을 따라 한참을 걸었는데도 주위 건물들이 모두 한옥이었다. 한옥에 들어가 보니 방 안이 모두 **온돌**③방이었다. 부엌에는 온돌방을 덥히는 **아궁이**④가 있었는데, 처음 보는 것이라 무척 신기했다. 한옥마을 안에 '동락원'이라는 곳이 있었는데, 한복 입기를 체험할 수 있는 곳이었다. 한복으로 갈아입고 한옥에 있으니 마치 내가 옛날 사람이 된 것만 같았다.

↑ 전주한옥마을

돌아오는 길에 우리는 **인상**⑤ 깊었던 일들을 이야기하다 피곤했는지 잠이 들었다. 전주는 다양한 **전통**⑥과 **문화**⑦까지 체험할 수 있는 멋있는 곳이었다. 돌아오는 길은 피곤했지만 부모님과 꼭 다시 한 번 와보고 싶다는 생각이 들었다.

1
중심
생각

가장 중심이 되는 낱말을 찾아 ○표를 하세요.

온돌　　한복　　전주　　성당　　김밥　　사진

2
세부
내용

글을 읽고 글쓴이의 여행을 정리해보세요.

[1] 어디서 출발했나요? ☐☐

[2] 언제 갔나요? ☐☐☐☐☐

[3] 무엇을 타고 갔나요? ☐☐

해설편 010쪽

3
세부
내용

이 글에 대한 설명으로 알맞지 <u>않은</u> 것을 골라 봅시다. ------------- [　　]

① '전동성당'은 한옥마을의 끝이다.

② 글에는 전주의 볼거리가 들어있다.

③ 글쓴이는 지금까지 아궁이를 본 적이 없었다.

④ '동락원'은 한복 입기를 체험할 수 있는 곳이다.

⑤ 글쓴이는 나중에 부모님과 또 오고 싶다고 했다.

4
어휘
표현

㉠, ㉡에서 맞춤법이 틀린 곳을 바르게 고쳐봅시다.

㉠ 틀린 말 : ☐☐ → 바른 말 : ☐☐

㉡ 틀린 말 : ☐☐ → 바른 말 : ☐☐

어려운 낱말 풀이

① **들떠 있었다** 마음이나 분위기가 가라앉지 아니하고 조금 흥분되어 있었다　② **한옥** 우리나라 고유의 형식으로 지은 집 韓한국 한 屋집 옥　③ **온돌** 불기운이 방바닥 밑을 통과하여 방을 데우는 장치 溫따뜻할 온 堗굴뚝 돌　④ **아궁이** 옛날 집에서 방이나 솥에 불을 때기 위해 부엌에 만든 구멍　⑤ **인상** 어떤 대상에 대하여 마음속에 새겨지는 느낌 印도장 인 象모양 상　⑥ **전통** 어떤 집단에서, 지난 시대에 이미 이루어져 전하여 내려오는 것 傳전할 전 統거느릴 통　⑦ **문화** 일정한 목적을 이루고자 사회 구성원에 의하여 습득, 전달되는 것들 文글월 문 化될 화

5 위 글에서 글쓴이가 이동한 장소를 순서대로 [보기]에서 찾아 쓰세요.

구조
알기

> [보기]   동락원   한옥마을 입구   전동성당   버스   학교

☐ → ☐ → ☐ → ☐ → ☐

6 글쓴이가 '동락원'에서 왜 옛날 사람이 된 것 같은 기분을 느꼈는지 적어보세요.

내용
적용

'동락원'은 ☐☐ 입기를 체험할 수 있는 곳이기 때문입니다.

글쓴이는 ☐☐ 을 입고 ☐☐ 에 있으니 옛날 사람이

된 것 같은 기분을 느꼈습니다.

7 이 글을 읽고 친구들이 대화를 나누었습니다. 맞지 <u>않은</u> 내용을 말하는 친구를 고르세요.

추론
-- [   ]

① 하은 : 한옥마을 안에 전동성당이 있나봐.

② 정민 : 나도 버스를 타고 전주에 가 보고 싶어.

③ 희선 : 전주 가는 길의 풍경을 나도 느껴보고 싶어.

④ 재원 : 요즘의 아파트보다 온돌방이 더 따뜻할 것 같아.

⑤ 준연 : 전주까지 가려면 꼭 기차를 타야해서 불편한 것 같아.

18회 어법·어휘편

본문에 나온 어휘들만 따로 모아 복습하는 순서입니다.

[1단계] 아래의 낱말에 알맞은 뜻을 선으로 이어 보세요.

[1] 한옥 •　　　　　• ㉠ 불기운이 방 밑을 통과하여 방을 데우는 장치

[2] 온돌 •　　　　　• ㉡ 우리나라 고유의 형식으로 지은 집

[3] 인상 •　　　　　• ㉢ 어떤 대상에 대하여 마음속에 새겨지는 느낌

[4] 전통 •　　　　　• ㉣ 어떤 집단에서, 지난 시대에 이미 이루어져 전하여
　　　　　　　　　　　　내려오는 것

[2단계] 아래 문장의 빈칸에 알맞은 낱말을 [보기]에서 찾아서 써 넣으세요.

> [보기]　　　　한옥　　　온돌　　　인상　　　전통

[1] 아버지께서는 　☐☐ 을 양옥으로 고치셨다.

[2] 판소리는 우리의 　☐☐ 으로 가꾸어 나가야 한다.

[3] 돌아오는 길에 우리는 　☐☐ 깊었던 일들을 이야기했다.

[4] 안으로 들어가 보니 방 안도 모두 　☐☐ 방이어서 무척이나 신기했다.

[3단계] 빈칸에 알맞은 낱말을 넣어 문장을 완성하세요.

[1] 어머니는 부부 동반 유럽 여행 계획으로 　ㄷ　ㅠ　 있었다.
　　　　　　　　　　　　　→ 마음이나 분위기가 가라앉지 아니하고 조금 흥분되다.

[2] 주원이의 꿈은 　ㅇ　ㅁ　ㅎ　 배우가 되는 것이다.
　　　→ 이름이 널리 알려져 있는

시간　끝난 시간 ☐시 ☐분　　채점　독해 7문제 중 ☐개

🕐 1회분 푸는 데 걸린 시간 ☐분　　⭐ 어법·어휘 10문제 중 ☐개

← 스스로 붙임딱지
문제를 다 풀고
맨 뒷장에 있는
붙임딱지를
붙여보세요.

19회

문학 | 연극 |

공부한 날 [   ]월[   ]일

시작 시간 [   ]시[   ]분

독해력 2단계 19회

▲ QR코드를 찍으면
지문 읽기를 들을 수 있어요

나오는 인물 : [(가)   ]

앞부분의 내용 : 용왕의 병을 고치기 위해 토끼를 찾아 나선 자라는 갖은 고생 끝에 드디어 용왕이 사는 용궁으로 토끼를 데리고 올 수 있게 된다.

용왕 : 토끼 네 이놈! 너에게는 안된 일이지만, 나를 위해 **간**①을 내어 놓아라!

토끼 : 용왕님, 저는 매일 아침에는 이슬을 먹고, 저녁에는 산삼을 먹고 삽니다. 그래서 제 간이 다른 짐승과는 다르게 **특효약**②이지요. 그러다 보니 다들 저를 만나기만 하면 간을 달라고 아우성입니다. 그래서 저는 평상시에는 제 굴 옆 바위틈 깊은 곳에 간을 숨겨 놓고 다닙니다.

용왕 : 아니, 그러면 지금은 간이 없다는 말이냐?

토끼 : 네, 용왕님. 자라 선생이 용왕님의 **병환**③에 대해 제게 전혀 알려 주지 않았습니다. 그래서 간을 둔 채 그냥 따라왔나이다. (자라를 보며) 야, 이놈아! 진작 이러한 사실을 알려 주었으면 내가 당연히 간을 가지고 왔을 것이 아니더냐?

자라 : 용왕님, 이 몹쓸 토끼의 꾀에 속지 마시옵소서. 간사한 꾀를 부리고 있습니다. 어찌 살아 있는 짐승이 간을 넣었다 **빼었다** 할 수 있다는 말이옵니까? 용왕님을 속이려고 하고 있습니다.

토끼 : (나) 아닙니다, 용왕님. 자라 선생이 지금 용왕님에 대한 걱정으로 마음이 급한 듯 하옵니다. 하지만 **신중히**④ 생각하시옵소서. 만일 제 배를 갈라도 간이 나오지 않으면 어찌 되겠습니까? 배를 갈라 제가 죽어버리면, 제가 어떻게 다시 간을 가지고 오겠사옵니까? 용왕님의 병환은 끝내 고칠 수 없을 것이옵니다.

용왕 : 토끼 선생! 정말 간을 가지고 다시 돌아올 것을 **맹세**⑤하는가?

토끼 : 용왕님, 걱정하지 마시옵소서. 저에게는 있으나 마나 한 그까짓 간을 무엇 때문에 아끼겠습니까? 얼른 가서 간을 가지고 돌아오겠습니다.

용왕 : (감격하여) 오, 정말 **장하도다**⑥! 만일 그렇게만 해 준다면 토끼 선생에게는 아주 높은 **벼슬**⑦을 주도록 하겠소.

해설편 011쪽

결국 토끼 말에 속은 용왕은 자라를 시켜 토끼를 다시 집으로 돌려보내 준다. 육지에 도착한 토끼는 자라의 등에서 훌쩍 뛰어 내려 신나게 노래를 부르며 이리저리 뛰어 다닌다.

자라 : (불안한 표정으로 토끼를 바라보며) 토끼 선생! 용왕님께서 몸이 많이 편찮으시니 어서 간을 가지고 돌아가세.

토끼 : (고소하다는 듯이 웃으며) 자라야, 자라야. 이 **미련**^⑧한 자라야, 네 말처럼 살아 있는 몸 안에 있는 간을 어떻게 마음대로 꺼냈다 넣었다 할 수 있겠느냐? 너 때문에 용궁까지 가서 죽을 뻔한 걸 생각하면 너를 당장 나무에 묶어 놓고 죽이고 싶지만, 나를 업고 용궁 구경을 시켜주느라 고생했으니 이번 한 번은 용서해 주마. 어서 가서 용왕에게 **헛되이**^⑨ **애쓰지**^⑩ 말고 죽을 준비나 하고 있으라고 전하여라.

자라는 멍하니 멀어져 가는 토끼의 뒷모습만 **부질없이**^⑪ 바라보며 땅을 치고 **후회한다**^⑫.

–연극 「토끼의 간」

1
요소

빈칸 (가)에 들어갈 등장인물을 <u>모두</u> 쓰세요.

<table>
<tr><td>　</td><td>　</td></tr>
</table> , <table><tr><td>　</td><td>　</td></tr></table> , <table><tr><td>　</td><td>　</td></tr></table>

2
요소

이야기에서 나오는 장소를 <u>모두</u> 쓰세요.

[1] : 용왕이 사는 ☐☐   [2] : ☐☐

🧻 **어려운 낱말 풀이**　① **간** 뱃속에서 소화에 필요한 물질을 만들고 몸 안의 독을 걸러주는 기관 肝간 간　② **특효약** 어떤 병에 대해 효과가 좋은 약 特특별할 특 效효과 효 藥약 약　③ **병환** 병의 높임말 病병 병 患근심 환　④ **신중히** 매우 조심스럽게 愼삼갈 신 重무거울 중　⑤ **맹세** 꼭 하겠다고 다짐하는 것 盟맹세 맹 誓맹세 세　⑥ **장하도다** 훌륭하도다　⑦ **벼슬** 나랏일을 맡아 다스리는 자리　⑧ **미련** 어리석음　⑨ **헛되이** 쓸데없이　⑩ **애쓰지** 어떤 것을 해내려고 하지　⑪ **부질없이** 쓸모없이　⑫ **후회하다** 옛날의 잘못을 깨닫고 뉘우치다 後뒤 후 悔뉘우칠 회-

3

어휘
표현

토끼가 자신의 간을 무엇이라 표현했는지 지문에서 찾아 쓰세요.

☐ ☐ ☐

4

작품
이해

빈칸 (나)에 들어갈 알맞은 말을 고르세요. -- [   ]

① 박수치며

② 미안해하며

③ 억울해하면서

④ 부끄러워하며

⑤ 만족스럽다는 듯이

5

세부
내용

이야기의 내용과 맞지 <u>않는</u> 것을 고르세요. ------------------------------------ [   ]

① 자라는 처음에 토끼를 의심하였다.

② 토끼가 용왕에게 한 말은 거짓말이었다.

③ 자라는 토끼를 다시 육지로 데려다주었다.

④ 토끼는 육지에 나오자마자 자라를 나무에 묶었다.

⑤ 용왕은 기뻐하며 토끼에게 벼슬을 주겠다고 약속했다.

6

작품
이해

다음은 연극을 직접 하기 위해 친구들이 나눈 대화입니다. 옳지 <u>않은</u> 말을 하는 친구를 고르
세요. -- [   ]

① 홍준 : 용왕은 병이 들었으니까 아파 보여야겠지?

② 보미 : 바다에 있는 용궁의 모습은 어떻게 꾸미면 좋을까?

③ 미선 : 자라가 헤엄치는 모습은 어떻게 처리하면 좋을까?

④ 준호 : 배속에서 직접 간을 꺼내는 토끼의 모습을 잘 표현해야겠다.

⑤ 성훈 : 토끼의 마지막 대사는 자라를 웃으면서 놀리는 것으로 표현해야겠어.

7

요소

토끼의 성격으로 알맞은 것을 고르세요. -- [   ]

① 영리하다   ② 조용하다   ③ 겁이 많다

④ 욕심이 많다   ⑤ 말을 잘 못한다

19회 어법·어휘편

본문에 나온 어휘들만 따로 모아 복습하는 순서입니다.

[1단계]   아래의 낱말에 알맞은 뜻을 선으로 이어 보세요.

[1] 신중   •   • ㉠ 쓸모없이

[2] 부질없이 •   • ㉡ 매우 조심스러움

[3] 벼슬   •   • ㉢ 나랏일을 맡아 다스리는 자리

[2단계]   빈칸에 알맞은 낱말을 [보기]에서 골라 쓰세요.

[보 기]	신중	부질없이	벼슬

[1] 우리 조상님 중에는 높은 ☐☐☐ 을 지낸 분들이 많다고 하네.

[2] 무엇을 사야 할지 ☐☐☐ 하게 골라보자.

[3] 어차피 지나간 일인데 ☐☐☐ 따져서 뭐하겠니?

[3단계]   아래 [보기]를 참고하여 아래 문장의 밑줄 친 낱말을 알맞게 고치세요.

[보 기]	병환 : 병의 높임말
	진지 : 밥의 높임말
	연세 : 나이의 높임말

[1] 할아버지, 밥 드세요.   → ☐ ☐

[2] 저희 할머니의 나이는 올해로 70살이세요.   → ☐ ☐

[3] 용왕님의 병이 낫질 않으시네.   → ☐ ☐

시간   끝난 시간 ☐ 시 ☐ 분   채점   독해 7문제 중 ☐ 개
1회분 푸는 데 걸린 시간 ☐ 분   어법·어휘 9문제 중 ☐ 개

← 스스로 붙임딱지
문제를 다 풀고
맨 뒷장에 있는
붙임딱지를
붙여보세요.

문학 | 탈무드 |

20회

공부한 날 　 월 　 일
시작 시간 　 시 　 분

독해력 2단계 20회

▲ QR코드를 찍으면
지문 읽기를 들을 수 있어요

(가) 옛날, 한 남자가 있었습니다. 그 남자는 어느 날 낫이 필요하게 되었습니다. 그래서 이웃집에 가서 부탁했습니다.

"㉠낫 좀 빌려주시겠습니까?"

그러자 이웃집 주인이 말했습니다.

"㉡나는 **연장**①을 남에게 빌려주지 않습니다."

"㉢그렇군요. 알겠습니다. **실례했습니다**②."

남자는 하는 수 없이 빈손으로 돌아왔습니다.

그런 일이 있은 지 얼마 안 된 어느 날이었습니다. 갑자기 누군가가 남자의 문을 급하게 두드리는 소리가 났습니다. 남자는 얼른 가서 문을 열어주었습니다. 문을 열자, 지난번 그 이웃집 주인이 문 앞에 서 있었습니다. 깜짝 놀란 남자는 말했습니다.

"무슨 일이십니까? **안색**③이 안 좋아 보이시는군요."

그러자 이웃집 주인이 말했습니다.

"㉣죄송하지만 급히 쓸 데가 있어서 그러니 말을 좀 빌려주시겠습니까? 급하게 물건을 전해야만 합니다."

그러자 남자가 말했습니다.

"며칠 전에 내가 낫을 빌리러 갔을 때 뭐라고 했는지 기억하십니까? (㉠) 나는 당신에게 말을 빌려드리겠습니다."

그러자 이웃집 주인이 말했습니다.

"㉤정말 죄송합니다. **면목**④이 없습니다. 그리고 정말 고맙습니다."

이것이 다른 사람을 이기는 참다운 방법이랍니다.

– 탈무드, 「다른 사람을 이기는 방법」

(나) 보통 '이기다'라고 하면 내기나 시합, 싸움 따위에서 재주나 힘을 겨루어서 **우위**를⑤ 차지한다는 뜻으로 쓰입니다. 하지만 반드시 싸움이나 재주로 우위를 차지하는 것만이 이기는 것은 아닙니다. 자신의 넓은 마음씨로 상대방의 삶을 돌아보게 하고, ⓒ반성하도록 이끌어 주는 것이야말로 진짜 이기는 것이라고 할 수 있습니다.

1
중심
생각

글 (나)에 따르면, 진짜 이기는 것은 어떤 것인가요?

상대방을 ☐☐ 하게 하는 것

2
요소

글 (가)에서 남자와 이웃집 주인이 빌리려던 것을 각각 쓰세요.

(1) 남자 : _____, (2) 이웃집 주인 : _____

3
세부
내용

(가)와 (나)의 내용으로 옳지 않은 것을 고르세요. ------------------ [   ]

① (가) : 남자와 이웃집 주인은 오랜 친구 사이였다.

② (가) : 남자는 이웃집 주인에게 말을 빌려주었다.

③ (가) : 이웃집 주인은 남자에게 낫을 빌려주지 않았다.

④ (나) : 넓은 마음을 베풀어 상대방을 반성하게 하는 것도 이기는 것이다.

⑤ (나) : '이기다'는 보통 시합이나 싸움에서 우위를 점한다는 뜻으로 쓰인다.

4
어휘
표현

(가)의 빈칸 ㉠에 들어갈 표현으로 가장 어색한 것을 고르세요. ------------------ [   ]

① 그러나   ② 하지만   ③ 그래도

④ 그렇지만   ⑤ 예를 들어

어려운 낱말 풀이   ① **연장** 일을 하는 데에 쓰이는 도구 鍊불릴 연 匠장인 장   ② **실례했습니다** 말이나 행동이 예의에 벗어 났습니다. 失잃을 실 禮예의 례-   ③ **안색** 얼굴 빛 顏얼굴 안 色빛 색   ④ **면목** 남을 대할 때의 떳떳한 태도나 얼굴 面낯 면 目눈 목   ⑤ **우위** 남보다 나은 위치나 수준 優넉넉할 우 位자리 위

5
추론
적용
다음 [보기]는 유명한 말 중 하나입니다. (가)와 [보기]의 공통된 교훈으로 알맞은 것을 고르세요. ─────────────────────── [　　　]

> [보 기]
>
> 강한 사람이란,
> 자기를 억누를 수 있는 사람과 적을 친구로 바꿀 수 있는 사람이다.

① 강해지기 위해서는 운동을 해야 한다.

② 다른 사람의 부탁은 무조건 들어주어야 한다.

③ 남을 위해서 가끔 거짓말을 할 줄도 알아야 한다.

④ 남이 나를 나쁘게 대하더라도 나는 남에게 친절을 베풀어야 한다.

⑤ 누군가에게 상처를 받았다면 그 상처를 그대로 되갚아 주어야 한다.

6
추론
적용
(나)의 밑줄 친 ⓛ을 나타내는 대사를 (가)에서 고르세요. ──────────────── [　　　]

① ㉠ : 낫 좀 빌려주시겠습니까?

② ㉡ : 나는 연장을 남에게 빌려주지 않습니다.

③ ㉢ : 그렇군요. 알겠습니다. 실례했습니다.

④ ㉣ : 죄송하지만 급히 쓸 데가 있어서 그러니 말을 좀 빌려주시겠습니까? 급하게 물건을 전해야만 합니다.

⑤ ㉤ : 정말 죄송합니다. 면목이 없습니다. 그리고 정말 고맙습니다.

7
작품
이해
(나)를 참고하여 (가)를 읽고 쓴 감상으로 올바른 것을 고르세요. ──────────── [　　　]

① 앞으로 필요한 것들을 미리미리 챙겨야겠다는 생각이 들었다.

② 이웃집 주인이 자신의 물건을 소중히 하는 모습에 감동 받았다.

③ 나도 사람들에게 물건을 많이 빌려줘서 강한 사람이 되어야겠다.

④ 이웃집 주인에게 말을 빌려준 남자의 넓은 마음씨를 본받고 싶어졌다.

⑤ 이웃집 주인처럼 급한 일이 있으면 어떻게 해서든 필요한 것을 부탁해서 얻어내는 행동을 본받고 싶다.

[**1**단계]   아래의 낱말에 알맞은 뜻을 선으로 이어 보세요.

[1] 우위 •

           • ㉠ 얼굴 빛

[2] 안색 •

           • ㉡ 남을 대할 때의 떳떳한 태도나 얼굴

[3] 면목 •

           • ㉢ 남보다 나은 위치나 수준

[**2**단계]   빈칸에 알맞은 낱말을 [보기]에서 골라 쓰세요.

[보 기]	우위	안색	면목

[1] 내가 무슨 ☐☐ 으로 너를 볼 수 있었겠니?

[2] 이번 시합은 대한민국이 ☐☐ 를 점하고 있습니다.

[3] 건강해져서 그런지 ☐☐ 이 참 좋아졌구나!

[**3**단계]   다음 빈칸에 들어갈 알맞은 낱말을 앞의 지문에서 찾아 써 보세요.

[1] ☐ㅅ ☐ㄹ 지만 뭣 좀 여쭈어 봐도 되겠습니까?

[2] 우아, 이런 것도 할 줄 알아? 너는 참 ☐ㅈ ☐ㅈ 가 많구나!

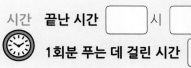
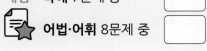

안 먹어(○) / 앓 먹어(×)

수영이는 감기에 걸렸습니다. 엄마가 수영이의 이마를 짚어보니 열이 났습니다. 체온계로 체온을 재어보니 39도가 넘었습니다. 걱정이 된 엄마가 수영이에게 죽을 끓여주셨습니다.

엄마: 수영아! 죽 좀 먹을래?

수영: **앓 먹을** 거예요!

엄마: 뭐라도 먹어야 기운을 좀 차리지. 한 숟갈만 먹어보자.

수영: 싫어요. 목이 너무 아프단 말이에요.

엄마: 그럼 먹고 싶은 게 없니?

수영: 딸기요. 새콤달콤한 딸기를 먹으면 감기가 다 나을 것 같아요.

다른 음식은 **앓 먹어**요.

'앓 먹어'의 '앓'은 '안'으로 써야 맞습니다. '안'은 '아니'의 준말로 '안 먹다, 안 입다, 안 가다'처럼 쓰는 말입니다. '앓'은 '보지 않고, 가지 않았다, 먹지 않겠다'처럼 '앓' 혼자서는 쓸 수 없는 말입니다. '안 먹는다'는 '안'을 쓰고, '먹지 않는다'는 '앓'을 써야 맞습니다.

바르게 고쳐 보세요.

수영: **앓 먹을** 거예요!

→ ☐ ☐ ☐ 거예요!

수영: 다른 음식은 **앓 먹어**요.

→ 다른 음식은 ☐ ☐ ☐ 요.

5주차

주간학습계획표

한 주 간의 계획을 먼저 세워보세요. 매일 학습을 마친 후 맞힌 문제의 개수를 쓰세요!

회차	영역	학습 내용	학습계획일	맞은 문제수
21회	독서 과학	**여러 가지 맛** 한 가지 주제에 속한 여러 가지 사실과 각각의 내용에 해당하는 예가 실려 있는 글입니다. 내용을 정확하게 구별해내는 방법을 배우는 회차입니다.	월 일	독해 7문제 중 □개 어법·어휘 8문제 중 □개
22회	독서 국어	**의성어와 의태어** 소리와 모양을 흉내 내는 말에 대한 글입니다. 글을 읽고 개념들을 이해하고 비교해보는 회차입니다.	월 일	독해 7문제 중 □개 어법·어휘 10문제 중 □개
23회	독서 과학	**일기 예보** 모든 사람이 매일 보는 일기예보 방송입니다. 수준에 맞게 어려운 낱말은 정리하였으며 글을 통해 정보를 정확하게 읽어내는지 확인하는 회차입니다.	월 일	독해 7문제 중 □개 어법·어휘 10문제 중 □개
24회	문학 동시	**나무 노래** 전래동요에 해당하는 동시입니다. 나무의 이름을 이용해서 다양하게 표현되는 노랫말에 주목해보는 회차입니다.	월 일	독해 7문제 중 □개 어법·어휘 15문제 중 □개
25회	문학 동화	**이모의 결혼식** 낯선 경험에 대한 주인공의 생각이나 느낌이 잘 드러난 동화입니다. 이야기의 내용을 이해하고 주인공의 생각을 파악해 보는 회차입니다.	월 일	독해 7문제 중 □개 어법·어휘 12문제 중 □개

21회

독서 | 설명문 | 관련교과 : 초등과학5-2 4.우리 몸의 구조와 기능

공부한 날 ☐월 ☐일
시작 시간 ☐시 ☐분

독해력 2단계 21회
▲ QR코드를 찍으면
지문 읽기를 들을 수 있어요

세상에는 참 많은 음식이 있습니다. 음식을 입 속에 있는 혀에 대는 순간 **다양한**① 맛이 느껴집니다. 혀는 어떤 맛들을 느낄 수 있을까요? 그리고 그 맛은 말로 어떻게 표현할 수 있을까요?

더운 여름날 아이스크림을 먹으면 시원하고 맛있습니다. 설탕이나 과자, 아이스크림 같은 맛을 '단맛'이라고 합니다. '달콤하다, 달짝지근하다'라는 말은 단맛을 표현하는 말입니다. 소금이나 **간장**② 같은 맛을 '짠맛'이라고 하고, '짭짤하다'라고 말하기도 합니다. 가루약 같은 맛은 '쓴맛'이라고 합

↑ 사탕의 맛은 달콤합니다.

니다. '쌉쌀하다, 씁쓸하다'라는 말은 쓴맛을 표현하는 말입니다. 레몬을 먹으면 눈을 [㉠] 감게 되지요? **식초**③나 레몬 같은 맛을 '신맛'이라고 합니다. '새콤하다, 시큼하다'라는 말은 신맛을 표현하는 말입니다.

어른들은 매운 음식을 잘 먹습니다. 하지만 매운맛은 맛이 아니랍니다. 매운맛은 혀가 맛을 느끼는 것이 아니라 아픔을 느끼는 거랍니다. 맞으면 아픈 것처럼 고추 같이 매운 것 때문에 혀가 아픈 것이지요. 그래서 매운 고추를 손으로 만지면 손도 매울 수 있습니다.

1
중심
생각

가장 중심이 되는 낱말을 찾아 ○표 하세요.

[보 기]	여름	쓴맛	짠맛	맛	레몬	고추

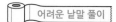 어려운 낱말 풀이

① **다양한** 모양, 빛깔 등이 여러 가지로 많은 多많을 다 樣모양 양-
② **간장** 음식의 간을 맞추는 데 쓰는 짠맛이 나는 흑갈색 액체 -醬장 장
③ **식초** 액체 조미료의 하나. 약간의 산이 들어 있어 신맛이 난다 食밥 식 醋초 초

2 다음 중 혀가 느끼는 것 중 맛이 **아닌** 것을 고르세요. ─────────── [   ]

세부
내용

① 단맛   ② 짠맛   ③ 매운맛   ④ 신맛   ⑤ 쓴맛

3 글의 내용에 맞지 **않는** 것을 고르세요. ──────────────── [   ]

세부
내용

① '짠맛'은 '짭짤하다'고 말하기도 한다.

② 소금이나 간장 같은 맛을 '쓴맛'이라고 한다.

③ '새콤하다, 시큼하다'라는 말은 신맛을 표현하는 말이다.

④ 설탕이나 과자, 아이스크림 같은 맛을 '단맛'이라고 한다.

⑤ '달콤하다, 달짝지근하다'라는 말은 단맛을 표현하는 말이다.

4 빈칸에 알맞은 낱말을 넣어 이 글의 내용을 정리해 봅시다.

구조
알기

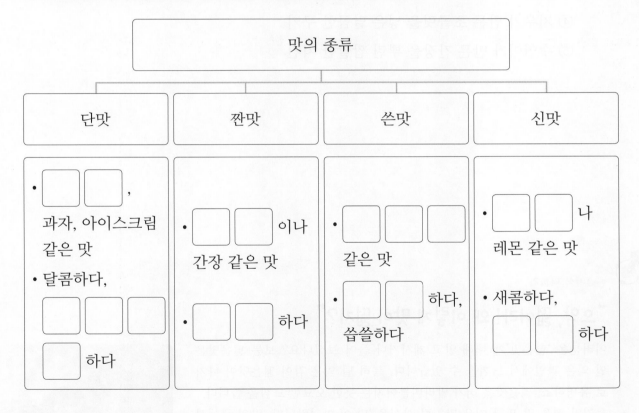

5 ㉠에 들어갈 알맞은 말을 고르세요. ──────────────── [   ]

어휘
표현

① 지그시   ② 살며시   ③ 번쩍   ④ 질끈   ⑤ 우당탕

6 매운맛은 맛이 <u>아닌</u> 이유를 적어보세요.

내용
적용

매운맛은 □ 가 □ 을 느끼는 것이 아니라 □□ 을

느끼는 것이기 때문입니다. 맞으면 아픈 것처럼 고추 같이 매운 것 때문에

□ 가 아픈 것입니다.

7 주원이네 학급 친구들이 다양한 맛을 내는 음식을 만들어 봤습니다. 맛의 종류에 포함되지

추론 <u>않는</u> 음식은 무엇일까요? -- [　　　]

① 예랑이가 만든 인삼을 넣은 쌉쌀한 차

② 윤서가 만든 레몬을 넣은 새콤한 주스

③ 현선이가 만든 고추를 넣은 매운 라면

④ 지우가 만든 초콜릿을 넣은 달콤한 쿠키

⑤ 수연이가 만든 간장을 뿌린 짭짤한 치킨

 배경지식 더하기

"으악, 떫어라! 왜 이렇게 맛이 떫지?"

여러분은 '떫은맛'에 대해 알고 계시거나 들어 보셨나요? 보통 떫은맛은 덜 익은 과일에서 느껴볼 수 있습니다. 특히 덜 익은 감이 떫은맛이 나기로 유명하죠. 떫은맛은 혀가 말라비틀어지는 듯한 오묘한 느낌을 줍니다. 하지만 떫은 맛 또한 매운 맛처럼 사실은 '맛'이 아니랍니다. 앞의 글에서 매운 맛은 혀가 아파하는 느낌이라고 배웠죠? 떫은맛은 혀가 무언가가 세게 누르는 힘인 압력을 받아 생기는 느낌이에요. 떫은맛도 매운맛처럼 사실 맛이 아니라는 점, 기억해두세요!

21회 어법·어휘편 본문에 나온 어휘들만 따로 모아 복습하는 순서입니다.

[1단계] 아래의 낱말에 알맞은 뜻을 선으로 이어 보세요.

[1] 다양한 • • ㉠ 음식의 간을 맞추는 데 쓰는 짠맛이 나는 흑갈색 액체

[2] 간장 • • ㉡ 액체 조미료의 하나. 약간의 산이 들어 있어 신맛이 난다.

[3] 식초 • • ㉢ 모양, 빛깔 등이 여러 가지로 많은

[2단계] 아래 문장의 빈칸에 알맞은 낱말을 [보기]에서 찾아서 써 넣으세요.

[보기] 간장 다양한 식초

[1] 소금이나 [ ] 같은 맛을 '짠맛'이라고 합니다.

[2] [ ] 나 레몬 같은 맛을 '신맛'이라고 합니다.

[3] 맛에는 [ ] 종류가 있습니다.

[3단계] 아래 문장의 빈칸에 알맞은 낱말을 이 글에서 찾아서 적어보세요.

[1] 

사탕은 정말 [ㄷ] [ㅋ] 합니다.

[2] 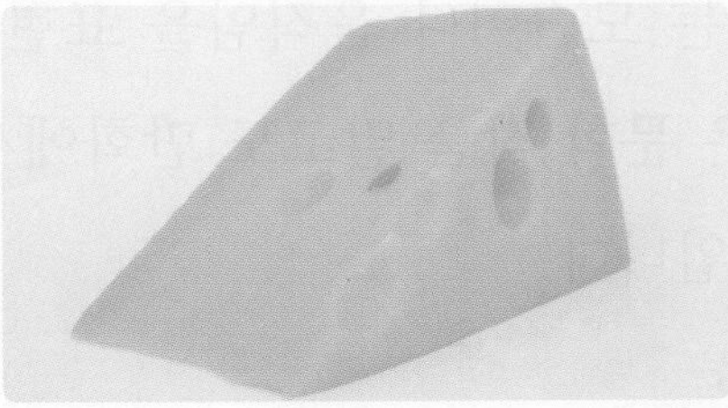

치즈의 맛은 [ㅉ] [ㅉ] 합니다.

시간 끝난 시간 [ ]시 [ ]분 | 채점 독해 7문제 중 [ ]개

1회분 푸는 데 걸린 시간 [ ]분 | 어법·어휘 8문제 중 [ ]개

스스로 붙임딱지 문제를 다 풀고 맨 뒷장에 있는 붙임딱지를 붙여보세요.

5주 21회 해설편 012쪽

독서 | 설명문

22회

공부한 날 [ ]월 [ ]일
시작 시간 [ ]시 [ ]분

독해력 2단계 22회
▲ QR코드를 찍으면
지문 읽기를 들을 수 있어요

흥내 내는 말은 말을 하거나 글을 쓸 때 많은 도움을 줍니다. 우리는 흥내 내는 말을 사용해 글을 더욱 재미있게 쓸 수 있습니다. 그리고 상황을 더욱 **생생하게**① 표현할 수도 있습니다. 이러한 흥내 내는 말은 무엇을 흥내 냈는가에 따라 의성어와 의태어로 나뉩니다.

의성어는 **사물**②의 소리를 흥내 낸 말입니다. 의성어는 주로 동물의 울음소리나 사물의 특별한 소리를 표현할 때 쓰입니다. 소리를 그대로 옮겨 쓰기 때문에 말이나 글로 설명하기 어려운 소리를 생생하게 전달할 수

칙칙폭폭

있습니다. 우리가 잘 아는 '삐약삐약' 같은 병아리 소리가 **대표적**③인 의성어입니다. 그 밖에 기차 소리인 '칙칙폭폭', 폭탄이 터지는 소리인 '쾅' 등도 의성어입니다. 의성어는 소리를 그대로 전달해서 마치 의성어를 읽으면 귀에 들리는 듯한 느낌을 줍니다. 우리말은 표현할 수 있는 소리가 많기 때문에 다른 나라 말에 비해 다양한 의성어가 있습니다.

엉금엉금

의태어는 사물의 모양을 흥내 낸 말입니다. 그리고 사물의 움직임을 흥내 낸 말이기도 합니다. 의태어는 의성어로 표현할 수 없는 것들을 생생하게 표현하고자 할 때 사용됩니다. 거북이가 기어가는 움직임을 흥내 낸 말인 '엉금엉금', 둥근 모양을 나타내는 '동글동글', 끝이 날카로운 모양을 가리키는 '뾰족뾰족' 등이 의태어에 **속합니다**④. 의태어는 겉으로 드러나는 모습이나 움직임을 표현하기 때문에 눈에 보이는 듯한 느낌을 줍니다. 시나 소설 같은 **문학 작품**⑤ 말고도 만화에서 그림의 움직임을 더욱 잘 표현하기 위해 의태어가 자주 쓰입니다.

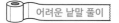
어려운 낱말 풀이

① **생생하게** 힘이나 기운 따위가 왕성하게 ② **사물** 일과 물건을 아울러 이르는 말 事일 사 物물건 물 ③ **대표적** 어떤 것을 대표할 만한 代대신할 대 表겉 표 的과녁 적 ④ **속합니다** 어떤 무리나 범위에 들어갑니다 屬무리 속- ⑤ **문학 작품** 사상이나 감정을 언어로 표현한 예술 작품 文글월 문 學배울 학 作지을 작 品물건 품

1
중심
생각

글에 어울리는 제목을 지어 보세요.

[ ] [ ] [ ] 와 [ ] [ ] [ ] 의 다른 점

2
세부
내용

의성어와 의태어의 가장 <u>다른</u> 점은 무엇인가요? ------------------------- [　　　]

① 흉내 내는 말을 누가 쓰는지
② 흉내 내는 말의 글자 수가 몇 자인지
③ 흉내 내는 말이 얼마나 자주 쓰이는지
④ 흉내 내는 말이 표현하는 대상이 무엇인지
⑤ 흉내 내는 말이 동물을 잘 표현할 수 있는지

3
세부
내용

의성어와 의태어를 가리키는 <u>다른</u> 이름이 무엇인지 선으로 이어 보세요.

(1) 의성어 •　　　　　　　　　　　　• ㉠ 모양을 흉내 내는 말

(2) 의태어 •　　　　　　　　　　　　• ㉡ 소리를 흉내 내는 말

4
구조
알기

빈칸을 채워 표를 완성하세요.

의성어		[ ] [ ] [ ]
[ ] [ ]	흉내 내는 대상	모습, 움직임
귀에 들리는 느낌을 준다	역할	[ ] 에 보이는 느낌을 준다
삐약삐약, 칙칙폭폭	예	엉금엉금, 동글동글

5 만화에서 의태어가 자주 쓰이는 이유는 무엇인가요?
내용
적용

그림의 ☐☐☐ 을 더욱 잘 ☐☐ 하기 위해서

---

6 오른쪽 그림에 쓰인 흉내 내는 말을 무엇이라고 할까요?
추론

☐☐☐

깡충깡충

7 빈칸에 들어갈 흉내 내는 말을 [보기]에서 알맞게 찾아 쓴 다음 의성어인지, 의태어인지 ○
추론 표로 구분해 보세요.

[보기]	살랑살랑	윙윙	힐끔힐끔	오들오들

(1) 귀여운 벌 한 마리가 ☐☐☐☐☐ 날아왔습니다.

→ (의성어 / 의태어)

(2) 떨어뜨리는 음식이 있을까 봐 ☐☐☐☐☐ 쳐다봐요.

→ (의성어 / 의태어)

(3) 오늘은 바람이 ☐☐☐☐☐ 불었어요.

→ (의성어 / 의태어)

(4) 추워서 몸이 ☐☐☐☐☐ 떨렸어요.

→ (의성어 / 의태어)

22회 어법·어휘편 본문에 나온 어휘들만 따로 모아 복습하는 순서입니다.

해설편 012쪽

[**1단계**] 아래의 낱말에 알맞은 뜻을 선으로 이어 보세요.

[1] 생생하다 •　　　　　　　• ㉠ 예술 창작 활동으로 얻어지는 제작물

[2] 사물 •　　　　　　　　• ㉡ 사상이나 감정을 언어로 표현한 예술

[3] 문학 •　　　　　　　　• ㉢ 일과 물건을 아울러 이르는 말

[4] 작품 •　　　　　　　　• ㉣ 힘이나 기운 따위가 왕성하다.

[**2단계**] 아래 문장의 빈칸에 알맞은 낱말을 [보기]에서 찾아서 써 넣으세요.

[보기]　　　　　사물　　　　문학　　　　작품

[1] 희연이는 　　　　　　 에 재능이 있다.

[2] 의성어는 　　　　　　 의 소리를 흉내 낸 말입니다.

[3] 그의 문학 　　　　　　 의 주제는 사랑이었다.

[**3단계**] 밑줄 친 낱말을 맞춤법에 맞게 고쳐 쓰세요.

[1] 오늘은 <u>숙재</u>가 없어서 친구들과 게임을 했어요.

→ 　　　

[2] 민재에게 누가 잡혔는지 <u>궁굼했어요.</u>

→ 　　　　　

[3] 얼른 도망쳐서 소연이는 나를 <u>녿쳤어요.</u>

→ 　　　　　

시간 **끝난 시간** 　시　　분 　　채점 **독해** 7문제 중 　개　　　← 스스로 붙임딱지
1회분 푸는 데 걸린 시간 　분 　　　　**어법·어휘** 10문제 중 　개　　문제를 다 풀고 맨 뒷장에 있는 붙임딱지를 붙여보세요.

독서 | 기타 | 관련교과 : 초등과학5-2 1.날씨와 우리 생활

23회

공부한 날 □월 □일
시작 시간 □시 □분

독해력 2단계 23회
▲ QR코드를 찍으면
지문 읽기를 들을 수 있어요

이어서 날씨 정보 전해 드립니다. 새하얗게 쌓인 눈이 반갑지만은 않습니다. 오늘 출근길에 미끄러운 눈길 [(가)   ]

어젯밤 사이 **중부 지방**과 **남부 지방** 곳곳에 눈이 내렸는데요, 특히 경기도 쪽이 가장 많이 내렸습니다. 경기도에는 3~4cm **이상** 쌓인 곳도 있습니다. 지금은 남부 지방에 눈이 약하게 이어지고 있습니다.

눈은 남부 지방을 중심으로 오후 중에 잠시 그쳤다가 오늘 밤부터 다시 내리는데요. **대체로** 내일 아침에 많은 양이 내릴 것으로 보입니다.

공기는 지금은 깨끗한 편이지만 밤부터 **미세먼지** 때문에 내일 공기는 좋지 않을 것으로 **예상**됩니다.

모레는 밤부터 찬 공기가 들어오면서 **영하** 10도 **안팎**까지 떨어지고 낮에도 영하의 기온에 머무는 곳이 많겠습니다. 중부 지방에는 또 새벽 사이 눈이 내리는 곳도 있겠습니다.

지금까지 날씨 정보였습니다.

-10°   ***   30mm   ❄

1
추론

이 일기 예보는 어느 계절에 방송 됐을까요? .... [   ]

① 봄   ② 여름   ③ 가을   ④ 겨울

📜 어려운 낱말 풀이 ① **출근** 일하는 곳으로 감 出나올 출 勤부지런할 근 ② **중부 지방** 우리나라 가운데 자리한 땅. 대체로 경기도, 강원도, 충청도를 말한다 中가운데 중 部분류 부 地땅 지 方방향 방 ③ **남부 지방** 우리나라 아래(남쪽)에 자리한 땅. 대체로 전라도와 경상도, 제주도를 말한다 南남쪽 남 部분류 부 地땅 지 方방향 방 ④ **이상** 보다 많이 以-로써 이 上높을 상 ⑤ **대체로** 전체적으로 大큰 대 體몸 체- ⑥ **미세먼지** 눈에 보이지 않을 만큼 작은 먼지 微작을 미 細가늘 세- ⑦ **예상** 미리 생각함 豫미리 예 想생각할 상 ⑧ **영하** 온도계에서 눈금이 0도 아래의 온도. 예를 들어 온도가 -1도면 영하 1도이다 零영(0) 영 下아래 하 ⑨ **안팎** 어떤 수량이나 기준에 조금 모자라거나 넘치는 정도

2

중심
생각

이 글의 목적은 무엇인가요? ─────────────────── [   ]

① 어떤 정보를 주기 위해

② 누군가를 설득하기 위해

③ 잘못한 일을 사과하기 위해

④ 오늘 일어난 일들을 기억하기 위해

⑤ 중요한 일을 누군가에게 부탁하기 위해

3

세부
내용

일기 예보에 의하면 어젯밤에 가장 눈이 많이 내린 곳은 어디인지 쓰세요.

☐☐☐

4

구조
알기

아래 빈칸을 채워 똑같은 내용의 줄글을 완성해 보세요.

> 어젯밤부터 ☐☐ 지방과 ☐☐ 지방 곳곳에 눈이 내렸다.
>
> 눈은 남부 지방을 중심으로 오후 중에 그쳤다가 ☐ 부터 다시 내린다.
>
> 공기는 지금은 깨끗하지만, 밤부터 ☐☐☐☐ 때문에 내일 공기는 나쁠
>
> 것이다.

5

어휘
표현

글의 내용으로 생각해 봤을 때 빈칸 (가)에 들어갈 알맞은 말을 고르세요. ········ [   ]

① 놓치지 마세요.

② 많이 기다리셨죠?

③ 안전할 것 같습니다.

④ 조심하셔야겠습니다.

⑤ 기대되지 않으시나요?

6 이 일기 예보를 듣고 친구들이 대화를 나누었습니다. 맞지 <u>않은</u> 내용을 말하는 친구를 고르
추론 세요. ────────────────────────────────── [　　　]

① 민국 : 눈이 3~4cm 쌓인 곳도 있구나.

② 수진 : 모레부터 또 눈이 내릴 수도 있다고 하네.

③ 예지 : 아직도 중부 지방은 눈이 약하게 내리는가 봐.

④ 지영 : 내일 아침에 눈이 아주 많이 내릴 거라고 하네.

⑤ 철민 : 밤에는 미세먼지 농도가 높으니까 밖에 나가지 말아야겠다.

7 다음은 일주일 동안의 날씨를 정리한 표입니다. 표를 보고 이 일기 예보가 방송된 요일을 찾
추론 아보세요.

요일	일요일	월요일	화요일	수요일	목요일	금요일	토요일
날씨	⛅	🌨️	🌨️	🌨️	🌨️	☀️	☀️
기온	-10	-5	-2	-3	-10	-5	-3
미세먼지	좋음	나쁨	좋음	나쁨	좋음	좋음	아주 좋음

☐ 요일

배경지식 더하기

비올 확률이 40%라고요?

일기 예보를 보면 비가 올 확률이 몇 %(퍼센트)라고 하는 것을 들은 적이
있을 거예요. '퍼센트'는 백 번 중에 그 일이 몇 번 일어난다는 뜻이에요.
그러니까 비올 확률이 40%라는 말은 백 번 중에 40번 비가 온다는 뜻이
지요. 이 계산은 기상청에 있는 성능이 좋은 컴퓨터가 하고 있습니다. 그
리고 이 계산 결과를 바탕으로 기상청에 있는 날씨 전문가들이 분석하여
확률을 조정한다고 합니다.

[1단계] 아래의 낱말에 알맞은 뜻을 선으로 이어 보세요.

[1] 출근 •
[2] 미세 •
[3] 안팎 •

• ㉠ 어떤 수량이나 기준에 조금 모자라거나 넘치는 정도
• ㉡ 보이지 않을 정도로 매우 작음
• ㉢ 일하는 곳으로 감

[2단계] 아래 문장의 빈칸에 알맞은 낱말을 [보기]에서 찾아서 써 넣으세요.

[보 기]   출근   미세   안팎

[1] 오늘 모임에 오는 사람은 10명 ☐☐ 이라고 한다.

[2] 나와 용준이는 키가 비슷해서 그 차이가 아주 ☐☐ 하다.

[3] 오늘 아침에 아버지가 ☐☐ 하시면서 용돈을 주고 가셨다.

[3단계] 다음 그림을 참고하여 빈칸을 채워보세요.

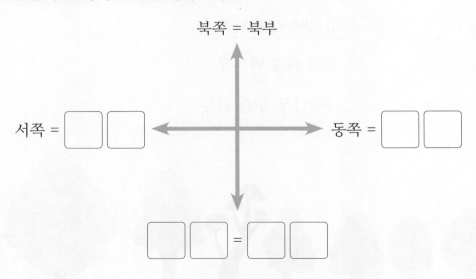

북쪽 = 북부

서쪽 = ☐☐   동쪽 = ☐☐

☐☐ = ☐☐

24회

문학 | 동시 | 관련교과 : 초등국어3-2 4. 감동을 나타내요

공부한 날 [ ]월[ ]일
시작 시간 [ ]시[ ]분

독해력 2단계 24회
▲ QR코드를 찍으면
지문 읽기를 들을 수 있어요

나무 노래

전래 동요

나무나무 무슨 나무

㉠십 **리**① 절반 오리나무

㉡아흔아홉 백양나무

가다 보니 가닥나무

오다 보니 오동나무

따끔따끔 가시나무

바람 솔솔 솔나무

㉢방귀 뀌는 뽕나무

입 맞추자 쪽나무

낮에 봐도 밤나무

나무나무 무슨 나무

어려운 낱말 풀이 ┆ ① **리** 옛날에 거리를 세던 단위 뽀마을 리

1

중심
생각

이 시는 무엇에 관한 시인가요?

☐ ☐

2

요소

이 시에서 맨 처음과 맨 마지막에 똑같이 반복되는 구절을 찾아 쓰세요.

☐ ☐ ☐ ☐ ☐ ☐ ☐ ☐

3

어휘
표현

다음은 이 시에서 밑줄 친 ㉠과 ㉡에 대한 설명입니다. 빈칸에 알맞은 숫자를 한글로 써 보세요. (예: 숫자 2 → 이)

> 밑줄 친 ㉠과 ㉡은 모두 숫자로 나무를 표현했습니다. 숫자 10을 뜻하는 '십'의 절반은
> '☐'이기 때문에 '십 리'의 절반인 '☐☐'라는 글자가 들어가서 <u>오리나무</u>,
> 숫자 99를 뜻하는 아흔아홉의 다음 숫자는 '☐'이므로 '☐'이 들어간 <u>백양나</u>
> <u>무</u>라고 표현했습니다.

4

작품
이해

사진 속 나무에 어울릴 만한 나무의 이름을 이 시에서 찾아서 써 보세요.

☐ ☐ ☐ ☐

5 ⓒ에 대한 설명입니다. 알맞은 말을 골라 ○표 하세요.

어휘
표현

> 이 시에서 ⓒ은 뽕나무와 쪽나무를 (소리 / 모양)을(를) 흉내 내는 말로 표현했습니
> 다. 방귀를 뀔 때는 '뽕', 입을 맞출 때의 '쪽'이라는 (소리가 나기 때문입니다. / 모양
> 이 생기기 때문입니다.)

6 이 시에 나타난 소리나 모양을 흉내 내는 말을 찾아 선으로 이어 보세요.

어휘
표현

뾰족한 것에 찔릴 때의 느낌이나 모양을 표현한 말 •   • ㉠ 솔솔

바람이 부드럽게 부는 모양을 표현한 말 •   • ㉡ 따끔따끔

7 아래의 전래동요를 읽고 빈칸을 알맞게 채워보세요.

추론
적용

> 나물 나물 무슨 나물
>
> 술에 취해 취나물
>
> 참 잘했어요 참나물
>
> 이 산 저 산 산나물
>
> 나물 나물 무슨 나물
>
> – 전래동요

선생님 : 이 전래동요가 〈나무 노래〉라는 시와 비슷한 느낌이 드는 까닭은 무엇일까요?

학생 : 이 전래동요는 나무 대신에 ☐☐ 이라는 글감을 사용하면서 나무 노래와

비슷한 방법으로 여러 가지 ☐☐ 의 이름을 표현했기 때문입니다.

[**1단계**] 아래의 낱말에 알맞은 뜻을 선으로 이어 보세요.

[1] 절반 •   • ㉠ 뾰족한 것에 찔릴 때의 느낌이나 모양을 표현한 말

[2] 솔솔 •   • ㉡ 반으로 가름

[3] 따끔따끔 •   • ㉢ 바람이 부드럽게 부는 모양을 표현한 말

[**2단계**] 빈칸에 들어갈 알맞은 낱말을 [보기]에서 찾아서 써 넣으세요.

> [보기]   절반   솔솔   따끔따끔

[1] 장미꽃의 뾰족한 가지를 만지자 [   ] 한 느낌이 들었다.

[2] 커다란 샌드위치를 동생과 [   ] 씩 나눠먹었다.

[3] 창문을 열어보니 시원한 바람이 [   ] 들어왔다.

[**3단계**] 이 시에 나오는 '아흔'은 90을 일컫는 우리말입니다. 10에서 90까지의 수와 그 수를 읽는 말을 선으로 알맞게 이어 보세요.

[1] 10 •	• 이십 •	• 일흔
[2] 20 •	• 오십 •	• 아흔
[3] 30 •	• 칠십 •	• 여든
[4] 40 •	• 팔십 •	• 스물
[5] 50 •	• 삼십 •	• 마흔
[6] 60 •	• 구십 •	• 쉰
[7] 70 •	• 십 •	• 예순
[8] 80 •	• 사십 •	• 서른
[9] 90 •	• 육십 •	• 열

시간 끝난 시간 [   ]시 [   ]분
1회분 푸는 데 걸린 시간 [   ]분

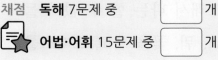

채점 독해 7문제 중 [   ]개
어법·어휘 15문제 중 [   ]개

◀ 스스로 붙임딱지
문제를 다 풀고
맨 뒷장에 있는
붙임딱지를
붙여보세요.

25회

문학 | 동화 | 관련교과 : 초등국어 읽기1-2 (2009개정) 수록작품

공부한 날 [ ]월[ ]일
시작 시간 [ ]시[ ]분

독해력 2단계 25회
▲ QR코드를 찍으면
지문 읽기를 들을 수 있어요

"따르릉, 따르릉."

"여보세요, 네? 정말요? 그럼요, **물론**①이죠!"

뭐가 물론이냐고요? 이모가 결혼을 하는데, 저보고 들러리를 서 주지 않겠냐고 물어 보잖아요? 들러리는 결혼식 때 꽃을 뿌리는 사람이래요. 그것도 드레스를 입고 말이에요. 그래서 물론이라고 한 거예요. 드레스를 누가 싫다고 하겠어요?

그래서 우리는 짐을 쌌어요. 이모의 결혼식은 그리스에 있는 크레타라는 섬의 작은 마을 스피나리에서 한다고 했거든요. 그리고 비행기를 타고 스피나리에 도착하였어요. 이모와 이모부가 될 아저씨는 우리를 보고 눈물을 흘렸어요. 뭐가 슬퍼서 우는 거냐고 물었더니, 아주 기뻐도 눈물이 나온다고 했어요. 어른들은 이상해요. 웃으면서 눈물을 흘리다니 ㉠말도 안 돼요. 난 슬플 때만 눈물이 나오는데, 나도 어른이 되면 저렇게 웃으면서 눈물을 흘리게 되는 걸까요?

이모부의 **첫인상**②은 별로 마음에 들지 않았어요. 배는 불룩하고, 키는 너무 크고, 얼굴은 하얗고, 눈은 파랗고, 가장 마음에 들지 않는 점은 도무지 **대화**③가 안 된다는 거예요. 내가 "안녕?" 하고 말하면 이모부도 "안녕?"이라고 하였어요. 우리의 대화는 그게 끝이에요. ㉡숫자도 하나, 둘, 셋, 다음은 모른대요. 넷은 내가 가르쳐 주었어요.

정말 마음에 들지 않는 이모부였어요. 그래서 나는 **결심**④하였어요. **절대로**⑤ 이모부에게는 뽀뽀를 하지 않기로요. 나는 이모에게만 뽀뽀를 하고 엄마, 아빠 뒤로 얼른 숨었죠. 이럴 때는 내 몸이 작아 참 다행이에요. 어디든 숨을 수 있고, 숨으면 잘 보이지 않죠. 그래도 우리 이모는 그 아저씨와 결혼할 거라며 좋아하였어요. 그래서 나는 할 수 없이 들러리는 서 주기로 하였죠. 뭐, 꽃을 들고 드레스를

입는 것은 아주 좋아요. 뽀뽀는 안 해도 된다고 그랬거든요.

이튿날^⑥, 우리는 할아버지와 함께 꽃을 꺾으러 산속을 돌아다녔어요. 들러리를 하려면 꽃이 필요하잖아요? 그런데 너무 작은 시골이라 꽃집이 없대요. 우리가 **직접**^⑦ 꽃다발을 만들어야 한대요. 그러니까 길들이 온통 꽃집인 거죠. 정말 예쁜 꽃이 많이 피었어요. **색색**^⑧의 꽃들을 꺾어 이모와 내가 들 꽃다발을 만들었어요.

-선현경, 「이모의 결혼식」

1
중심
생각

이 이야기는 무엇에 관한 이야기인가요?

☐☐ 의 ☐☐☐

2
요소

주인공이 이모를 만나러 간 마을의 이름은 무엇인가요?

☐☐☐☐

3
세부
내용

이 글의 내용과 맞으면 ○표를, 다르면 ×표를 해 봅시다.

(1) 이모가 글쓴이에게 들러리를 서 달라고 부탁했다. ─────── [   ]

(2) 들러리는 결혼식에서 꽃을 뿌리는 사람이다. ─────── [   ]

(3) 이모부가 될 사람은 한국 사람이다. ─────── [   ]

(4) 들러리 설 때 쓸 꽃을 꽃집에서 샀다. ─────── [   ]

어려운 낱말 풀이 | ① **물론** 말할 것도 없음. 당연함 勿말 물 論말할 론 ② **첫인상** 어떤 대상에 대해 처음 마음에 새겨지는 느낌 -印도장 인 象모양 상 ③ **대화** 이야기를 주고받음 對대답 대 話말할 화 ④ **결심** 어떻게 하기로 마음을 굳게 정함 決결단할 결 心마음 심 ⑤ **절대로** 어떤 경우에도 반드시 絕끊을 절 對대답 대- ⑥ **이튿날** 어떤 일이 있었던 그 다음 날 ⑦ **직접** 중간에 어떤 것을 거치지 않고 바로 直곧을 직 接닿을 접 ⑧ **색색** 여러 가지 색깔 色색 색 色색 색

4

세부
내용

이 글의 내용을 일어난 순서대로 정리해 보세요.

> (1) 할아버지와 꽃을 꺾으러 산속을 돌아다님
>
> (2) 결혼식 때 들러리를 서달라고 전화를 받음
>
> (3) 이모와 이모부를 만남
>
> (4) 들러리를 할 때 필요한 꽃다발을 만듦
>
> (5) 비행기를 타고 그리스의 크레타 섬으로 감

□ → □ → □ → □ → □

5

추론
적용

주인공이 ㉠처럼 생각한 까닭을 고르세요. ─────── [   ]

① 너무 눈물이 많이 나와서

② 울다가 금방 울음을 그쳐서

③ 어른은 울면 안 된다고 생각해서

④ 절대로 울고 싶지 않았는데 눈물이 나와서

⑤ 슬플 때만 우는 거라고 생각했는데, 기쁠 때도 운다고 해서

6

어휘
표현

아래 문장을 뜻하는 낱말을 본문에서 찾아 쓰세요.

> 어떤 대상에 대해 마음에 처음 새겨지는 느낌

□ □ □

7

추론
적용

이모부가 될 사람이 밑줄 친 ㉡처럼 숫자를 셋까지밖에 세지 못한 까닭은 무엇인가요?

──────────────────────────── [   ]

① 수학을 잘 못해서

② 머리가 좋지 않아서

③ 글쓴이를 좋아하지 않아서

④ 외국인이라 한국어를 잘 몰라서

⑤ 결혼식 때문에 정신이 없어서

[1단계] 아래의 낱말에 알맞은 뜻을 선으로 이어 보세요.

[1] 물론   •   • ㉠ 말할 것도 없이 당연함

[2] 첫인상   •   • ㉡ 어떤 대상에 대해 처음 마음에 새겨지는 느낌

[3] 결심   •   • ㉢ 중간에 어떤 것을 거치지 않고 바로

[4] 직접   •   • ㉣ 어떻게 하기로 마음을 굳게 정함

[2단계] 빈칸에 알맞은 낱말을 [보기]에서 골라 쓰세요.

> [보기]   물론   결심   절대   직접   색색

[1] 나는 이모부에게 뽀뽀를 하지 않기로 ⬜⬜ 했어요.

[2] 시골이라 꽃집이 없어서 ⬜⬜ 꽃다발을 만들어야 했어요.

[3] 같이 놀 수 있냐고? 그야 ⬜⬜ 이지!

[4] 산에서 ⬜⬜ 의 꽃들을 꺾어 꽃다발을 만들었어요.

[5] 앞으로 ⬜⬜ 수업시간에 졸지 않겠습니다.

[3단계] 밑줄 친 낱말을 맞춤법에 맞게 고쳐 쓰세요.

[1] <u>이틀날</u>, 우리는 함께 꽃을 꺾으러 산속을 돌아다녔어요. → ⬜⬜⬜

[2] 우리가 꽃다발을 만들어야 <u>한데요.</u> → ⬜⬜⬜

[3] 이모부는 배가 불룩하고, 얼굴은 <u>하야코</u>, 눈은 파랬어요.

→ ⬜⬜⬜

시간 끝난 시간 ⬜시⬜분   채점 독해 7문제 중 ⬜개
1회분 푸는 데 걸린 시간 ⬜분   어법·어휘 12문제 중 ⬜개

← 스스로 붙임딱지
문제를 다 풀고
맨 뒷장에 있는
붙임딱지를
붙여보세요.

머리를 굴리다

어느 날, 붉게 물든 하늘에는 희미한 그믐달이 떠있었어요.

성진이는 그네를 타다 말고 아직 지지 않은 해를 돌아보았지요.

"해와 달이 된 오누이에게 무슨 일이 생긴 걸까?"

그날 밤 성진이는 수많은 걱정으로 이불을 꼭 끌어안고 밤새 뒤척였어요.

그러다 문득 눈을 떠보니 푹신푹신한 구름 위가 아니겠어요?

"붉은 개다! 붉은 개 잡아라!"

큰 소리에 돌아보니 붉은 털을 가진 개가 성진이를 향해 달려오고 있었어요.

그때 빨간 댕기를 묶은 아이가 성진이의 오른팔을 휙 잡아당기더니 말했어요.

"안녕, 성진아. 나는 해야. 그리고 저 붉은 개는 까막나라라는 곳에서 온 신하란다."

"저 붉은 개가 까막나라의 신하라고?"

"응, 그 나라는 이름처럼 엄청 캄캄해서 아무것도 보이지 않는대. 그래서 우리가 가진 빛을 가지러 온 거야."

성진이가 해에게 설명을 듣고 있는 사이 붉은 개가 해에게 다가왔어요.

"빨리 그 빛 주머니를 내놔!"

성진이는 해를 도와야겠다는 생각으로 머리를 굴렸어요.

"머리를 굴리다."라는 표현은 좋은 방법을 찾기 위해 이리저리 생각을 하는 것을 말해요. 성진이는 어려움에 처한 하늘나라를 돕기 위해 머리를 굴린 것이지요.

"이건 어때? 밤에는 해의 빛을 빌려주고, 낮에는 달의 빛을 빌려줄게."

붉은 개는 잠시 고민하다가 만족한다는 듯이 왈왈 짖었어요.

그러나 이후로도 성질 급한 붉은 개가 해가 다 지기도 전에 주머니를 찾으러 오는 바람에 가끔 땅 나라에 낮달이 뜨게 되었다고 해요.

'머리'와 관련된 또 다른 관용 표현 **머리** 회전이 빠른 사람 머리를 잘 굴리는 사람

6주차

회차	영역	학습내용	학습계획일	맞은 문제수
26회	독서 과학	**여러 종류의 둥지** 한 가지 대상이 세 가지 특징을 바탕으로 세부 내용이 나뉘는 글입니다. 각 둥지가 어떤 기준으로 분류가 됐는지 독해해보는 회차입니다.	월 일	독해 7문제 중 □개 / 어법·어휘 11문제 중 □개
27회	독서 기타	**하루를 시작하는 방법** 자신의 의견을 주장하는 글입니다. 주장을 뒷받침하는 방법들은 밝혀진 사실입니다. 근거가 주장을 어떻게 뒷받침하는지 독해하는 회차입니다.	월 일	독해 7문제 중 □개 / 어법·어휘 10문제 중 □개
28회	독서 국어	**어린이 캠프 당첨** 요즘 편지는 대부분 이메일입니다. 주위에서 자주 보는 이메일이라는 형식 속에서 필요한 내용을 읽어내는 학습을 하는 회차입니다.	월 일	독해 7문제 중 □개 / 어법·어휘 7문제 중 □개
29회	문학 동요	**고드름** 누구나 알고 있는 유명한 동요입니다. 노래하는 이의 예쁜 마음이 잘 담긴 노랫말입니다. 좋은 어휘와 표현을 감상하는 회차입니다.	월 일	독해 7문제 중 □개 / 어법·어휘 8문제 중 □개
30회	문학 동화	**사슴의 뿔과 다리** 교훈을 주는 동화입니다. 사슴의 심정 변화에 주목하고 배울점을 생각해보는 회차입니다.	월 일	독해 7문제 중 □개 / 어법·어휘 8문제 중 □개

독서 | 설명문 | 관련교과 : 초등과학3-2 1.동물의 생활

26회

공부한 날 [ ]월 [ ]일
시작 시간 [ ]시 [ ]분

독해력 2단계 26회
▲ QR코드를 찍으면
지문 읽기를 들을 수 있어요

 봄이 되면 새들이 입에 나뭇가지를 물고 바삐 날아다니는 모습을 볼 수 있습니다. 이는 새들이 **둥지**를 **틀기**^{①②} 위해 열심히 일하는 모습입니다. 둥지는 어미 새가 알을 낳는 곳이고 아기 새가 **부화**^③한 후에는 아기 새들이 자랄 때까지 머무는 곳입니다.

⬆ 가마우지는 나무에 둥지를 짓습니다.

 새들의 종류가 많은 만큼 둥지의 종류도 많습니다. 대부분의 새들은 나뭇가지를 **겹겹이**^④ 쌓은 둥지를 나무 위에 짓습니다. 또 진흙과 잔디를 사용해 **사발**^⑤ 모양의 둥지를 짓는 새들도 있습니다. 나무 위에 둥지를 트는 방법뿐만 아니라 나무에 구멍을 뚫어 둥지를 만드는 새도 있고 자잘한 나뭇가지와 풀로 주머니 모양의 둥지를 만들어 매달아 놓는 새도 있습니다.

 나무에 둥지를 틀지 않는 새들도 있습니다. 몇몇 물새들은 물 위에 둥지를 만듭니다. 물새들은 **잡초**^⑥와 나뭇가지 등을 사용해 둥지를 만듭니다. 그리고 둥지가 물에 떠내려가지 않게 하기 위해 풀로 둥지를 단단하게 고정합니다.

 모든 새들이 둥지를 만드는 것은 아닙니다. 몇몇 바다 새들은 절벽에 알맞은 자리를 찾아 알을 낳거나 바위틈에 알을 낳

⬆ 제비는 처마에 둥지를 짓습니다.

기도 합니다. 또 어떤 새들은 땅속에 있는 구멍에 알을 낳기도 하고 심지어 다른 새들의 둥지에 몰래 알을 낳는 새들도 있습니다.

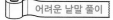 어려운 낱말 풀이 | ① **둥지** 새가 알을 낳거나 자리 잡고 사는 곳 ② **틀기** 짚이나 대로 엮어서 보금자리, 둥지를 만들기 ③ **부화** 동물의 알 속에서 새끼가 껍데기를 깨고 밖으로 나옴 孵알 깔 부 化될 화 ④ **겹겹이** 여러 겹으로 ⑤ **사발** 사기로 만든 국그릇이나 밥그릇 沙모래 사 鉢바리때 발 ⑥ **잡초** 가꾸지 않아도 저절로 나서 자라는 여러 가지 풀 雜섞일 잡 草풀 초

1
중심
생각

다음 중 이 글의 중심이 되는 것 2개를 골라보세요. ┈┈┈┈┈┈┈┈┈┈┈┈┈┈ [,   ]

① 새   ② 나무   ③ 둥지
④ 잡초   ⑤ 바위

2
세부
내용

물새들은 어떻게 둥지를 만들까요?

☐☐ 와 나뭇가지를 사용해 둥지를 만들고, 물에 떠내려가지 않도록 풀로

☐☐ 를 단단하게 고정한다.

3
세부
내용

윗글에서 봄이 되면 새들이 바쁘게 움직이는 이유는 무엇인가요? ┈┈┈┈┈┈┈ [   ]

① 둥지를 틀기 위해
② 물에서 헤엄치기 위해
③ 날아다니는 연습을 하기 위해
④ 새로운 곳으로 여행을 떠나기 위해
⑤ 독수리나 매와 같은 새들이 공격하기 때문에

6주
26
회

해설편
0
1
4
쪽

4
구조
알기

빈칸을 채워 이 글의 내용을 정리해 봅시다.

새들의 다양한 ☐☐

나무에 둥지를 짓는 새	나무에 둥지를 짓지 않는 새	둥지를 짓지 않는 새
• 나뭇가지를 겹겹이 쌓은 둥지 • 사발 모양 둥지 • 나무에 구멍을 뚫은 둥지 • ☐☐☐ 모양 둥지	• ☐ 위에 짓는 둥지	• ☐☐ 이나 바위틈에 알을 낳음 • 땅속에 있는 ☐☐ 에 낳거나 다른 새들의 둥지에 몰래 낳기도 함

5

어휘
표현

다음 [보기]의 뜻을 읽고 '보금자리'와 같은 뜻을 가진 낱말을 이 글에서 찾아 써 보세요.

[보기] **보금자리** : 1. 새가 알을 낳거나 깃들이는 곳
2. 지내기에 매우 포근하고 아늑한 곳을 비유적으로 이르는 말

☐☐

6

내용
적용

글을 읽고 더 알아볼 내용을 이야기했습니다. 거리가 <u>먼</u> 이야기를 한 사람은 누구인가요?
-- [   ]

① 송이 : 낙엽 모양의 둥지는 어떻게 생겼는지 알아볼래.

② 정연 : 다른 새들의 둥지에 왜 몰래 알을 낳는지 알아볼래.

③ 현주 : 절벽에 알을 낳으면 알이 떨어지지 않는지 알아볼래.

④ 석호 : 새들이 딱딱한 나무에 구멍을 어떻게 뚫는지 알아볼래.

⑤ 준엽 : 주머니 모양의 둥지를 어떻게 나무에 매다는지 알아볼래.

7

추론

사진 속의 둥지는 어떤 새가 지은 둥지일까요? ------------------------------------- [   ]

① 제비

② 참새

③ 물새

④ 꾀꼬리

⑤ 가마우지

 배경지식 더하기

남의 둥지에 알을 낳는 새?

뻐꾸기는 자기가 직접 둥지를 만들지 않고 종달새, 때까치 등의 둥지에 몰래 알을 낳습니다. 뻐꾸기의 알은 다른 새의 알보다 먼저 부화합니다. 알에서 갓 태어난 뻐꾸기는 다른 알들을 모두 둥지 밖으로 밀어내고 혼자 둥지를 차지합니다. 그러면 어미 새는 자신의 새끼가 아닌 줄도 모르고 열심히 새끼 뻐꾸기에게 먹이를 먹입니다. 20일 정도 지나면 새끼 뻐꾸기는 무럭무럭 자라나고 그 뒤에도 새끼 뻐꾸기는 일주일 정도 더 먹이를 얻어먹고는 다른 곳으로 날아간답니다.

[1단계] 아래의 낱말에 알맞은 뜻을 선으로 이어 보세요.

[1] 둥지 •　　　　　• ㉠ 가꾸지 않아도 저절로 나서 자라는 여러 가지 풀

[2] 부화 •　　　　　• ㉡ 새가 알을 낳거나 자리 잡고 사는 곳

[3] 사발 •　　　　　• ㉢ 동물의 알 속에서 새끼가 껍데기를 깨고 밖으로 나옴

[4] 잡초 •　　　　　• ㉣ 흙을 구워 만든 국그릇이나 밥그릇

[2단계] 아래 문장의 빈칸에 알맞은 낱말을 [보기]에서 찾아서 써 넣으세요.

[보기]	둥지	부화	사발	잡초

[1] 진흙과 잔디를 사용해 ☐☐ 모양의 둥지를 짓는 새들도 있습니다.

[2] 새들은 ☐☐ 를 틀기 위해 열심히 일합니다.

[3] 물새들은 ☐☐ 와 나뭇가지 등을 사용해 둥지를 만듭니다.

[4] 둥지는 아기 새가 ☐☐ 한 후에 자랄 때까지 머무는 곳입니다.

[3단계] 밑줄 친 낱말을 바르게 고쳐 쓰세요.

[1] 까치가 나무 위에 둥지를 <u>뜰었다.</u>　　　→ ☐☐☐

[2] 우리 집 소가 오늘 아침 송아지를 <u>나았다.</u>　→ ☐☐☐

[3] 현우는 창고에 장난감을 <u>싸았다.</u>　　　→ ☐☐☐

시간　끝난 시간 ☐시 ☐분　　채점　독해 7문제 중 ☐개
1회분 푸는 데 걸린 시간 ☐분　　　어법·어휘 11문제 중 ☐개

◀ 스스로 붙임딱지
문제를 다 풀고
맨 뒷장에 있는
붙임딱지를
붙여보세요.

무엇이든지 시작은 중요합니다. 따라서 하루하루를 어떻게 시작하느냐에 따라 그 날의 기분이 달라지기도 합니다. 보통 사람들은 아침이 하루의 시작입니다. 따라서 아침을 **활기**차게 시작해야 그 날 하루를 재미있고 알차게 보낼 수 있습니다. 그렇다면 아침을 활기차게 시작하기 위해서는 어떻게 해야 할까요?

우선 너무 늦게 잠들지 말아야 합니다. 잠을 늦게 자게 될수록 아침에 일어나면 많이 피곤합니다. 아침에 피곤하게 되면 기분이 좋지 않은 상태에서 아침을 시작하게 됩니다. 따라서 적당한 시간에 잠들어서 충분한 **수면**을 취하고 난 후 아침에 일어나 활기차게 아침을 맞이하도록 해야 합니다.

다음으로는 아침밥을 먹는 것이 좋습니다. 아침에는 학교, 학원, 회사 등 나갈 준비를 하느라 바쁘기 때문에 아침밥을 먹지 않는 경우가 많습니다. 하지만 아침에 영양가 있는 식사를 하면 하루 종일 **피로**가 덜 느껴진다고 합니다. 그렇기 때문에 아침밥을 **든든하게** 먹고 활기찬 아침을 시작하도록 해야 합니다.

㉠마지막 방법은 기분 좋은 말을 하는 것입니다. 기분 좋은 말을 가족들과 나누거나 자기 자신에게 해주는 것입니다. 하루를 시작할 때 기분 좋은 말을 듣거나 하게 되면 생각도 긍정적으로 바뀌게 됩니다. 그렇게 되면 활기찬 아침과 함께 하루가 즐거워질 수 있습니다.

가끔 아침에 일어나면 너무 피곤하고 귀찮을 때가 있습니다. 그럴 때마다 여기 있는 방법들을 **실천**한다면 활기찬 아침을 시작할 수 있을 것입니다.

 **어려운 낱말 풀이** ① **활기** 활발하고 힘이 넘치는 기운 活살 활 氣기운 기 ② **수면** 잠을 자는 일 睡잘 수 眠잘 면 ③ **피로** 몸이 지쳐서 힘든 상태 疲지칠 피 勞일할 로 ④ **든든하게** 충분하게 ⑤ **실천** 실제로 행동함 實열매 실 踐밟을 천

1
중심
생각

이 글의 글쓴이가 주장하는 내용은 무엇인가요?

☐☐ 을 ☐☐ 차게 시작하자.

2
추론

이 글의 목적은 무엇인가요? ──────────────────────── [   ]

① 느낀 점을 말하기 위해

② 자신의 생각을 주장하기 위해

③ 책의 줄거리를 말해주기 위해

④ 오늘 있었던 일을 기록하기 위해

⑤ 사람들에게 무언가를 질문하기 위해

6주 27회

해설편 015쪽

3
세부
내용

아침밥이 중요한 까닭은 무엇인가요?

☐☐ 를 덜 느끼기 때문에

4
내용
적용

글의 내용과 가장 거리가 먼 이야기를 한 친구는 누구인가요? ──────── [   ]

① 준수 : 아침을 든든하게 챙겨 먹었어.

② 지윤 : 마음속으로 긍정적인 말을 해주었어.

③ 혜진 : 밤늦게까지 친구들과 통화하다가 잠들었어.

④ 성수 : 아침에 가족들과 기분 좋은 대화를 나누었어.

⑤ 동섭 : 기분 좋은 상태로 아침을 시작하려고 노력했어.

5

아래 표를 빈칸을 채워 완성해 보세요.

주장		
☐☐을 ☐☐차게 시작하자.		
방법 ①	너무 ☐게 잠들지 말고, ☐☐한 수면을 취하자.	
방법 ②	☐☐☐을 먹자.	
방법 ③	☐☐ 좋은 말을 나누자.	

6

이 글에서 말하는 활기찬 아침이 중요한 까닭은 무엇인가요?

하루를 어떻게 시작하느냐에 따라 그 날의 ☐☐이 달라지기

때문입니다. 하루의 시작인 ☐☐을 활기차게 시작해야 그 날

하루를 재미있고 알차게 보낼 수 있다고 이 글은 주장하고 있습니다.

7

밑줄 친 ㉠의 예로 알맞지 <u>않은</u> 것은 무엇인가요? ---------------------- [   ]

① 행복한 하루 보내세요.

② 오늘 하루도 화이팅!

③ 오늘은 너무너무 피곤하네.

④ 누나! 잘 잤어? 오늘도 좋은 아침!

⑤ 엄마, 아빠 오늘도 잘 하고 올게요.

27회 어법·어휘편 본문에 나온 어휘들만 따로 모아 복습하는 순서입니다.

[1단계] 아래의 낱말에 알맞은 뜻을 선으로 이어 보세요.

[1] 활기 •   • ㉠ 잠을 자는 일

[2] 수면 •   • ㉡ 실제로 행동함

[3] 피로 •   • ㉢ 활발하고 힘이 넘치는 기운

[4] 실천 •   • ㉣ 몸이 지쳐서 힘든 상태

[2단계] 아래 문장의 빈칸에 알맞은 낱말을 [보기]에서 찾아서 써 넣으세요.

[보 기]   활기   수면   피로   실천

[1] 일을 열심히 했더니 너무 ☐☐ 해져서 집에서 휴식을 취했다.

[2] 사람은 ☐☐ 상태에서 잠꼬대를 한다.

[3] 아침을 ☐☐ 차게 시작하는 것은 중요하다.

[4] 약속한 일을 ☐☐ 하는 것이 중요하다.

[3단계] [보기]를 보고 아래 문장의 빈칸에 알맞은 낱말을 골라 써 넣으세요.

[보 기]   든든하다 : 알차고 차 있는 느낌이 있다.

튼튼하다 : 단단하고 굳세다.

[1] 아침을 먹었더니 하루 종일 속이 ☐☐ 했다.

[2] 나는 매일 운동을 하고 있어서 몸이 허약하지 않고 ☐☐ 하다.

시간 **끝난 시간** ☐시 ☐분   채점 **독해** 7문제 중 ☐개   ← **스스로 붙임딱지**
1회분 푸는 데 걸린 시간 ☐분   **어법·어휘** 10문제 중 ☐개   문제를 다 풀고 맨 뒷장에 있는 붙임딱지를 붙여보세요.

28회

독서 | 실용문 | 관련교과 : 초등국어3-1 3.중요한 내용을 적어요

공부한 날 [ ]월[ ]일
시작 시간 [ ]시[ ]분

2단계 28회 21쇄
▲ QR코드를 찍으면
지문 읽기를 들을 수 있어요

e-mail.com

| ㉠ 답장 | 안 읽음 | ㉡ 전달 | ㉢ 삭제 | 스팸 신고 | ㉣ 이동 | 번역 | ㉤ 목록 |

메일 제목 : 이재훈 어린이에게
보낸 사람 : 어린이 캠프 **담당자**① (KKK567@YYYY.com)
받는 사람 : 이재훈 (AAA123@XXXX.com)

* 이 편지는 부모님과 함께 읽으세요.

이재훈 어린이에게

이재훈 어린이, 안녕하세요? 어린이 캠프 담당자 김성수입니다. 우선 축하드립니다. 이재훈 어린이는 저번 주 금요일에 저희에게 **참가**② 신청해주셨던 어린이 캠프에 **당첨**③되었습니다. 이 편지를 부모님과 함께 읽어보고 어린이 캠프에 참가해주시면 감사하겠습니다.

저희 어린이 캠프는 매년 8월 여름에 한 번씩 열리는 **행사**④입니다. 전국 각지의 어린이들 72명이 이 캠프에 참가해서 여러 가지 재미난 활동을 통해 함께 친해지고 추억을 만들어 가는 캠프입니다. 올해 어린이 캠프는 경기도 가평에서 열릴 예정이며 물놀이, 발야구, 노래자랑, 캠프파이어, 고기 파티 등 다양한 활동이 예정되어 있습니다. 캠프는 2박 3일간 진행됩니다.

참가비는 무료이며 어린이 캠프에 참가한 모든 어린이들에게는 기념품으로 티셔츠를 드립니다. 티셔츠 색깔은 **선착순**⑤으로 고를 수 있으니, 되도록 캠프 장소에 빨리 도착해 주세요.

㉮어린이 캠프에 참가 할 수 있는지 꼭 답변해 주세요! 또한 함께 읽으시는 부모님께서는 캠프 첫날 아이를 무사히 데려다 주시고, 캠프 마지막 날 다시 아이를 데리러 와 주세요.

그럼 캠프 날 뵙겠습니다. 감사합니다.

2024년 6월 10일

어린이 캠프 담당자 김성수 드림.

1 누가 누구에게 쓴 이메일인가요? (이름을 쓰세요.)

세부
내용

(1) 누가 : □□□   (2) 누구에게 : □□□

해설편 015쪽

2 이 글의 목적은 무엇인가요? ------------------------------------- [   ]

추론

① 어린이 캠프를 하는 것을 허락받기 위해

② 어린이 캠프 참가 신청을 부탁하기 위해

③ 어린이 캠프가 취소된 것을 알려주기 위해

④ 어린이 캠프의 장소가 변경된 것을 알려주기 위해

⑤ 어린이 캠프 참가 신청이 당첨된 것을 알리고 안내하기 위해

3 올해 어린이 캠프는 어디에서 열리나요?

세부
내용

□□□□□

🧻 어려운 낱말 풀이 | ① **담당자** 그 일을 맡은 사람 擔멜 담 當당할 당 者사람 자 ② **참가** 어떠한 일에 관계되어 들어감 參간여할 참 加더할 가 ③ **당첨** 뽑힘 當당할 당 籤제비 첨 ④ **행사** 어떤 일을 시행함. 또는 그 일 行갈 행 事일 사 ⑤ **선착순** 먼저 오는 차례 先먼저 선 着붙을 착 順순할 순

4 밑줄 친 ㉮를 위해 ㉠~㉤ 중 어느 것을 선택해야 하나요? ―――――――――――――――[   ]

내용
적용

① ㉠ 답장　　　　　② ㉡ 전달　　　　　③ ㉢ 삭제

④ ㉣ 이동　　　　　⑤ ㉤ 목록

5 어린이 캠프에서 하지 <u>않는</u> 활동은 무엇인가요? ――――――――――――――――[   ]

세부
내용

① 물놀이

② 발야구

③ 노래자랑

④ 과자 파티

⑤ 캠프파이어

6 글의 내용과 가장 거리가 <u>먼</u> 이야기를 한 친구는 누구인가요? ――――――――[   ]

내용
적용

① 민희 : 참가비는 무료구나.

② 창우 : 부모님과 함께 읽어야겠다.

③ 민호 : 2박 3일간 진행되어서 기대된다.

④ 소영 : 티셔츠 색깔은 미리 신청하면 되겠구나.

⑤ 민제 : 다음 어린이 캠프는 2025년 8월이겠구나.

7 빈칸을 채워 이 글을 요약해 보세요.

구조
알기

> • 어린이 캠프 이메일은 [ ][ ][ ]과 함께 읽어야 한다.
>
> • 어린이 캠프는 경기도 가평에서 열리며, 여러 가지 활동들을 한다.
>
> • 참가비는 [ ][ ]이며, [ ]박 [ ]일간 진행된다.
>
> • 참가한 모든 사람들에게는 기념품으로 [ ][ ][ ]를 준다.

[1단계] 아래의 낱말에 알맞은 뜻을 선으로 이어 보세요.

[1] 담당 •   • ㉠ 어떤 일을 시행함. 또는 그 일

[2] 참가 •   • ㉡ 어떤 일을 맡음

[3] 행사 •   • ㉢ 어떠한 일에 관계되어 들어감

[2단계] 아래 문장의 빈칸에 알맞은 낱말을 [보기]에서 찾아서 써 넣으세요.

[보 기]   담당   참가   행사

[1] 학교에서 30주년 기념 ☐☐ 가 열렸다.

[2] 오늘 대청소에서 바닥 닦기가 내 ☐☐ 이다.

[3] 이번 대회에 ☐☐ 하면, 누구든지 선물을 받는다.

[3단계] '선착순'과 가장 비슷한 뜻을 가진 낱말을 고르세요. ⸺⸺⸺⸺ [   ]

① 마음대로

② 나이대로

③ 차례대로

④ 좋을 대로

⑤ 잘한 대로

시간   끝난 시간 ☐시 ☐분   채점 독해 7문제 중 ☐개   ← 스스로 붙임딱지
      1회분 푸는 데 걸린 시간 ☐분   어법·어휘 7문제 중 ☐개   문제를 다 풀고
                                                        맨 뒷장에 있는
                                                        붙임딱지를
                                                        붙여보세요.

고드름①

1. 고 드 름   고 드 름   **수 정**② 고 드 름
2. 각 시 님   각 시 님   안 녕 하 세 요
3. 고 드 름   고 드 름   녹 지 말 아 요

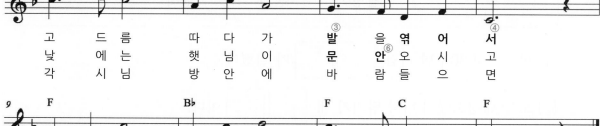

고 드 름   따 다 가   **발**③ 을 **엮 어④ 서**
낮 에 는   햇 님 이   **문 안⑥** 오 시 고
각 시 님   방 안 에   바 람 들 으 면

각 시 방   **영 창⑤**에   달 아 놓 아 요
밤 에 는   달 님 이   놀 러 오 시 네
손 시 려   발 시 려   감 기 드 실 라

유튜브에서 동요를 들어보세요.

고드름 🔍

https://www.youtube.com/
watch?v=F4_vOFvJTWQ

어려운 낱말 풀이 ▶ ① **고드름** 물 따위가 밑으로 흐르다가 길게 얼어붙은 얼음 ② **수정** 색깔이 없는 투명한 보석
水물 수 晶밝을 정 ③ **발** 가늘고 긴 대를 줄로 엮거나, 줄 따위를 여러 개 나란히 늘어뜨려 만든 물건
④ **엮어서** 여러 개의 물건을 끈이나 줄로 어긋매어 묶어서 ⑤ **영창** 유리를 끼운 창 影그림자 영 窓창 창
⑥ **문안** 인사의 높임말 問물을 문 安편안할 안

1

중심
생각

이 노래의 노랫말은 무엇을 중심으로 쓰여졌나요?

□□□

2

요소

이 노래와 어울리는 시기는 언제일지 고르세요. ────────────────── [　　　]

① 봄　　　　　② 여름　　　　　③ 장마철　　　　　④ 가을　　　　　⑤ 겨울

3

어휘
표현

아래 설명과 사진을 보고 무엇을 말하는지 이 노랫말에서 찾아 쓰세요.

가늘고 긴 대를 줄로 엮거나,
줄 따위를 여러 개 나란히
늘어뜨려 만든 물건

□

29
회

해설편
016쪽

4

세부
내용

빈칸을 채워 이 노래와 같은 내용의 줄글을 완성하세요.

오늘 □□□ 이 길게 얼어 있었다.

저걸 따다가 □ 을 엮어서 □□ 님 방 영창에 달아 놓고 싶었다.

□□ 님 방에는 □ 엔 해님이 문안 오시고,

□ 엔 달님이 놀러 온다.

□□□ 이 녹지 않았으면 좋겠다.

각시님 방 안에 □□ 이 들면 각시님이 감기 드실지 모른다.

5

추론
적용

노래의 마지막 부분에서 말하는 이의 감정으로 알맞은 것을 고르세요. ---------- [   ]

① 미움   ② 기쁨   ③ 걱정

④ 짜증남   ⑤ 부끄러움

6

작품
이해

이 노래를 들은 친구들의 대화 중 옳지 <u>않은</u> 것을 고르세요. ----------------- [   ]

① 창우 : 이 노래는 모든 줄마다 글자 수가 똑같아.

② 민혜 : 고드름이 빛나는 모습을 수정 같다고 표현했구나.

③ 소원 : 이 노래는 고드름과 각시님이라는 낱말을 반복하고 있어.

④ 원영 : 말하는 이는 고드름이 녹지 않았으면 좋겠다고 하고 있네.

⑤ 유나 : 말하는 이는 지금 감기에 걸려서 매우 아픈 상태인 것 같아.

7

추론
적용

이 노래와 아래 시의 공통점은 무엇인가요? ------------------------------------- [   ]

> 즐거운 여름
>
> 김성균
>
> 여름 여름 여름 즐거운 여름
> 시원한 냇가에서 고기잡이 합시다
> 랄라라라 미꾸라지 뱀장어 송사리 떼 올챙이
> 아차하면 달아납니다 아차하면 달아납니다

① 중심 낱말이 같다.

② 주제가 같다.

③ 계절을 알 수 있다.

④ 색깔을 나타내는 낱말을 썼다.

⑤ 소리나 모양을 흉내 내는 표현을 썼다.

[1단계] 아래의 낱말에 알맞은 뜻을 선으로 이어 보세요.

[1] 수정 •   • ㉠ 여러 개의 물건을 끈이나 줄로 어긋매어 묶다

[2] 엮다 •   • ㉡ 인사의 높임말

[3] 문안 •   • ㉢ 색깔이 없는 투명한 보석

[2단계] 빈칸에 알맞은 낱말을 [보기]에서 골라 쓰세요.

[보 기]   수정   문안

[1] 투명하고 예쁘게 빛나는 모습이 마치 □□ 같아.

[2] 오늘은 할머니께 □□ 드리러 가는 날이야.

[3단계] 다음 [보기]를 참고하여 아래의 문장에 쓰인 알맞은 뜻의 번호를 쓰세요.

[보 기] **달다** ① 저울로 무게를 헤아리다.
           ② 꿀이나 설탕의 맛과 같다.
           ③ 물건을 일정한 곳에 걸거나 매어 놓다.

[1] 어떤 것이 더 무거운지 한 번 <u>달아서</u> 비교해볼까? ·············· [   ]

[2] 예쁜 장식을 크리스마스 트리에 <u>달아</u> 놓았어. ·············· [   ]

[3] 이 과일은 아삭아삭하고 참 <u>달아.</u> ·············· [   ]

시간 **끝난 시간** □시 □분   채점 **독해** 7문제 중 □개
1회분 푸는 데 걸린 시간 □분   **어법·어휘** 8문제 중 □개

◀ 스스로 붙임딱지
문제를 다 풀고
맨 뒷장에 있는
붙임딱지를
붙여보세요.

6
주
29
회

해
설
편
0
1
6
쪽

30회

문학 | 동화 |

공부한 날 ☐ 월 ☐ 일

시작 시간 ☐ 시 ☐ 분

독해력 2단계 30회

▲ QR코드를 찍으면
지문 읽기를 들을 수 있어요

옛날에 자신의 뿔을 자랑스럽게 여기는 사슴이 있었어요. 사슴은 늘 자신의 뿔을 보며 세상에서 가장 멋진 뿔이라고 생각했어요. 그러나 사슴은 자신의 다리는 **불만**①이었어요. ㉠멋진 뿔에 비해 다리는 그저 길고 가늘기만 했기 때문이에요.

그러던 어느 날이었어요. 그날도 사슴은 연못에 물을 마시러 왔다가 연못에 비친 자신의 뿔을 보며 **감탄**②하고 있었어요.

"오늘도 내 뿔은 정말 아름답구나. 이 뿔 덕분에 많은 동물들이 나를 부러워하지."

㉡그러다가 사슴은 연못에 비친 자신의 다리를 보았어요. 사슴은 한숨을 푹 쉬었어요.

"그런데 내 다리는 이게 뭘까? 그냥 가늘기만 하고. 전혀 멋지지 않아.

㉢내 다리는 분명 **쓸모**③없을 거야."

㉣사슴은 연못에서 물을 마신 뒤 집으로 돌아가고 있었어요. 그때였어요. 갑자기 사냥개가 짖는 소리가 들렸어요. 사냥개가 짖는 소리가 들린다는 것은 분명 사냥꾼이 근처에 있다는 뜻이었어요.

"이런, 큰일이다! 사냥꾼이 돌아다니나 보구나. 잡히지 않게 얼른 달아나야겠어."

사슴은 ☐☐☐☐☐ 집을 향해 뛰기 시작했어요. 열심히 달리던 사슴은 그만 나뭇가지에 뿔이 걸리고 말았어요. 아무리 뿔에 힘을 주고 빠져나오려고 해도 나뭇가지에 걸린 뿔은 꼼짝도 하지 않았어요. 점점 사냥개가 짖는 소리가 가까워졌어요. 사슴은 무서웠어요. 그래서 있는 힘을 다해 기도했어요.

"제발 부탁이에요. 저를 살려주세요. 제가 도망갈 수 있게 해 주세요."

사슴은 기도를 하면서 발버둥을 치기 시작했어요. ㉤그러자 다리의 힘으로 나뭇가지에서 빠져나올 수 있었어요. 뿔은 나뭇가지에 걸렸지만 다리는 나뭇가지에 걸리지 않았기 때문이었어요. 사슴은 사냥개와 사냥꾼에게 붙잡히지 않고 안전하게 집으로 돌아올 수 있었어요. 사슴은 생각했어요.

'항상 자랑스럽게 여기던 뿔 때문에 오늘은 정말 위험할 뻔 했다. 오히려 싫어하던 다리 덕분에 살 수 있었네.'

그러고는 사슴은 무언가를 깨달은 듯이 소리쳤어요.

"그렇구나. 내 몸에 있는 것 중에 쓸모없는 것은 없는 거구나. 모두 그럴만한 이유가 있기 때문에 내 몸에 달려있는 거야."

사슴은 자신의 다리가 정말 소중하게 느껴졌어요. 그 뒤부터 사슴은 자신의 다리 또한 정말 자랑스럽게 여겼답니다.

-전래동화, 「사슴의 뿔과 다리」

1
중심
생각

이 이야기의 주인공은 누구인가요?

☐ ☐

2
세부
내용

사슴의 생각이 시간의 흐름에 따라 어떻게 바뀌었는지 알맞게 선을 이어보세요.

처음 ➡ 마지막

뿔 •   • 쓸모없다 •   • 위험할 뻔 했다

다리 •   • 멋지다 •   • 덕분에 살 수 있었다.

3
어휘
표현

빈 칸에 들어갈 가장 알맞은 표현을 고르세요. ----------------------- [   ]

① 헐레벌떡   ② 반짝반짝   ③ 동글동글

④ 그렁그렁   ⑤ 뭉게뭉게

4
추론
적용

사슴이 다리에 대해 생각하는 태도를 바뀌게 해주는 부분을 고르세요. ------------ [   ]

① ㉠   ② ㉡   ③ ㉢   ④ ㉣   ⑤ ㉤

어려운 낱말 풀이 | ① **불만** 만족하지 못함 不아니다 불 滿가득차다 만 ② **감탄** 마음 속 깊이 느끼어 놀람 感느끼다 감 歎읊다 탄
③ **쓸모** 쓰일 거리

5

세부
내용

이 이야기의 내용과 <u>다른</u> 것을 고르세요. -- [   ]

① 사슴은 처음에 자신의 뿔을 자랑스러워했다.

② 사슴은 집에 가는 길에 사냥개 소리를 들었다.

③ 사슴은 사냥개와 용감하게 싸워서 이겼다.

④ 사슴은 집으로 도망치다가 뿔이 나뭇가지에 걸렸다.

⑤ 사슴이 아무리 뿔에 힘을 줘도 뿔은 꼼짝도 하지 않았다.

6

세부
내용

이 이야기를 사슴의 일기로 바꾸었습니다. 빈칸에 들어갈 말을 써 보세요.

2024년 5월 13일 월요일   날씨: 맑음

늘 내 [   ] 은 멋있다고 생각했지만 [   ][   ] 는 멋지지 않아서 불만이었다.

그런데 오늘 그런 내 생각이 바뀌었다.

갑자기 사냥개가 나타났다. 나는 사냥개를 피해 달아났다.

그런데 그만 내 [   ] 이 나뭇가지에 걸렸다. 정말 위험한 순간이었다.

다행히도 내 [   ][   ] 를 이용해서 도망칠 수 있었다.

앞으로는 내 [   ][   ] 도 정말 소중하게 여겨야겠다고 생각했다.

7

추론
적용

이 이야기를 통해 배울 수 있는 점을 알맞게 말한 친구를 고르세요. ------------------ [   ]

① 호준: 역시 무엇이든 예쁘거나 멋지게 생겨야 해.

② 준규: 위험한 일을 당하지 않으려면 달리기가 정말 빨라야 해.

③ 지나: 위험에 처했을 때는 도망가기보단 도움을 요청해야만 해.

④ 진호: 너무 자기 자신에 대해 자랑하면 안 돼. 겸손하게 살아야 해.

⑤ 혜원: 우리 몸에는 무엇이든 쓸모없는 것은 없어. 모두 소중하게 생각해야 해.

[1단계] 아래의 낱말에 알맞은 뜻을 선으로 이어 보세요.

[1] 불만 •　　　　　　• ㉠ 쓰일 거리

[2] 감탄 •　　　　　　• ㉡ 만족하지 못함

[3] 쓸모 •　　　　　　• ㉢ 마음 속 깊이 느끼어 놀람

[2단계] 빈칸에 알맞은 낱말을 [보기]에서 골라 쓰세요.

> [보 기]　　　　　불만　　　　감탄　　　　쓸모

[1] 이 물건은 여러 가지로 참 ☐☐ 가 많습니다.

[2] 자신에게 ☐☐ 을 느끼지 말고 좋은 방향으로 생각하세요.

[3] 아름다운 경치를 바라보니 ☐☐ 이 절로 나왔다.

[3단계] 밑줄 친 말을 다른 말로 알맞게 바꾸어 쓰세요.

[1] 그 연필은 너무 얇기만 해서 잘 부러진다.

　　→ 그 연필은 너무 [가][ ][ ][만] 해서 잘 부러진다.

[2] 친구의 편지는 내가 정말 소중하게 생각하던 물건이다.

　　→친구의 편지는 내가 정말 소중하게 [여][ ][던] 물건이다.

시간　끝난 시간 ☐시 ☐분　　채점　독해 7문제 중 ☐개

1회분 푸는 데 걸린 시간 ☐분　　　　어법·어휘 8문제 중 ☐개

← 스스로 붙임딱지
문제를 다 풀고
맨 뒷장에 있는
붙임딱지를
붙여보세요.

왜 수면이 필요한가요?

우리는 보통 하루에 8시간씩 잠을 잡니다. 하루의 1/3 을 자면서 보내는 것이지요. 충분히 잠을 자지 못하면 하루 종일 피곤하거나 집중을 할 수 없게 됩니다.

잠을 충분히 자야 건강을 지킬 수 있습니다. 잠을 자는 시간은 하루 종일 열심히 일했던 뇌와 근육에게는 쉬는 시간입니다. 잠을 충분히 자야 깨어 있을 동안 더욱 집중력을 발휘할 수 있습니다. 잠을 충분히 자지 않으면 집중력이 떨어져 실수를 할 수도 있습니다. 뇌가 충분히 쉬지 못했기 때문입니다. 또한 잠을 충분히 자면 면역력이 높아져서 감기에도 잘 걸리지 않게 됩니다. 반대로 잠을 잘 못 자면 면역력이 약해져 병에 쉽게 걸릴 수 있습니다.

매일 같은 시간에 잠자리에 들고 같은 시간에 일어나는 것이 몸에 좋습니다. 그래야 숙면을 취할 수 있습니다. 주말에 늦잠을 자고 싶더라도 평일과 같은 시간에 자고 일어나는 것이 좋습니다.

집중력 마음이나 주의를 집중할 수 있는 힘 集모일 집 中가운데 중 力힘 력

면역력 병에 걸리지 않도록 몸이 스스로를 지키는 힘 免할 면 疫전염병 역 力힘 력

숙면 깊은 잠을 자는 것 熟익을 숙 眠잠잘 면

7주차

회차	영역	학습 내용	학습계획일	맞은 문제수
31 회	독서 과학	**해시계** 한 가지 대상에 대해 여러 가지 설명이 담긴 글입니다. 중간에는 해시계를 만드는 과정도 실려 있습니다. 복합적인 독해력을 요구하는 회차입니다.	월 일	독해 7문제 중 □ 개 어법·어휘 8문제 중 □ 개
32 회	독서 예술	**모차르트** 유명한 음악가인 모차르트에 대한 전기문입니다. 시간과 공간이 변하는 순서를 독해하는 방법을 터득하는 회차입니다.	월 일	독해 7문제 중 □ 개 어법·어휘 8문제 중 □ 개
33 회	독서 국어	**유학 간 형과의 전화 통화** 초등국어 과정에서는 대화 형식의 글도 자주 나옵니다. 대화에서 필요한 내용을 읽는 방법을 학습하는 회차입니다.	월 일	독해 7문제 중 □ 개 어법·어휘 10문제 중 □ 개
34 회	문학 동시	**산 샘물** 감각적 표현이 돋보이는 시입니다. 산 샘물을 상상하며 감각적 표현을 배워보는 회차입니다.	월 일	독해 7문제 중 □ 개 어법·어휘 7문제 중 □ 개
35 회	문학 동화	**은혜 갚은 개구리** 개구리를 통해 교훈을 얻는 동화입니다. 등장 인물의 상황과 행동으로부터 교훈을 배워보는 회차입니다.	월 일	독해 7문제 중 □ 개 어법·어휘 8문제 중 □ 개

독서 | 설명문 | 관련교과 : 초등과학4-2 3.거울과 그림자

31회

공부한 날 ☐ 월 ☐ 일

시작 시간 ☐ 시 ☐ 분

독해력 2단계 31회

▲ QR코드를 찍으면
지문 읽기를 들을 수 있어요

시계와 자는 어떠한 점에서 같을까요? 바로 둘 다 무언가를 **측정**^①하는 데 쓰인다는 점입니다. 자는 길이를 재는 데 사용되고, 시계는 시간을 재는 데 사용됩니다.

옛날부터 사람들은 시간을 측정하기 위해 그림자를 이용했습니다. 해는 시간이 흐름에 따라 움직입니다. 그림자는 해가 움직이면서 길이와 위치가 변합니다. 이러한 그림자의 변화가 곧 시간의 변화인 것입니다. 사람들은 이러한 점을 **이용**^②해서 시간을 측정했습니다.

그러다가 4,000년 전에 사람들은 해시계를 만들기 시작했습니다. 해시계는 그림자를 이용하여 시간을 알려 주었습니다. 사람들은 해시계를 햇빛이 비칠 때는 언제든지 사용할 수 있었습니다.

여러분도 동그란 모양의 종이판과 연필을 이용해서 해시계를 만들 수 있습니다. 우선, 종이판을 가지고 밖으로 나가세요. 종이판을 햇빛이 비치는 **평평한**^③ 곳에 놓고 종이판 한 가운데에 연필을 끼웁니다. 그리고 나서 1시간마다 연필의 그림자를 따라서 선을 반듯하게 긋습니다. 그리고 선을 그은 끝부분에 시간을 **표시**^④합니다. 완성된 해시계는 해가 비치는 맑은 날에 같은 위치에 두고 시계로 사용할 수 있습니다.

단, 해시계를 만들 때는 종이판이 움직이지 않게 조심해야 합니다. 종이판이 움직이면 정확한 해시계를 만들 수 없기 때문입니다.

🎗 어려운 낱말 풀이

① **측정** 길이나 무게 등을 재어서 정함 測헤아릴 측 定정할 정
② **이용** 대상을 필요에 따라 이롭게 씀 利이로울 이 用쓸 용
③ **평평한** 바닥이 고르고 판판한 平평평할 평 平평평할 평-
④ **표시** 표를 하여 외부에 드러내 보임 表겉 표 示보일 시

1
중심
생각

글에 어울리는 제목을 지어 보세요.

☐☐☐ 로 시간을 알려주는 ☐☐☐

2
세부
내용

글의 내용에 맞지 <u>않는</u> 것을 고르세요. ──────────────── [   ]

① 자는 길이를 재는 데 사용된다.

② 시계는 시간을 재는 데 사용된다.

③ 그림자는 해가 움직여도 변하지 않는다.

④ 해시계는 그림자를 이용해서 시간을 알려주는 장치다.

⑤ 옛날 사람들은 시간을 측정하기 위해 그림자를 이용했다.

3
세부
내용

글을 읽고 빈칸에 알맞은 낱말을 이 글에서 찾아서 써보세요.

해시계는 ☐☐☐☐ 년 전에 만들어지기 시작했습니다.

해시계는 ☐☐☐ 를 이용해서 시간을 알려줍니다.

사람들은 ☐☐ 이 비칠 때마다 해시계를 언제든지 사용할 수 있습니다.

4
구조
알기

이 글에서 설명한 해시계를 만드는 방법을 순서대로 써보세요.

㉠ 종이판을 햇빛이 비치는 평평한 곳에 두고 연필을 한가운데에 끼웁니다.

㉡ 선을 그은 끝부분에 시간을 표시합니다.

㉢ 1시간마다 연필의 그림자를 따라서 선을 긋습니다.

㉣ 종이판과 연필을 가지고 밖으로 나갑니다.

☐ → ☐ → ☐ → ☐

5 '길이나 무게 따위를 재어서 정함'을 나타내는 낱말을 골라보세요. ──────────── [   ]

어휘
표현

① 측정   ② 분석   ③ 분류   ④ 사용   ⑤ 이용

6 해시계를 만들 때 주의할 점을 써 보세요.

내용
적용

해시계를 안들 때는 ☐☐☐이 ☐☐☐☐ 않게

조심해야 합니다. ☐☐☐이 ☐☐☐☐ 정확한

해시계를 안들 수 없기 때문입니다.

7 이 글을 읽고 친구들이 해시계를 만들려고 합니다. 다음 중 이 글을 바르게 이해한 친구를 고르세요. ──────────── [   ]

추론

① 예은 : 네모난 종이판을 사용해도 되겠지?

② 선미 : 종이판과 연필을 준비했으면 밖으로 나가야겠다.

③ 진영 : 종이판을 그늘진 평평한 곳에 놓고 종이판 한가운데에 준비한 연필을 끼우면 되겠다.

④ 선예 : 1시간마다 연필의 그림자를 따라서 선을 지그재그로 그어야겠다.

⑤ 소희 : 선을 그은 시작 부분에 시간을 표시해야겠어.

배경지식 더하기

앙부일구

우리가 잘 알고 있는 앙부일구는 조선 세종대왕 때 만들어진 오목한 솥 단지 모양의 해시계입니다. '앙부'는 하늘을 우러러보는 모양의 가마 솥이라는 뜻이고, '일구'는 해시계라는 말입니다. 그러니까 앙부일구는 '가마솥이 위로 열려져 있는 모양의 해시계'라는 뜻이지요.

앙부일구에는 시각 선과 절기 선이 그려져 있는데, 시각 선을 통해 하루 동안의 시각을 알 수 있고 절기 선을 통해 24절기, 즉 날짜를 알 수 있습니다.

[1단계] 아래의 낱말에 알맞은 뜻을 선으로 이어 보세요.

[1] 측정 •　　　　　　　• ㉠ 대상을 필요에 따라 이롭게 씀

[2] 이용 •　　　　　　　• ㉡ 표를 하여 외부에 드러내 보임

[3] 표시 •　　　　　　　• ㉢ 길이나 무게 등을 재어서 정함

[2단계] 아래 문장의 빈칸에 알맞은 낱말을 [보기]에서 찾아서 써 넣으세요.

[보 기]	측정	이용	표시

[1] 선을 그은 끝부분에는 시간을 ☐☐ 합니다.

[2] 해시계는 그림자의 길이의 변화를 ☐☐ 한 것입니다.

[3] 시계와 자는 둘 다 무언가를 ☐☐ 하는 데 쓰입니다.

[3단계] 밑줄 친 낱말의 알맞은 뜻을 찾아 번호를 쓰세요.

[1] 바닥은 누가 다듬어 놓기라도 하듯 평평했다. ┈┈┈┈┈┈┈ [　　　　]

　　① 어떤 힘을 받아도 쉽게 그 모양이 변하지 않는 상태에 있다.

　　② 바닥이 고르고 판판하다.

[2] 나쁜 짓은 아예 할 생각을 마라. ┈┈┈┈┈┈┈ [　　　　]

　　① 적은 정도나 분량

　　② 일시적이거나 부분적이 아니라 완전히

7주 31회 해설편 017쪽

시간　끝난 시간 ☐시 ☐분　　채점　독해 7문제 중 ☐개　　← 스스로 붙임딱지
　　1회분 푸는 데 걸린 시간 ☐분　　어법·어휘 8문제 중 ☐개　　문제를 다 풀고 맨 뒷장에 있는 붙임딱지를 붙여보세요.

독서 | 전기문 |

32회

공부한 날   월   일
시작 시간   시   분

독해력 2단계 32회
▲ QR코드를 찍으면
지문 읽기를 들을 수 있어요

모차르트는 1756년 1월 27일, 오스트리아라는 나라의 잘츠부르크라는 도시에서 태어났습니다. 그는 **걸음마 시절**부터 누나가 아빠에게 음악을 배우는 것을 보고 자랐습니다. 3살 때 피아노 연주를 할 수 있었고, 5살 때 **작곡**을 시작했습니다. **궁정** 음악가였던 모차르트의 아버지는 모차르트에게 음악적 **재능**이 있다는 것을 알게 됐습니다. 그래서 아버지는 모차르트에게 피아노와 바이올린을 가르치는 데에 힘썼습니다.

↑ 볼프강 아마데우스 모차르트
(1756~1791)

모차르트가 6살이 되자 모차르트의 아버지는 유럽 여행을 떠났습니다. 모차르트에게 더 넓은 세상을 다니며 다양한 음악을 만날 수 있게 하기 위해서 떠난 여행이었습니다. 약 10년 동안 모차르트는 유럽 곳곳을 여행하였습니다. 이 여행에서 모차르트는 다양한 음악과 중요한 음악가들을 만날 수 있었습니다. ㉠이러한 경험은 그의 음악 인생에 큰 도움이 되었습니다.

여행을 마치고 잘츠부르크로 돌아온 모차르트는 궁정 음악가가 되었습니다. 그러나 그곳에서는 모차르트가 원하는 음악을 마음껏 할 수 없었습니다. 왕이 원하는 음악만 할 수 있었습니다. 게다가 받는 돈도 너무나 적었습니다. 결국 모차르트는 궁정 음악가를 그만두었습니다. 자신의 음악을 만들기 위해 빈이라는 도시로 떠났습니다.

빈에 살면서 모차르트는 '피가로의 결혼', '돈 조반니' 등 수많은 오페라와 피아노곡들을 작곡했습니다. 모차르트는 서른여섯이라는 젊은 나이에 세상을 떠났습니다. 그는 짧은 **생애** 동안 무려 600곡이 넘는 음악을 작곡하였습니다. 때문에 모차르트는 음악의 역사에서 가장 위대한 음악가 중 한 명으로 알려져 있습니다.

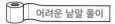 **어려운 낱말 풀이**   ① **걸음마 시절** 아기가 걷기 시작한 때(≒아주 어린 시절) -時때 시 節마디 절   ② **작곡** 음악을 만드는 일 作지을 작 曲굽을 곡   ③ **궁정** 궁궐 宮궁 궁 廷조정 정   ④ **재능** 어떤 일을 하는 데 필요한 재주와 능력 才재주 재 能능할 능   ⑤ **생애** 살아 있는 한평생의 기간 生날 생 涯물가 애

1 누구에 관한 글인가요?

중심
생각

☐ ☐ ☐ ☐

2 이 글을 쓴 목적은 무엇인가요? ──────────────────── [　　]

추론

① 모차르트의 가족을 알려주기 위해

② 모차르트의 생애를 알려주기 위해

③ 모차르트가 태어난 나라를 알려주기 위해

④ 모차르트와 만났던 사람들이 누군지 알려주기 위해

⑤ 모차르트와 비교할 만한 음악가들을 알려주기 위해

3 모차르트는 어떤 도시에서 태어났나요?

세부
내용

☐ ☐ ☐ ☐ ☐

4 밑줄 친 ㉠은 구체적으로 무엇을 말하나요? ──────── [　　]

추론

① 3살 때 악기를 연주한 것

② 급여를 너무 적게 받은 것

③ 원하는 음악을 하지 못한 것

④ 5살 때 작곡을 하기 시작한 것

⑤ 유럽 곳곳을 여행하면서 음악가를 만난 것

5 글에 나와 있지 <u>않은</u> 내용은 무엇인가요? ──────── [　　]

세부
내용

① 모차르트는 언제 태어났는지

② 모차르트는 몇 살에 죽었는지

③ 모차르트가 어떻게 궁정 음악가가 되었는지

④ 모차르트가 빈으로 떠나게 된 까닭은 무엇인지

⑤ 모차르트가 6살에 유럽 각지를 여행한 까닭은 무엇인지

6 글의 내용과 가장 <u>다른</u> 이야기를 한 친구는 누구인가요? ────────────── [   ]

추론

① 하늘 : 모차르트는 또 어떤 음악들을 작곡했을까?

② 진수 : 나도 모차르트처럼 유럽 각지를 여행해보고 싶어.

③ 민섭 : 모차르트가 너무 젊은 나이에 세상을 떠나서 안타까워.

④ 소정 : 어릴 때부터 저런 재능이 있었다니 모차르트는 정말 대단해.

⑤ 정아 : 모차르트가 잘츠부르크에서 원하는 음악을 할 수 있어서 다행이야.

7 아래 빈칸을 채워 이 글을 요약해 보세요.

내용
적용

모차르트는 음악의 역사에서 가장 위대한 음악가 중 한 명이다.

모차르트는 3살 때부터 피아노를 연주했으며, 5살 때부터 ☐☐ 을 시작했다.

6살이 되자 그의 아버지는 그를 데리고 ☐☐ 곳곳을 돌아다니며

연주 여행을 떠나게 된다. 모차르트는 잘츠부르크에 돌아왔지만

원하는 음악을 하지 못해서 ☐ 으로 떠나게 된다.

그곳에서 수많은 ☐☐☐ 와 피아노곡들을 작곡하다가 세상을 떠났다.

[**1**단계] 아래의 낱말에 알맞은 뜻을 선으로 이어 보세요.

[1] 궁정 •   • ㉠ 궁궐

[2] 재능 •   • ㉡ 살아 있는 한평생의 기간

[3] 생애 •   • ㉢ 어떤 일을 하는 데 필요한 재주와 능력

[**2**단계] 아래 문장의 빈칸에 알맞은 낱말을 [보기]에서 찾아서 써 넣으세요.

[보 기]   궁정   재능   생애

[1] 그는 운동에 ☐☐ 이 있다.

[2] 모차르트는 아버지처럼 ☐☐ 음악가가 되었다.

[3] 모차르트는 짧은 ☐☐ 동안 600곡이 넘는 음악을 작곡했다.

[**3**단계] 아래 〈예시〉를 참고하여 알맞은 답을 써 보세요.

[예 시]   작곡 : 음악을 만드는 일

[1] <u>작</u>사 : 노래 ☐☐ 를 쓰는 일

[2] <u>작</u>명 : ☐☐ 을 짓는 일

해설편 0 1 7 쪽

시간 **끝난 시간** ☐시 ☐분   채점 **독해** 7문제 중 ☐개

1회분 푸는 데 걸린 시간 ☐분   **어법·어휘** 8문제 중 ☐개

 ← 스스로 붙임딱지
문제를 다 풀고
맨 뒷장에 있는
붙임딱지를
붙여보세요.

33회

독서 | 대화문 | 관련교과 : 초등국어3-1 3.중요한 내용을 적어요

공부한 날 [ ]월 [ ]일
시작 시간 [ ]시 [ ]분

2단계 33회 16쇄
▲ QR코드를 찍으면
지문 읽기를 들을 수 있어요

현준: 여보세요? 현준이네 집입니다.

형: 여보세요? 현준이니? 어머니 안 계셔?

현준: 어? 형이야? 엄마 잠깐 경비실에 가셨어.

형: 응, 그래. 다른 게 아니라 이번 여름 방학에 한국에 **귀국**① 못할 거 같아서 전화했어.

현준: 왜? 무슨 일 있어?

형: 다음 학기에 졸업인데 잘하면 미국에서 일자리를 구할 수 있을 거 같아. 그런데 **취직**②하려면 여름 방학에 들어야 할 **강의**③가 좀 있어서 한국에 못 갈 거 같아.

현준: 와, 잘 됐다. 축하해.

형: 아직 취직된 것도 아닌데. 하여튼 고맙다. 어머니께도 취직 준비한다고 전해 줄래?

현준: 응. 그런데 다음 달에 할머니 **칠순**④ 잔치하는데 그때도 못 와?

형: 아, 맞다. 다음 달에 할머니 칠순 잔치 하시지. 깜빡 잊었네. 어떡하지?

현준: 어쩔 수 없지. 형 못 온다니까 많이 (가). 오면 좋을 텐데.

형: 아니야. 빠질 수 없지. 칠순 잔치 맞춰서 한번 시간 내볼게. 근데 칠순 잔치 날짜가 언제지?

현준: 8월 5일일걸? 아니면 그 다음 주일지도 몰라. 엄마 들어오시면 ㉠물어볼게.

형: 아니야. 내가 이따가 다시 전화할게. 한국은 지금 몇 시야?

현준: 오후 5시.

형: 그래? 여기는 지금 **자정**⑤이야. 그러면 내일 오후 6시쯤에 내가 다시 전화할게. 아마 한국 시간으로는 아침 11시쯤 될 거야. 엄마한테 그렇게 말씀 좀 전해드려.

현준: 응, 알았어.

형: 참, 형이 한국 갈 때, 현준이 선물 하나 사갈게. 뭐 갖고 싶어?

현준: 음…… 운동화!

형: 알았어. 꼭 사갈게. 신발 **치수**⁶가 얼마지?

현준: 240.

형: 와, 그새 많이 컸구나. 우리 현준이 다 컸네.

현준: 아직 한참 더 클 거야. 형, 할머니 칠순 때 꼭 올 거지?

형: 걱정하지 마. 꼭 갈게. 그럼 다음 달에 한국에서 보자.

현준: 그래, 형.

1
세부
내용

누가 누구에게 전화하였나요? ··· [ ]

① 현준이가 형에게　　　　② 형이 현준이에게　　　　③ 어머니가 할머니에게

④ 어머니가 현준이 형에게　　⑤ 할머니가 현준이 형에게

2
중심
생각

전화를 건 사람이 전화를 한 까닭은 무엇인가요? ·································· [ ]

① 운동화 치수를 물어보기 위해

② 칠순 잔치 날짜를 물어보기 위해

③ 취직을 했다는 소식을 알리기 위해

④ 이번 여름 방학에 귀국하지 못한다고 알리기 위해

⑤ 이번 여름 방학에 면접을 본다는 사실을 알리기 위해

3
어휘
표현

다음 중 빈칸 (가)에 들어갈 알맞은 표현을 고르세요. ························ [ ]

① 기쁘다　　　　　② 무섭다　　　　　③ 아쉽다

④ 지루하다　　　　⑤ 설렌다

4
어휘
표현

밑줄 친 ㉠"물어볼게."는 어머니께 하는 말로는 어울리지 않습니다. 어머니께는 높임말을 써야 하는데요, 이를 높임말로 알맞게 고쳐 보세요.

☐ ☐ ☐ ☐ .

🧻 어려운 낱말 풀이　① **귀국** 다른 나라에 있던 사람이 자기 나라로 돌아옴 歸돌아갈 귀 國나라 국　② **취직** 일자리를 얻음 就이룰 취 職일자리 직　③ **강의** 학교 수업. 흔히 대학교 수업을 일컬음 講익힐 강 義옳을 의　④ **칠순** 70세를 높여 부르는 말 七일곱 칠 旬10년 순　⑤ **자정** 밤 12시 子아들 자 正바를 정　⑥ **치수** 길이에 대한 크기 -數숫자 수

5

구조
알기

다음은 전화 내용을 한 줄로 요약한 것입니다. 순서대로 정리해 보세요.

> (가) 할머니 칠순 잔치가 있다고 말해줌
>
> (나) 형이 동생의 신발을 선물해주겠다고 함
>
> (다) 형이 어머니에게 다시 전화하겠다고 함
>
> (라) 형이 이번 여름 방학에 귀국 못할 것이라고 말함
>
> (마) 형이 다시 여름 방학에 한국에 들어갈 것이라고 말함

라 → ☐ → ☐ → ☐ → 나

[6~7] 다음은 현준이가 어머니와 나눈 대화입니다. 대화를 읽고 아래 물음에 알맞게 답해보세요.

> 현　준: 엄마, 오늘 형한테 전화 왔었어요.
>
> 어머니: 그래? 한국에 언제 온대?
>
> 현　준: 원래 못 온다고 했는데, 할머니 칠순 잔치 때문에 다시 한국에 온댔어요.
>
> 어머니: 그래, 잘 됐네. 그런데 형이 할머니 칠순 잔치 날짜를 알까?
>
> 현　준: 그래서 형이 내일 오후 6시쯤에 다시 전화한댔어요.
>
> 어머니: 오후 6시에 맞춰 전화하려면 LA는 새벽일 텐데 괜찮으려나?
>
> 현　준: 모르겠어요.

6

내용
적용

현준이가 형에게 들은 내용 중 **빠뜨린** 것은 무엇인가요? -- [　　　]

① 오늘 형에게 전화가 왔었다는 사실

② 할머니 칠순 잔치 때문에 한국에 온다는 사실

③ 형이 미국에서 취직 준비를 하고 있다는 사실

④ 형이 다시 어머니께 전화를 하겠다고 알린 사실

⑤ 형이 원래 이번 여름 방학에 한국에 못 온다고 했던 사실

7

세부
내용

현준이는 형의 전화 시간을 어머니께 잘못 전했습니다. 형이 전화한다고 했던 시간은 한국 시간으로 언제인가요? -- [　　　]

① 아침 6시　　　　　② 저녁 6시　　　　　③ 오후 3시

④ 아침 11시　　　　　⑤ 저녁 11시

[1단계] 아래의 낱말에 알맞은 뜻을 선으로 이어 보세요.

[1] 귀국 •   • ㉠ 학교 수업 (흔히 대학교 수업을 말함)

[2] 취직 •   • ㉡ 다른 나라에 있던 사람이 자기 나라로 돌아옴

[3] 강의 •   • ㉢ 일자리를 얻음

[2단계] 아래 문장의 빈칸에 알맞은 낱말을 [보기]에서 찾아서 써 넣으세요.

> [보 기]   귀국   취직   강의

[1] 미국에서 공부를 하고 있는 형이 잠시 ☐☐ 해서 온가족이 모이게 되었다.

[2] 대학생인 형은 대학교에서 ☐☐ 를 듣습니다.

[3] 이번에 졸업하는 형은 아직 원하는 회사에 ☐☐ 을 못 했습니다.

[3단계] 다음은 시각을 나타내는 낱말입니다. [보기]를 보고 아래 빈칸에 알맞은 낱말을 써 보세요.

> [보 기]   **오전**: 밤 12시부터 낮 12시까지
> **오후**: 낮 12시부터 밤 12시까지
> **정오**: 낮 12시
> **자정**: 밤 12시

밤 12시 ◀━━▶ 낮 12시 ◀━━▶ 밤 12시

⇓   ⇓   ⇓   ⇓   ⇓

| 자 | 정 | 오 | ☐ | ☐ | ☐ | 오 | ☐ | ☐ | ☐ |

시간 **끝난 시간** ☐시 ☐분   **채점** **독해** 7문제 중 ☐개   ← 스스로 붙임딱지
1회분 푸는 데 걸린 시간 ☐분   **어법·어휘** 10문제 중 ☐개   문제를 다 풀고 맨 뒷장에 있는 붙임딱지를 붙여보세요.

7주 | 33회 153

7
주
33
회

해설편 018쪽

34회

문학 | 동시 | 관련교과: 초등국어3-1 1. 재미가 톡톡톡

공부한 날 [ ]월 [ ]일
시작 시간 [ ]시 [ ]분

독해력 2단계 34회
▲ QR코드를 찍으면
지문 읽기를 들을 수 있어요

산 샘물

권태응

바위 **틈새**^① 속에서
쉬지 않고 **송송송**^②.

맑은 물이 고여선
넘쳐흘러 <u>졸졸졸</u>.

푸고 푸고 다 퍼도
끊임^③없이 <u>송송송</u>.

푸다 말고 놔두면
다시 고여 <u>졸졸졸</u>.

 어려운 낱말 풀이 | ① **틈새** 벌어져 난 틈의 사이 ② **송송송** 샘물이 바위 틈새에서 솟아나는 모양을 표현한 말
③ **끊임** 멈춤

1
요소

이 시의 장소로 어울리는 곳을 고르세요. ──────────────── [　　　]

① 교실　　　　② 식당　　　　③ 산 속　　　　④ 운동장　　　　⑤ 놀이터

2
요소

이 시는 각 줄마다 글자 수를 모두 몇 글자씩 맞추었나요?

　□ 글자

7주
34
회

해설편
0
1
8
쪽

3
어휘
표현

이 시에서 쓰인 '쉬지 않고'라는 표현과 같은 뜻을 가진 표현을 고르세요. ─────── [　　　]

① 넘쳐흘러　　　　② 끊임없이　　　　③ 바위 틈새

④ 푸다 말고　　　　⑤ 다시 고여

4
중심
생각

이 시에서 표현하고자 하는 것은 무엇인가요? 빈칸을 채워 보세요.

이 시에서 표현하고자 하는 것은 이 시의 제목인 □□□ 입니다.

□□ 틈새 속에서 송송송 솟아나고, 졸졸졸 흐르는 모습을 표현하고

있습니다.

[5~6] 다음 문제들은 '감각적 표현'을 묻는 문제들입니다. 문제들을 풀면서 '감각적 표현'을 알아 봅시다.

5
어휘
표현

아래를 읽으며 이 시에서 사용한 표현이 무엇인지 빈 칸에 들어갈 말을 [보기]에서 찾아 써 보세요.

> [보 기]   지루한 표현   감각적 표현   똑똑한 표현

> 우리는 눈, 귀, 입, 코, 손 등을 통해 감각을 느낍니다. 무언가를 눈으로 보고, 귀로 듣고, 입으로 맛보고, 코로 냄새를 맡고, 손으로 촉감을 느낍니다. 이러한 감각들을 이용한 표현을 ⬚⬚⬚⬚⬚ 이라고 합니다.

6
어휘
표현

이 시에 나타난 감각적 표현을 찾아 선으로 이어 보세요.

샘물이 바위 틈새에서 솟아나는 모양을 표현한 말 •   • ㉠ 졸졸졸

샘물이 넘쳐흐를 때 들리는 소리를 표현한 말 •   • ㉡ 송송송

7
추론
적용

이 시에서 밑줄 친 부분과 [보기]의 밑줄 친 부분은 어떤 점이 서로 비슷한지 고르세요.
-- [   ]

> [보기]   집에 오니 맛있는 냄새가 납니다.
>   냄비에서 찌개가 <u>보글보글</u> 끓고 있네요.
>   배에서 나도 모르게 <u>꼬르륵</u> 소리가 나는 바람에
>   그 소리를 듣고 그만 웃음이 났습니다.

① 샘물이 나오는 점이 비슷합니다.

② 감각적 표현이 사용된 점이 비슷합니다.

③ 말하는 이가 있는 장소가 집이라는 점이 비슷합니다.

④ 각 줄마다 글자 수가 똑같이 사용된 점이 비슷합니다.

⑤ 똑같은 글자가 계속해서 반복된다는 점이 비슷합니다.

[1단계] 아래의 낱말에 알맞은 뜻을 선으로 이어 보세요.

[1] 틈새 •   • ㉠ 멈춤

[2] 끊임 •   • ㉡ 벌어져 난 틈의 사이

[3] 감각 •   • ㉢ 눈, 코, 귀, 혀, 살갗을 통해 바깥의 어떤 자극을 느끼는 것

[2단계] 빈칸에 알맞은 낱말을 [보기]에서 골라 쓰세요.

[보기]	틈새	끊임	감각

[1] 저 아이는 냄새를 잘 맡는 것을 보니 코의 ☐☐ 이 좋은 것 같다.

[2] ☐☐ 없는 노력 끝에 드디어 나 혼자서도 이 일을 해낼 수 있었어.

[3] 이 물건은 ☐☐ 가 많이 벌어져 있어서 물이 밖으로 흐를 수도 있겠다.

[3단계] 다음 중 '샘물'처럼 '물'과 뜻이 다른 낱말을 골라보세요. ─────── [   ]

① 국물   ② 나물   ③ 수돗물   ④ 바닷물   ⑤ 목욕물

시간 끝난 시간 ☐시 ☐분   채점 독해 7문제 중 ☐개   ← 스스로 붙임딱지
      1회분 푸는 데 걸린 시간 ☐분   어법·어휘 7문제 중 ☐개   문제를 다 풀고 맨 뒷장에 있는 붙임딱지를 붙여보세요.

7주 34회

해설편 018쪽

문학 | 동화 | 관련교과: 초등국어활동3-2 9. 작품 속 인물이 되어

35회

공부한 날 [ ]월 [ ]일

시작 시간 [ ]시 [ ]분

독해력 2단계 35회

▲ QR코드를 찍으면
지문 읽기를 들을 수 있어요

옛날 어느 마을에 심한 **흉년**^①이 들었습니다. 마을 사람들은 먹을 것이 없어서 집에 있는 물건들을 팔아가며 간신히 **식량**^②을 마련했습니다. 이 마을에 사는 농부 한 사람이 집안의 물건을 팔고 겨우 쌀을 얻어 집으로 돌아가는 중이었습니다.

그때였습니다. 마을 사람 한 명이 커다란 자루에 개구리를 잔뜩 넣어 오고 있었습니다.

"아니, 이보게. 무슨 개구리들을 이렇게나 많이 잡았나? 이 개구리들을 어디에 쓰려고 그러는가?"

"우리 집은 이제 먹을 것도, 팔 수 있는 물건도 모두 떨어졌다네. 그래서 개구리라도 구워 먹으려고 그러는 것이네."

그때 농부의 귓가에 개구리들의 울음소리가 들렸습니다.

㉠"개굴 개굴"

농부는 순간 개구리들이 너무나도 불쌍하게 여겨졌습니다.

"이보게! 내가 얻은 쌀과 개구리들을 바꾸는 것은 어떤가?"

"아니, 자네 농담하는 것이 아닌가? 그 귀한 쌀을 개구리와 바꾸자고?"

"농담이 아니네. 자, 여기 쌀을 줄 테니 개구리를 주시게."

마을 사람은 기뻐하는 표정으로 농부에게 개구리가 든 자루를 주었습니다. 그리고 쌀을 받아 신나게 집으로 향했습니다. 농부는 개구리가 들어있는 자루를 가지고 개울가로 향했습니다. 개울가에 도착한 농부는 개울가에 개구리들을 풀어주었습니다.

그 때, 개구리 한 마리가 개울물 속에서 바가지 하나를 입에 물고 와서 농부에게 주며 말했습니다.

"농부님! 이 바가지를 가지고 가세요. 분명 좋은 일이 생길 거예요."

"그래, 고맙구나. 물 뜰 때 사용하면 되겠구나."

농부는 바가지를 들고 집으로 갔습니다. 집에 돌아가자 아내가 농부에게 말했습니다.

"여보, 왜 이렇게 늦으셨나요? 오늘 얻어 오신다는 쌀은 어디에 있나요?"

"미안해요. 오는 길에 개구리들이 너무 불쌍해 보여서 쌀과 바꾸었어요. 그리고 개구리에게 바가지만 얻어 왔어요."

"바가지라니, 지금 당장 먹을 것이 없는데. 정말 걱정이네요."

아내는 바가지를 들고 실망한 표정으로 부엌으로 갔습니다. 잠시 후 아내가 기쁜 목소리로 농부에게 말했습니다.

"여보! 여보! 이것 좀 보세요. 바가지로 물을 떴는데, 물이 쌀로 바뀌었어요!"

바가지 안에는 정말 쌀이 한가득 들어있었습니다. 쌀을 다른 곳에 옮기고 다시 바가지로 물을 뜨자, 물은 계속해서 쌀로 바뀌었습니다. 농부가 기뻐하며 말했습니다.

"그 개구리들이 은혜를 갚은 것이군요. 이렇게 고마울 수가 있나!"

"그러게요, 이제 이 바가지만 있으면 우리는 먹을 것을 걱정하지 않아도 되겠어요!"

농부와 아내는 손을 잡고 기뻐했습니다. 한참을 기뻐하던 농부가 말했습니다.

"여보, 이러는 건 어때요? 우리만 기뻐하기 보다는 이 귀한 보물을 마을 사람들과도 함께 나누도록 해요. 그러면 모두가 걱정도 없어질 것이고, 불쌍한 개구리들도 생기지 않을 거예요!"

농부와 아내는 기쁜 마음으로 바가지를 들고 집을 나섰습니다. 그리고 마을 사람들과 함께 쌀을 나누어 먹었습니다. ⓒ농부가 사는 마을은 더 이상 먹을 것을 걱정하지 않아도 되었습니다.

해설편 019쪽

1
중심
생각

이 이야기에 나오는 동물은 무엇인가요?

[ ][ ][ ]

2
요소

이 이야기에서 농부는 개구리를 무엇과 바꾸었나요?

[ ]

3
어휘
표현

밑줄 친 ㉠을 들은 농부의 마음은 어떠했을까요? ------------------------------ [   ]

① 웃김   ② 가여움   ③ 무서움

④ 신기함   ⑤ 부끄러움

4
세부
내용

개구리가 농부에게 준 물건은 무엇이었나요?

[ ][ ][ ]

🧻 어려운 낱말 풀이 ① **흉년** 농사가 제대로 되지 않은 해 凶흉하다 흉 年해 년 ② **식량** 먹을 것 食밥 식 糧양식 량 ③ **은혜** 고맙게 베풀어주는 신세나 혜택 恩은혜 은 惠은혜 혜

5

세부
내용

이 이야기의 순서에 맞게 화살표(→)를 그려 보세요.

농부가 개구리를 잡아오는 마을 사람을 만났다.	개구리가 준 바가지로 물을 뜨니 물이 쌀로 바뀌었다.

개구리 한 마리가 바가지를 입에 물고 와서 농부에게 줬다.

마을에 심한 흉년이 찾아 왔다.

농부가 쌀과 개구리를 바꿨다.	농부가 개구리를 개울에 풀어줬다.

바가지에서 나온 쌀을 마을 사람들과 나누었다.

6

추론
적용

밑줄 친 ⓛ의 까닭을 주어진 내용에 맞게 써 보세요.

[　][　][　] 로 물을 뜨면 계속해서 물이 [　] 로 바뀌기 때문입니다.

7

중심
생각

이 이야기를 통해 얻을 수 있는 배울 점을 바르게 말하는 친구는 누구인가요?

[　　　　]

① 지은: 음식을 아껴 먹어야 합니다.

② 현택: 위험한 동물은 조심해야 합니다.

③ 지영: 자신의 할 일을 계속 미루지 않아야 합니다.

④ 용준: 어려움에 처한 대상을 불쌍히 여기고 도와주면 좋은 일이 생깁니다.

⑤ 태원: 자신이 한 일에 대해 남에게 거짓말을 하게 되면 나쁜 일이 생깁니다.

본문에 나온 어휘들만 따로 모아 복습하는 순서입니다.

[1단계] 아래의 낱말에 알맞은 뜻을 선으로 이어 보세요.

[1] 흉년 •　　　　　• ㉠ 고맙게 베풀어주는 신세나 혜택

[2] 식량 •　　　　　• ㉡ 농사가 제대로 되지 않은 해

[3] 은혜 •　　　　　• ㉢ 먹을 것

[2단계] 아래 문장의 빈칸에 알맞은 낱말을 [보기]에서 찾아서 써 넣으세요.

[보 기]　　　흉년　　　식량　　　은혜

[1] 이 ☐☐ 를 어떻게 다 보답해야 할까요?

[2] 전쟁이 일어나면 굶지 않아야 하기 때문에 ☐☐ 을 챙겨야 했다.

[3] 올해는 ☐☐ 이 아니라서 정말 먹을 것이 많구나!

[3단계] [보기]를 보고 문제에서 묻고 있는 낱말을 이 글에서 찾아 쓰세요.

[보 기]　　　바닷가 = 바다 + 가
　　　　　　　'가'는 '가장자리' 또는 '주변'을 뜻합니다.

[1] 귀의 가장자리 → ☐ 가

[2] 개울의 주변 → ☐☐ 가

시간 　끝난 시간 ☐ 시 ☐ 분
　　　1회분 푸는 데 걸린 시간 ☐ 분

채점 　독해 7문제 중 ☐ 개
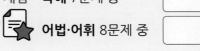　어법·어휘 8문제 중 ☐ 개

← 스스로 붙임딱지
문제를 다 풀고
맨 뒷장에 있는
붙임딱지를
붙여보세요.

7
주
35
회

해
설
편
0
1
9
쪽

전화를 걸 땐, 먼저 자기를 상대방에게 알려야 해요.

요즘은 전화를 받을 때, 핸드폰에 전화를 건 사람이 누구인지 이름이나 전화번호가 나옵니다. 당연히 전화를 받은 사람이 전화를 건 사람이 누군지 알 것이라고 생각하곤 합니다. 그래서 전화를 걸었을 때, 내가 누구인지 밝히지 않습니다. 하지만 전화를 할 땐, 자신이 누구인지 상대에게 밝히는 것이 예의입니다.

> 여보세요? 저는 하은이라고 합니다.
> 지훈이네 집 맞나요? 지훈이 있으면 바꿔주세요.

전화를 받을 땐, "여보세요."라고 대답해요.

처음 전화를 받을 땐, 상대가 누구인지 모를 때가 있습니다. 아니면 상대방 전화번호가 핸드폰에 나오더라도 그 사람이 전화를 건 것이 아닐 수 있습니다. 그렇기 때문에 상대방이 누구인지 알기 전까진 공손하게 전화를 받아야 합니다.

> 여보세요?

> 응, 맞아. 서윤아, 안녕?

> 여보세요? 저는 서윤이라고 합니다.
> 건우 핸드폰 맞나요?

전화를 할 때에도 인사를 잘해야 해요.

전화를 할 때에도 인사를 잘해야 합니다. 마치 직접 만났을 때와 같이 예의 바르게 인사를 해야 합니다. 상대방이 보이지 않는다고 해서 하고 싶은 말을 아무렇게 하면 안 됩니다.

> 그래, 그럼 내일 학교에서 보자. 안녕~!

> 응, 그래. 내일 보자. 안녕~!

8주차

주 간 학 습 계 획 표

한 주 간의 계획을 먼저 세워보세요. 매일 학습을 마친 후 맞힌 문제의 개수를 쓰세요!

회차	영역	학습 내용	학습계획일	맞은 문제수
36회	독서 역사	밸런타인데이 밸런타인데이에 대한 설명문입니다. 밸런타인데이가 왜 생겼는지 파악하고 정리해보는 회차입니다.	☐월 ☐일	독해 7문제 중 ☐개 어법·어휘 9문제 중 ☐개
37회	독서 역사	경복궁 탐방 이번 기행문은 한 장소 안에서 여러 건물들을 돌아다니며 쓴 글입니다. 건물별로 글의 내용을 나눠 읽는 것을 학습하는 회차입니다.	☐월 ☐일	독해 7문제 중 ☐개 어법·어휘 9문제 중 ☐개
38회	독서 역사	알프레드 노벨 시간의 흐름이 아닌 한 인물의 업적을 따라 가는 전기문입니다. 때문에 낯설 수도 있는 구조입니다. 업적의 서사를 따라 읽는 법을 배우는 회차입니다.	☐월 ☐일	독해 7문제 중 ☐개 어법·어휘 8문제 중 ☐개
39회	문학 동시	바닷가에서 소라게의 모습을 표현한 시입니다. 바닷가의 소라게를 통해 교훈을 느껴보는 회차입니다.	☐월 ☐일	독해 7문제 중 ☐개 어법·어휘 8문제 중 ☐개
40회	문학 동화	아낌없이 주는 나무 지금까지의 글 중 가장 서사의 시간이 긴 글입니다. 긴 시간의 흐름을 놓치지 않고 독해해보는 회차입니다.	☐월 ☐일	독해 7문제 중 ☐개 어법·어휘 8문제 중 ☐개

독서 | 설명문

36회

공부한 날 [ ]월[ ]일
시작 시간 [ ]시[ ]분

독해력 2단계 36회
▲ QR코드를 찍으면
지문 읽기를 들을 수 있어요

(가) 여러분은 친구들이나 가족들에게 사랑하는 마음을 어떻게 표현하나요? 사랑하는 사람들에게 밸런타인데이에 선물을 보내 본 적이 있나요? 전 세계의 많은 사람들이 2월 14일 밸런타인데이를 즐깁니다. 이날 미국, 영국, 캐나다의 어린이들은 친구들과 우정을 나누는 밸런타인데이 카드를 **교환**①합니다. 이탈리아에서는 밸런타인데이를 기념일로 크게 축하합니다. 이날은 가족, 친척, 친구 등 주변의 소중한 사람들에게 평소에 전하지 못한 사랑의 마음을 표현하는 날입니다.

(나) 밸런타인데이는 처음에 **고대**② 로마의 발렌티누스라는 사람의 이름을 **기리기**③ 위해 만들어졌습니다. 발렌티누스는 로마 황제가 병사들에게 내린 결혼 금지 명령을 ㉠어기고 병사들의 결혼식을 **진행**④해 주었다가 죽임을 당했다고 전해집니다. 이후, 로마 가톨릭 교회는 2월 14일을 사랑하는 **연인**⑤들을 맺어 주다 **희생**⑥된 발렌티누스를 기리는 날로 정하였습니다.

(다) 밸런타인데이가 사랑의 편지를 나누는 것과 어떤 **상관**⑦이 있었는지 정확하게 알 수는 없습니다. 새들이 짝짓기를 하는 시기가 2월 **중순**⑧이기 때문에 밸런타인데이가 사랑을 이루는 날이 되었을 것이라고 사람들은 짐작하고 있습니다.

어려운 낱말 풀이 | ① **교환** 서로 바꾸거나 주고받음 交사귈 교 換바꿀 환 ② **고대** 옛 시대 古옛 고 代대신할 대 ③ **기리기** 칭찬하고 기억하기 ④ **진행** 일을 처리해 나감 進나아갈 진 行갈 행 ⑤ **연인** 서로 사랑하는 관계에 있는 두 사람 戀사랑할 연 人사람 인 ⑥ **희생** 어떠한 일로 인해 목숨을 잃음 犧희생 희 牲희생 생 ⑦ **상관** 서로 관련을 가짐. 혹은 그 관계 相서로 상 關관계 관 ⑧ **중순** 한 달의 11일부터 20일까지의 열흘간 中가운데 중 旬열흘 순

1

추론

이 글은 왜 쓰여졌나요? ───────────────────────── [　　　　]

① 어떤 정보를 주기 위해

② 누군가를 설득하기 위해

③ 잘못한 일을 사과하기 위해

④ 오늘 일어난 일들을 기억하기 위해

⑤ 중요한 일을 누군가에게 부탁하기 위해

2

중심
생각

이 글은 무엇에 관한 글인가요?

☐☐☐☐☐☐

3

세부
내용

이 글에 대한 설명 중 **틀린** 것을 고르세요. ───────────── [　　　　]

① 새들은 2월 중순에 짝짓기를 한다.

② 로마 황제는 결혼을 하지 않은 병사들에게 벌을 주었다.

③ 미국의 어린이들은 친구들과 밸런타인데이 카드를 교환한다.

④ 밸런타인데이는 성직자 발렌티누스의 이름을 기리기 위해 만들어졌다.

⑤ 밸런타인데이가 사랑의 편지를 나누는 풍속과 어떤 상관이 있는지 모른다.

8주
36
회

해설편
0
1
9
쪽

4

구조
알기

윗글의 (가)~(다)의 내용을 표로 다시 정리해보세요.

문단	정리
(가)	전 세계 많은 사람들은 ☐월 ☐☐일의 밸런타인데이를 즐긴다.
(나)	밸런타인데이는 ☐☐☐☐☐라는 사람을 기리기 위한 날이었다.
(다)	밸런타인데이가 ☐☐의 편지를 나누는 것과 어떤 상관이 있는지는 정확하게 알 수 없다.

5 밑줄 친 ㉠ 대신에 쓸 수 있는 표현을 고르세요. --- [   ]

어휘
표현

① 이해하고

② 확인하고

③ 좋아하고

④ 지키지 않고

⑤ 기대하지 않고

6 '옛 시대'를 뜻하는 낱말을 윗글에서 찾아 쓰세요.

어휘
표현

☐☐

7 다음 대화를 보고 알맞은 말을 채워 넣으세요.

내용
적용

> 민정 : 독일에는 슈만 음악대학이라는 곳이 있다고 하네.
>
> 재훈 : 왜 슈만 음악대학인 거야?
>
> 민정 : 힌트를 줄게. 밸런타인데이가 처음 생겼을 때의 목적과 똑같아.
>
> 재훈 : 아하! 그렇다면 ☐☐ 의 이름을 ☐☐☐ 위한 것이겠구나.

[1단계] 아래의 낱말에 알맞은 뜻을 선으로 이어 보세요.

[1] 교환 •   • ㉠ 하지 못하게 함

[2] 연인 •   • ㉡ 서로 바꾸거나 주고받음

[3] 금지 •   • ㉢ 서로 사랑하는 관계에 있는 두 사람

[2단계] 아래 문장의 빈칸에 알맞은 낱말을 [보기]에서 찾아서 써 넣으세요.

[보 기]	교환	연인	금지

[1] 약속을 어겼으니, 오늘부터 게임 ☐☐ 다!

[2] 너의 신발과 나의 시계를 ☐☐ 하지 않을래?

[3] 저 둘은 분명 ☐☐ 관계 일 거야!

[3단계] 문제의 빈칸에 아래 [보기]의 단어를 채워 넣으세요.

[보 기]	초순	중순	하순
('초'는 처음, '중'은 중간, '하'는 끝을 뜻함)			

[1] 매달 21일부터 마지막 날까지 : ☐☐

[2] 매달 1일부터 10일까지의 열흘간 : ☐☐

[3] 매달 11일부터 20일까지의 열흘간 : ☐☐

시간 **끝난 시간** ☐시 ☐분

1회분 푸는 데 걸린 시간 ☐분

채점 **독해** 7문제 중 ☐개

어법·어휘 9문제 중 ☐개

◀ 스스로 붙임딱지
문제를 다 풀고
맨 뒷장에 있는
붙임딱지를
붙여보세요.

8주
36
회

해설편 019쪽

독서 | 기행문

37회

공부한 날 [ ]월 [ ]일
시작 시간 [ ]시 [ ]분

독해력 2단계 37회
▲ QR코드를 찍으면
지문 읽기를 들을 수 있어요

↑ 경복궁의 모습. 맨 앞에 있는 것이 광화문이다.

개교기념일에 가족들과 지하철을 타고 경복궁에 다녀왔다. 경복궁은 조선시대에 왕이 살던 가장 중요한 궁궐이다. 임진왜란 때 불에 타서 왕들은 한동안 다른 궁을 사용했었지만 흥선대원군이 다시 지었다고 한다.

경복궁역에서 내려서 밖으로 나와 보니 경복궁의 정문인 광화문이 보였다. 광화문은 6·25 전쟁 때 망가졌다가 2010년에 다시 오늘날의 자리에 **복원**되었다고 한다. 광화문을 지나고 나니 근정전이 보였다. 근정전은 경복궁에서 가장 크고 **웅장한** 건물이다. 이곳에서는 중요한 국가 행사를 치르고, 여러 가지 나랏일을 **논의**했다고 한다. 근정전 안에 있는 왕이 앉던 화려한 의자가 정말 멋져 보였다.

그 다음에는 경회루에 갔다. 경회루는 **인공** 연못 안에 떠 있는 건물로, **연회**를 하던 곳이었다. 건물은 2층으로 되어 있었다. 연못과 경회루를 보니 **사극**에서 왕이 연못을 구경하고 있거나, 경회루 안에서 화려한 잔치를 하는 장면이 떠올랐다.

마지막으로 건청궁을 구경했다. 건청궁은 흥선대원군이 경복궁을 다시 지으면서 새롭게 지은 건물이다. 이곳은 우리나라 최초로 전등을 밝힌 곳으로도 유명하다. 한편 안내해 주시는 선생님께서 여기가 명성황후가 일본인들에게 죽임을 당한 곳이라고 하셨다. 그 이야기를 들으니 마음이 아팠다.

↑ 경복궁 근정전

경복궁은 밤에도 정말 아름다운 풍경을 자랑한다고 한다. 이번에는 낮에 와서 밤의 풍경은 보지 못했지만, 나중에 꼭 한번 보고 싶다.

🧻 어려운 낱말 풀이 | ① **개교** 학교를 세움 開열 개 校학교 교 ② **복원** 원래대로 회복함 復돌아올 복 元으뜸 원 ③ **웅장한** 거대하고 화려한 雄수컷 웅 壯씩씩할 장- ④ **논의** 서로 의견이나 생각을 나눔 論말할 논 議의견 의 ⑤ **인공** 사람이 만든 人사람 인 工장인 공 ⑥ **연회** 여러 사람이 모여서 음식과 술을 먹으면서 노는 모임 宴잔치 연 會모일 회 ⑦ **사극** 역사를 주제로 한 드라마 史역사 사 劇연극 극

1 이 글에서 가장 중심이 되는 낱말을 이 글에서 찾아 쓰세요.

중심
생각

□ □ □

2 이 글을 쓴 까닭은 무엇인가요? ────────────────── [   ]

추론

① 감사를 표시하기 위해

② 누군가를 설득하기 위해

③ 어떠한 일을 부탁하기 위해

④ 잘못한 일을 반성하기 위해

⑤ 다녀온 곳을 설명하고 생각과 느낌을 표현하기 위해

8주 37회

해설편 020쪽

3 글을 읽고 글쓴이의 여행을 정리해보세요.

세부
내용

(1) 누구와 갔나요? □ □

(2) 언제 갔나요? □ □ □ □ □

(3) 무엇을 타고 갔나요? □ □ □

4 글쓴이가 간 곳을 순서대로 정리해보세요.

구조
알기

(가) 경회루　　　(나) 근정전　　　(다) 건청궁　　　(라) 광화문

□ → □ → □ → □

5

세부
내용

지문에 따르면 아래 사진은 무엇일까요?

6

내용
적용

아래의 건물 이름과 설명을 알맞게 선으로 이어 보세요.

(1) 광화문 •   • ㉠ 여러 가지 정책을 논의한 건물

(2) 근정전 •   • ㉡ 우리나라 최초로 전등을 밝힌 곳

(3) 경회루 •   • ㉢ 인공 연못 안에 떠 있는 건물

(4) 건청궁 •   • ㉣ 경복궁의 정문

7

추론

이 글을 읽고 친구들이 대화를 나누었습니다. 맞지 <u>않은</u> 내용을 말하는 친구를 고르세요.
[   ]

① 은지 : 경회루의 연못은 사람이 만든 거래.

② 동수 : 광화문도 전쟁 때 망가진 적이 있다고 하네.

③ 미정 : 경복궁은 임진왜란 때 불에 탔었구나.

④ 지선 : 건청궁에서 명성황후가 일본인들에게 죽임을 당했어.

⑤ 진기 : 경복궁은 밤에는 캄캄해서 볼 게 없을 테니 낮에 가길 잘했군.

[1단계]   아래의 낱말에 알맞은 뜻을 선으로 이어 보세요.

[1] 복원 •   • ㉠ 역사를 주제로 한 드라마

[2] 인공 •   • ㉡ 원래대로 회복함

[3] 개교 •   • ㉢ 사람이 만든

[4] 사극 •   • ㉣ 학교를 세움

[2단계]   아래 문장의 빈칸에 알맞은 낱말을 [보기]에서 찾아서 써 넣으세요.

[보기]   복원   인공   사극

[1] 나는 역사에 관심이 많아서 드라마도 ☐☐ 이 제일 재미있어.

[2] 얼른 이 컴퓨터를 다시 원래 상태로 ☐☐ 시키자.

[3] 경회루의 연못은 ☐☐ 연못이다.

[3단계]   밑줄 친 말을 다른 말로 알맞게 바꾸어 쓰세요.

[1] 근정전은 경복궁에서 가장 크고 화려한 건물이다.

   → 근정전은 경복궁에서 가장 웅☐ 한 건물이다.

[2] 경회루는 사람이 만든 연못 안에 떠 있는 건물이다.

   → 경회루는 인☐ 연못 안에 떠 있는 건물이다.

시간   끝난 시간 ☐시 ☐분   채점 독해 7문제 중 ☐개

1회분 푸는 데 걸린 시간 ☐분   어법·어휘 9문제 중 ☐개

← 스스로 붙임딱지
문제를 다 풀고
맨 뒷장에 있는
붙임딱지를
붙여보세요.

해설편 020쪽

38회

독서 | 전기문 |

공부한 날 [ ]월[ ]일
시작 시간 [ ]시[ ]분

2단계 38회 16쇄

▲ QR코드를 찍으면
지문 읽기를 들을 수 있어요

1888년. 스웨덴의 한 신문에 이런 제목의 기사가 났습니다.

"죽음의 상인①, 죽다."

이 기사를 본 알프레드 노벨은 충격을 받았습니다. 죽음의 상인은 사람들이 자신을 부르는 별명이었기 때문입니다.

↑ 다이너마이트

신문의 기사는 잘못된 기사②였습니다. 알프레드 노벨이 아닌 노벨의 형이 죽은 것을 착각③해 쓴 기사였습니다. 노벨은 형의 죽음도 슬펐지만 사람들이 자신을 '죽음의 상인'으로 부른다는 사실도 슬펐습니다.

알프레드 노벨은 다이너마이트를 발명④한 사람입니다. 다이너마이트는 우리말로 하면 폭약입니다. 폭약은 강력한 힘으로 터지는 물건입니다. 노벨은 공사를 안전하고 쉽게 하기 위해서 다이너마이트를 발명했습니다. 터널 공사를 할 때, 산속에 다이너마이트를 터뜨려서 구멍을 쉽게 뚫을 수 있었습니다. 뿐만 아니라 철길을 놓거나 운하⑤를 만들 때도 사용됐습니다. 노벨은 다이너마이트를 발명해서 큰돈을 벌었습니다.

(가) 다이너마이트는 전쟁에도 사용됐습니다. 강력하고 편리한 다이너마이트는 사람을 예전보다 더 손쉽게 그리고 더 많이 죽일 수 있었습니다. 사람들은 다이너마이트 때문에 전쟁에서 더 많은 사람이 죽게 됐다고 생각했습니다. 사람들은 다이너마이트를 만든 노벨을 미워하기 시작했습니다. 그래서 노벨을 '죽음의 상인'으로 불렀던 것이었습니다.

사실 노벨은 평화를 사랑한 사람이었습니다. 노벨은 다이너마이트의 강력한 폭발력 때문에 사람들이 전쟁을 무서워할 것이라고 생각했습니다. 자신의 비서가 평화 운동⑥을 할 때, 많은 돈을 지원⑦해 주기도 했습니다.

노벨은 세계의 평화를 지키기 위해 노벨상을 만들기로 했습니다. 자기 재산의 94%를 노벨상의 상금으로 내놓았습니다. 노벨상은 인류 문명⑧에 이바지⑨한 사람에게 주어지는 상입니다. 많은 사

↑ 노벨상 메달

람들이 노벨상을 받기 위해 인류 문명에 이바지하기를 바랐던 것입니다. 노벨의 그 **바람**^⑩은 지금까지 이어지고 있습니다.

1 이 글의 중심 내용은 무엇인가요? .... [   ]

중심
생각

① 죽음의 상인　　　　　　　　② 전쟁과 다이너마이트

③ 다이너마이트의 발명　　　　④ 노벨상이 만들어진 까닭

⑤ 노벨상을 받기 위해 할 일

2 노벨에 대한 설명으로 맞는 것에 〇표를, 맞지 않는 것에 ×표를 하세요.

세부
내용

(1) 노벨상을 만들었다. .... [   ]

(2) 1888년에 죽었다. .... [   ]

(3) 다이너마이트를 발명했다. .... [   ]

(4) 노벨상을 맨 처음 받은 사람이다. .... [   ]

(5) 평화운동에 관심이 없었다. .... [   ]

3 다음 중 빈칸 (가)에 들어갈 알맞은 낱말을 고르세요. .... [   ]

세부
내용

① 그리고　　　　　　② 그래서　　　　　　③ 그러므로

④ 하지만　　　　　　⑤ 때문에

4 [보기]의 설명에 알맞은 낱말을 이 글에서 찾아서 써 보세요.

어휘
표현

| [보 기] | □ 다이너마이트의 우리말 | □ 강력한 힘으로 터지는 물건 |

[ ] [ ]

해설편 020쪽

🧻 어려운 낱말 풀이 ① **상인** 장사꾼 商장사 상 人사람 인 ② **기사** 신문에 실려서 사실을 알리는 글 記기록할 기 事일 사 ③ **착각** 어떤 사실을 잘못 아는 것 錯어긋날 착 覺깨달을 각 ④ **발명** 아직까지 없는 기술이나 물건을 새로 만들어 냄 發펼 발 明밝을 명 ⑤ **운하** 육지에 파놓은 물길 運돌 운 河강 하 ⑥ **평화 운동** 전쟁을 막고 세계의 평화를 지키기 위한 운동 平평할 평 和화할 화 運돌 운 動움직일 동 ⑦ **지원** 어떤 사람이나 단체가 하는 일에 찬성하여 도와줌 支지탱할 지 援도울 원 ⑧ **인류 문명** 세계의 모든 사람이 발전시킨 기술과 문화 人사람 인 類무리 류 文글 문 明밝을 명 ⑨ **이바지** 도움이 되게 함 ⑩ **바람** 어떤 일이 이루어지길 바라는 마음

5 구조 알기

다음은 노벨이 노벨상을 만들게 된 과정입니다. 순서대로 정리해보세요.

> (가) 다이너마이트를 발명함
> (나) 다이너마이트로 큰돈을 벎
> (다) 세계 평화를 위해 노벨상을 만듦
> (라) 노벨이 '죽음의 상인'으로 불리게 됨
> (마) 다이너마이트가 전쟁에 쓰여 많은 사람이 죽음

☐ → ☐ → ☐ → ☐ → 다

6 내용 적용

노벨이 노벨상을 만든 까닭은 무엇인가요?

자기가 발명한 ☐☐☐☐☐ 때문에 세계 평화가

망가졌다고 생각했기 때문입니다. 노벨은 사람들이 세계의 평화에

큰 관심을 갖길 바라는 마음으로 ☐☐☐ 을 만들었습니다.

7 추론

다음은 노벨의 유언장입니다. 노벨상과 관련된 문장을 고르세요. ⋯⋯⋯⋯⋯⋯ [   ]

> **유언장**
>
> ①나 알프레드 노벨은 이 유언장에 내가 남기게 될 재산이 어떻게 쓰일지 밝힌다. ② 내 조카들은 각각 십만 크라운에서 이십만 크라운을 받게 된다. ③내 집에서 일하는 하인들은 각각 천 프랑의 **연금**을 받게 된다. ④나머지 재산으로는 돈을 마련해 그 이자로 매년 인류를 위해 이바지한 사람들에게 상과 상금을 주어야 한다. ⑤마지막으로 내가 죽거든 **화장**해 줄 것을 부탁한다.

 어려운 낱말 풀이 | ① **유언장** 죽기 전에 남기는 말을 담은 글 遺남길 유 言말씀 언 狀문서 장 ② **연금** 매년 주는 돈 年해 년 金돈 금 ③ **화장** 시신을 불에 태워 장례를 지내는 것 火불 화 葬장례 장

[1단계] **아래의 낱말에 알맞은 뜻을 선으로 이어 보세요.**

[1] 유언 •   • ㉠ 어떤 사람이나 단체가 하는 일에 찬성하여 도와줌

[2] 기사 •   • ㉡ 신문에 실려서 사실을 알리는 글

[3] 지원 •   • ㉢ 죽기 전에 남기는 말

[2단계] **밑줄 친 말을 다른 말로 알맞게 바꾸어 쓰세요.**

[1] 노벨은 자신의 별명이 '죽음의 <u>장사꾼</u>'이란 사실이 슬펐다.

　　→ 노벨은 자신의 별명이 '죽음의 　상　　　'이란 사실이 슬펐다.

[2] 노벨은 많은 사람들이 세계 평화에 <u>도움이 되기</u>를 바랐다.

　　→ 노벨은 많은 사람들이 세계 평화에 　이　　　　　하기를 바랐다.

[3] 신문 기사는 노벨의 형이 죽은 것을 <u>잘못 알고</u> 쓴 기사였다.

　　→ 신문 기사는 노벨의 형이 죽은 것을 　착　　　<u>해서</u> 쓴 기사였다.

[3단계] **설명을 읽고 밑줄 친 낱말이 문장에서 쓰인 뜻을 찾아 번호를 쓰세요.**

바람	① 어떤 일이 이루어지길 바라는 마음
	② 공기의 움직임

[1] 산꼭대기에 오르니 <u>바람</u>이 아주 시원하게 불었다. ┄┄┄┄ [　　　]

[2] 우리의 <u>바람</u>은 세계에서 전쟁이 사라지는 것이다. ┄┄┄┄ [　　　]

시간 끝난 시간 　　시 　　분　　**채점** 독해 7문제 중 　　개　　← 스스로 붙임딱지

1회분 푸는 데 걸린 시간 　　분　　　　어법·어휘 8문제 중 　　개　　문제를 다 풀고 맨 뒷장에 있는 붙임딱지를 붙여보세요.

8주 | 38회 175

8주 38회

해설편 020쪽

39회

문학 | 동시 |

공부한 날 [ ]월 [ ]일
시작 시간 [ ]시 [ ]분

독해력 2단계 39회
▲ QR코드를 찍으면
지문 읽기를 들을 수 있어요

바닷가에서

정진채

파도가 밀려간
바위 **틈**^①
소라게가 집을 업고 놀러 나왔다.

㉠동그란 **처마**^② 밑으로
빨갛고 예쁜 발이
햇빛에 반짝인다.

이 넓은 바다의 한쪽에
㉡**요렇게**^③ 작은 꼬마 소라게가

용하게^④ 살고 있다
바다의 한 **식구**^⑤
소라게가

어려운 낱말 풀이 | ① **틈** 벌어진 사이 ② **처마** 지붕이나 껍데기 밑에서 위쪽으로 살짝 들린 부분 ③ **요렇게** 이렇게
④ **용하게** 기특하게, 장하게 ⑤ **식구** 집에서 밥을 함께 먹는 사람들 (=가족) 食밥 식 口입 구

1 시에서 말하는 이는 무엇을 보고 있나요?

중심
생각

바닷가에 있는 ☐ ☐ ☐

2 이 시에서 말하는 이는 어디에 있나요? ──────────────────── [　　　]

요소

① 호수　　　　② 교실　　　　③ 놀이터　　　　④ 바닷가　　　　⑤ 놀이공원

3 아래 선생님의 설명을 듣고 바르게 대답한 친구를 고르세요. ──────────── [　　　]

어휘
표현

> 선생님: 어떤 것을 생생하게 표현하고 싶을 때에는 표현하고자 하는 대상의 색깔, 모
> 양, 감촉, 소리, 맛 등을 이용할 수 있습니다. 즉 우리가 눈, 코, 피부, 귀, 입으
> 로 느낄 수 있는 것들을 이용해서 대상을 좀 더 생생하게 느껴지도록 하는 것
> 이죠. 밑줄 친 ㉠은 시각적인 것을 이용했습니다. '처마'의 모양이 '동그란' 모
> 양이라는 것을 더 해 주어서, 처마가 어떻게 생겼는지 상상해 볼 수 있게 해줍
> 니다. '뾰족한' 지붕 역시 '뾰족한'이라는 말 덕분에 지붕의 모양을 상상해 볼
> 수 있죠. '모양'을 이용한 표현에는 또 무엇이 있을까요?

① 미선: 향긋한 꽃향기요!

② 현준: 네모난 책상이요!

③ 준영: 시원한 음료수요!

④ 소현: 시끄러운 천둥소리요!

⑤ 혜인: 매콤달콤한 김치찌개요!

4 말하는 이가 소라게를 보고 느꼈을 마음을 적절하게 말한 친구를 고르세요.

작품
이해

> 미정: 바위틈에서 나온 소라게를 보고 물릴까봐 무서웠을 것 같아.
>
> 현일: 바닷가에서 열심히 살아가는 소라게를 보고 기특하게 생각했을 것 같아.
>
> 세희: 집을 잃어버린 소라게를 보고 소라게의 집을 하나 만들어주고 싶었을 것 같아.

☐ ☐

5 밑줄 친 ㉡ 대신 바꿔 쓸 수 있는 표현을 고르세요. ──────────────── [　　　]

어휘
표현

① 환한　　　　② 늦게　　　　③ 일찍　　　　④ 이렇게　　　　⑤ 시끄럽게

6 [보기]의 설명을 읽고 다음 빈칸에 들어갈 표현을 이 시에서 찾아서 써 보세요.

작품
이해

어려운
문제 ★

> [보 기]
>
> 파란 바다 ⟷ 빨간 소라게
>
> 이 시에서 '파란 바다'와 '빨간 소라게'의 색깔이 선명하게 비교됩니다. 이러한 표현 방법을 대비라고 합니다. 대비의 또 다른 예시는 무엇이 있을까요?
>
> '까만 조끼 안에 하얀 셔츠'는 '까만'과 '하얀'의 대비
>
> '넓은 들판에 핀 작은 들꽃'은 '넓은'과 '작은'의 대비
>
> '재빠른 토끼와 느림보 거북이'는 '재빠른'과 '느림보'의 대비
>
> 이렇듯 다양한 방법으로 대비가 가능합니다.

☐☐ 바다 ⟷ ☐☐ 꼬마 소라게

7 이 시를 그림일기로 바꾸었습니다. 빈칸을 알맞게 채워 보세요.

추론
적용

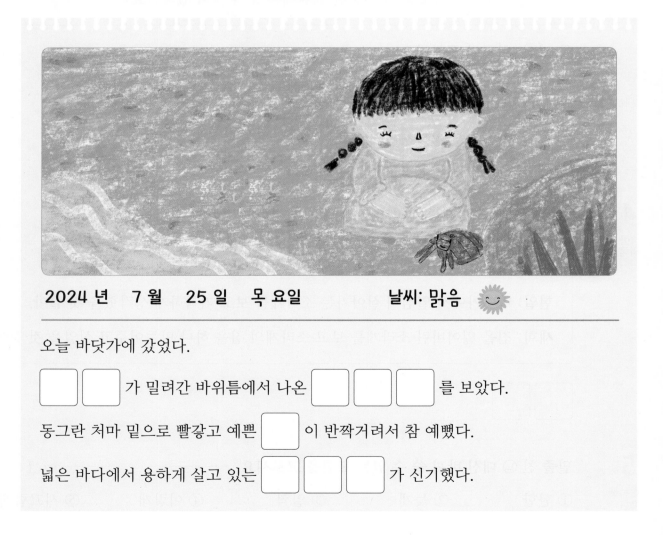

2024 년 7 월 25 일 목 요일   날씨: 맑음 ☀

오늘 바닷가에 갔었다.

☐☐ 가 밀려간 바위틈에서 나온 ☐☐☐ 를 보았다.

동그란 처마 밑으로 빨갛고 예쁜 ☐ 이 반짝거려서 참 예뻤다.

넓은 바다에서 용하게 살고 있는 ☐☐☐ 가 신기했다.

39회 어법·어휘편
본문에 나온 어휘들만 따로 모아 복습하는 순서입니다.

[**1**단계] 아래의 낱말에 알맞은 뜻을 선으로 이어 보세요.

[1] 틈 ·   · ㉠ 집에서 밥을 함께 먹는 사람들

[2] 처마 ·   · ㉡ 지붕이나 껍데기 밑에서 위쪽으로 살짝 들린 부분

[3] 식구 ·   · ㉢ 벌어진 사이

[**2**단계] 빈칸에 알맞은 낱말을 [보기]에서 골라 쓰세요.

> [보 기]   틈   처마   식구

[1] 참새들이 지붕 ☐☐ 에 앉아서 노래한다.

[2] 창문의 ☐ 을 통해 햇빛이 들어온다.

[3] 우리집 강아지도 엄연한 우리 ☐☐ 란다.

[**3**단계] 아래 문장의 밑줄 친 낱말을 바르게 고쳐 쓰세요.

[1] 동그란 처마 밑으로

→ ☐☐☐

[2] 빨갓고 예쁜 발이

→ ☐☐☐

시간 끝난 시간 ☐시 ☐분   채점 **독해** 7문제 중 ☐개

1회분 푸는 데 걸린 시간 ☐분   **어법·어휘** 8문제 중 ☐개

← 스스로 붙임딱지
문제를 다 풀고
맨 뒷장에 있는
붙임딱지를
붙여보세요.

8주 | 39회 **179**

40회

나무 한 **그루**^①가 있었습니다. 나무는 한 소년을 사랑했습니다. 소년은 나무의 나뭇잎을 주워 모아 숲의 왕 **노릇**^②을 하였습니다. 나무는 행복했습니다.

시간이 흘러갔습니다. 소년도 점점 나이가 들어갔습니다. 나무는 홀로 있을 때가 많아졌습니다. 어느 날, 소년이 나무를 찾아와서 돈이 필요하다고 했습니다. 나무는 사과를 모두 주면서 소년이 돈을 벌 수 있도록 해 주었습니다. 그리고 소년은 오랜 **세월**^③이 지나도록 돌아오지 않았습니다. 나무는 슬펐습니다.

어느 날 소년이 돌아왔습니다. 소년은 집이 필요하다고 했습니다. 나무는 가지를 모두 주어 소년이 집을 짓도록 해주었습니다. 나무는 행복했습니다. 소년은 또다시 오랫동안 돌아오지 않았습니다.

그러다가 소년이 돌아와서 배가 한 **척**^④ 있으면 좋겠다고 했습니다. 나무는 자신의 줄기로 배를 만들도록 해 주었습니다. 나무는 행복했지만 소년은 오랫동안 돌아오지 않았습니다.

아주 오랜 세월 후 소년이 돌아왔습니다. 나무는 더 이상 소년에게 줄 수 있는 게 없었습니다. 소년은 편히 앉아서 쉴 곳만 있으면 좋겠다고 했습니다. 나무는 소년에게 자신의 밑동을 **마련**^⑤해 주어서 소년이 쉴 수 있도록 해주었습니다. ㉠나무는 행복했습니다.

– 셸 실버스타인, 「아낌없이 주는 나무」

 어려운 낱말 풀이 | ① **그루** 식물, 특히 나무를 세는 단위 ② **노릇** 맡은 바 ③ **세월** 흘러가는 시간 歲해 세 月달 월 ④ **척** 배를 세는 단위 隻외짝 척 ⑤ **마련** 헤아려서 갖춤

1
요소

이야기의 등장인물은 누구인가요?

☐☐ , ☐☐

2
요소

나무는 소년에 대해 어떻게 생각했나요?

나무는 소년을 ☐☐ 하였다.

3
작품
이해

나무가 홀로 있을 때가 많아진 까닭은 무엇인가요? ─────────── [   ]

① 소년과 싸워서

② 소년이 자라면서 바빠져서

③ 소년이 나무를 싫어하게 되어서

④ 나무가 다른 곳으로 옮겨지게 되어서

⑤ 소년이 아주 먼 곳으로 이사를 가게 되어서

4
세부
내용

나무가 소년에게 준 것들을 순서대로 써 보세요.

[ㄴ ㅁ ㅇ] → [ㅅ ㄱ] → [ㄱ ㅈ] → [ㅈ ㄱ] → [ㅁ ㄷ]

5

세부
내용

밑줄 친 ㉠의 까닭으로 가장 알맞은 것을 고르세요. ────────────────[   ]

① 소년이 아직 살아있어서

② 소년이 뛰어놀 수 있어서

③ 소년에게 먹을 것을 줄 수 있어서

④ 소년에게 아직 도움을 줄 수 있어서

⑤ 소년이 큰 부자가 되어 나무에게 돌아와서

6

추론
적용

나무의 성격과 비슷한 경우를 고르세요. ───────────────────[   ]

> ㉠ 무엇이든지 열심히 노력하는 운동선수
>
> ㉡ 자식들을 위해 무엇이든지 주고 싶어 하는 부모님
>
> ㉢ 학생들의 잘못된 부분이나 행동을 바로잡아주는 선생님

① ㉠   ② ㉡   ③ ㉢   ④ ㉠, ㉡   ⑤ ㉡, ㉢

7

작품
이해

이야기를 읽고 친구들이 대화를 나누었습니다. 이야기와 <u>다른</u> 말을 하는 친구를 고르세요.
──[   ]

① 지훈 : 소년은 나무에게 너무 받기만 하는 것 같아.

② 현아 : 소년이 점점 찾아오지 않을 때 나무가 참 쓸쓸했겠다.

③ 우석 : 맞아. 오랜만에 소년이 찾아왔을 때는 얼마나 반가웠을까?

④ 다은 : 이야기를 읽으니 왜 제목이 아낌없이 주는 나무인지 알 것 같아.

⑤ 민지 : 나무가 줄 게 없다고 하자 소년이 화를 냈을 때 나무는 얼마나 슬펐을까?

본문에 나온 어휘들만 따로 모아 복습하는 순서입니다.

[1단계] 아래의 낱말에 알맞은 뜻을 선으로 이어 보세요.

[1] 노릇 •　　　　　• ㉠ 헤아려서 갖춤

[2] 세월 •　　　　　• ㉡ 맡은 바

[3] 마련 •　　　　　• ㉢ 흘러가는 시간

[2단계] 빈칸에 알맞은 낱말을 [보기]에서 골라 쓰세요.

[보 기]　　　　노릇　　　세월　　　마련

[1] ☐☐ 이 흐르면서 세상도 변해간다.

[2] 선생님께서 우리를 위해 함께 공부할 공간을 ☐☐ 해 주셨다.

[3] 어머니께서 늦게 오셔서 오늘은 내가 동생들의 엄마 ☐☐ 을 하였다.

[3단계] 다음은 '잠'에 대한 설명입니다. 빈칸을 채워보세요.

[1] 아침에 늦게까지 자는 잠 : ☐잠

[2] 낮에 자는 잠 : ☐잠

시간　끝난 시간 ☐시 ☐분　　채점　독해 7문제 중 ☐개

🕐 1회분 푸는 데 걸린 시간 ☐분　　　　어법·어휘 8문제 중 ☐개

← 스스로 붙임딱지
문제를 다 풀고
맨 뒷장에 있는
붙임딱지를
붙여보세요.

8주 | 40회 183

8
주
40
회

해설편
021
쪽

다리를 뻗고 자다

어느 날 왕이 성의 건축가를 불러 슬그머니 물었습니다.

"사람들이 왜 당신을 〈생각 없는 사람〉이라고 부르는 것이오?"

"그건 제가 아무런 걱정이 없기 때문입니다. 하인들이 모든 일을 잘 처리해주지요."

"음, 그렇다면 당신은 할 일이 전혀 없는 사람이군. 내가 당신에게 할 일을 하나 주겠소. 나를 위해 하늘에 있는 별의 개수가 모두 몇 개인지 세어 주시오. 만약 삼 일 안에 모두 몇 개인지 말 못한다면 당신은 죽음을 면치 못할 것이오."

건축가는 밥도 먹지 않고 잠도 자지 않고 별만 세었습니다. 금세 삼 일이 지났지만 건축가는 별이 모두 몇 개인지 알 수 없었습니다. 그는 절망에 빠졌지요.

그때, 늙은 하인이 나타나 건축가의 걱정거리가 무엇인지 물었습니다. 건축가는 하인에게 모든 이야기를 털어놓았습니다. 늙은 하인은 잠시 생각에 잠기더니 해결책을 떠올렸습니다. 건축가는 늙은 하인과 함께 곧바로 왕을 찾아갔습니다.

"어서 오시오, 건축가. 별의 개수를 알아왔겠지. 자, 하늘의 별이 모두 몇 개요?"

늙은 하인이 소가죽을 가져와 왕 앞에 펼치자 하인이 일러준 대로 건축가가 말했습니다.

"폐하, 지난 삼 일 동안 저는 별의 개수를 다 세어보았습니다. 하늘에 있는 별은 이 소가죽의 털 만큼 많습니다. 의심이 나시면 직접 세어보시지요."

왕은 건축가의 대답에 반박할 말이 생각나지 않았습니다. 현명한 답변이라 생각했지요.

"별을 세느라 수고 많았소. 이제 돌아가서 아무런 생각 없이 오래오래 사시오."

건축가는 즐거운 마음으로 돌아왔습니다. 그는 늙은 하인에게 감사했습니다.

"자네 덕분이야, 정말 고맙네. 이제야 <u>다리를 뻗고 잘 수 있겠어.</u>"

"다리를 뻗고 자다"라는 것은 마음 놓고 편히 잔다는 말이에요. 무언가 마음이 불안하거나 불편할 때는 몸을 웅크리게 되거든요. 그래서 이 말은 마음 편히 잔다는 뜻으로 쓴답니다. 건축가는 걱정거리를 해결했으니 그만큼 마음이 편해진 것이지요.

'다리'와 관련된 또 다른 관용 표현

다리를 들리다 미리 손쓸 기회를 빼앗기다. | **다리가 길다** 음식 먹는 자리에 우연히 가게 되어 먹을 복이 있다.

뿌리깊은 초등국어 독해력

낱말풀이 놀이

놀이를 하면서 그동안 공부했던 낱말을 복습해 보세요.

놀이 준비하기

뒤쪽에 있는 카드는 **점선에 따라 자른 후**
문제가 있는 면을 위로 하여 쌓아 두세요.

자른 카드는
**낱말풀이 카드
두는 곳**에
쌓아 두세요.

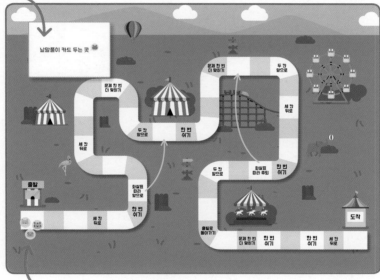

놀이 방법 설명서 뒤쪽에
놀이판이 있습니다.

카드가 있는 쪽의 첫 번째 칸에
놀이용 말 🐐🐰🐹🐑🐶🐭이 있습니다.
사람 수대로 잘라 **출발 칸**에 두세요.

※칼이나 가위를 쓸 때는 꼭 부모님과 함께 하세요.

놀이하는 방법

❶ 가위바위보 등을 하여 순서를 정하세요.
❷ 순서대로 가장 위에 있는 카드의 문제를 보고 맞히세요.
❸ 처음 문제를 본 친구가 문제를 풀지 못하면 다음 순서로 넘어갑니다.
❹ 문제를 풀었다면 카드에 적힌 숫자만큼 놀이말을 움직이세요.
❺ 만약 모든 친구가 문제를 풀지 못했다면 그 카드를 맨 밑에 넣으세요.
❻ 가장 먼저 도착한 친구가 승리하는 놀이입니다.

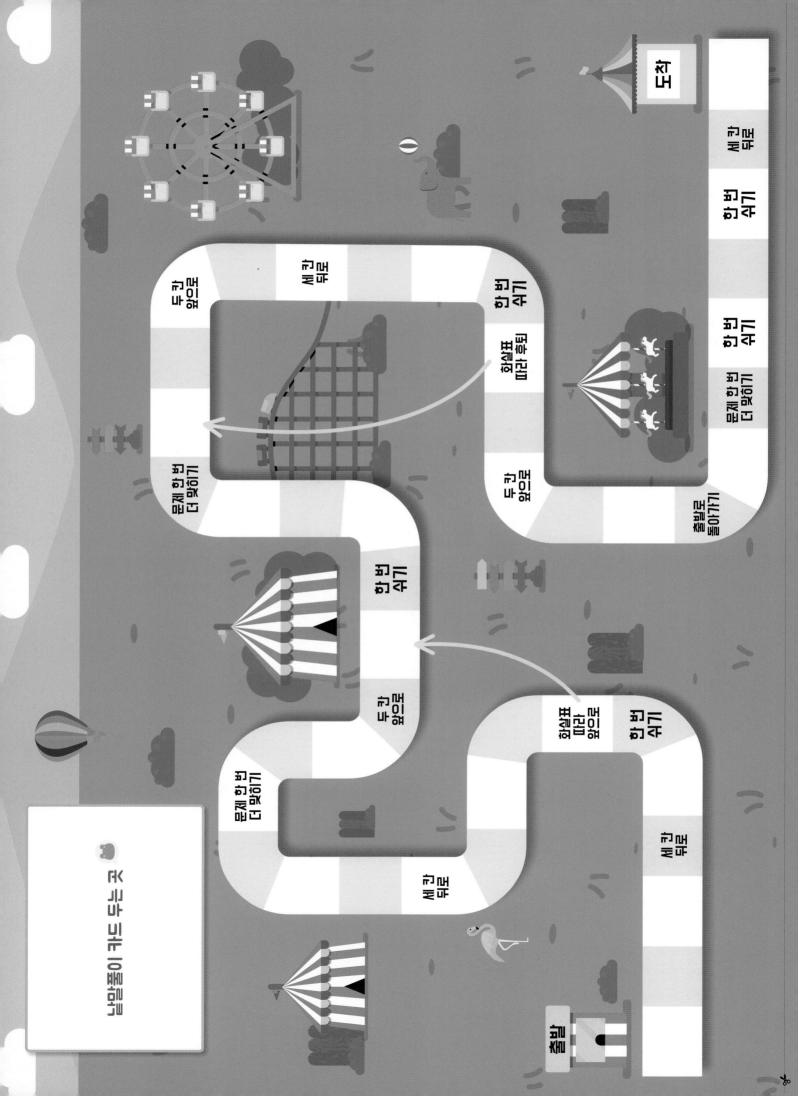

낱말풀이 카드 두는 곳

도착

세 칸 뒤로

한 번 쉬기

한 번 쉬기

문제 한 번 더 맞히기

두 칸 앞으로

세 칸 뒤로

화살표 따라 올라가기

한 번 쉬기

문제 한 번 더 맞히기

출발로 돌아가기

두 칸 앞으로

한 번 쉬기

문제 한 번 더 맞히기

두 칸 앞으로

화살표 따라 두 칸 앞으로

한 번 쉬기

세 칸 뒤로

세 칸 뒤로

출발

하루 15분 국어 독해력의 기틀을 다지는

뿌리깊은
초등국어
독해력
정답과 해설

2 단계

초등 1 · 2학년
대상

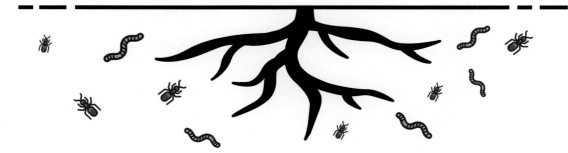

MOTHERTONGUE
마더텅출판사
since1999.4.1.

이 책에 실린 작품

회차	제목	지은이	나온 곳	쪽수
4	새싹들이다	좌승원	한국음악저작권협회 (KOMCA 승인필)	22쪽
9	도토리나무	윤동재	한국문학예술저작권협회	44쪽
10	이름 짓기 가족회의	허윤	한국문학예술저작권협회	48쪽
14	발가락	류호철	한국문학예술저작권협회	66쪽
15	받아쓰기 시험	김대조	한국문학예술저작권협회	70쪽
25	이모의 결혼식	선현경	한국문학예술저작권협회	114쪽
29	고드름	유지영	한국음악저작권협회 (KOMCA 승인필)	132쪽
29	즐거운 여름	김성균	한국음악저작권협회 (KOMCA 승인필)	134쪽
39	바닷가에서	정진채	한국문학예술저작권협회	176쪽
40	아낌없이 주는 나무	셸 실버스타인	시공주니어, 〈아낌없이 주는 나무〉	180쪽

이 책에 쓰인 사진 출처

회차	제목	출처	쪽수
31	앙부일구	https://commons.wikimedia.org/	144쪽
37	경복궁	https://ko.wikipedia.org/wiki/	168쪽
37	근정전	https://incubator.wikimedia.org/File:Gyeongbokgung-GeunJeongJeon.jpg	168쪽
38	노벨 메달	https://en.wikipedia.org/wiki/File:NobelPrize1.jpg	172쪽

하루 15분 국어 독해력의 기틀을 다지는

뿌리깊은
초등국어
독해력
정답과 해설

2 단계
초등 1·2학년
대상

01회 본문 10쪽

1 육하원칙　　2 ③　　　　3 ②
4 육하원칙, 무엇을, 육하원칙, 글
5 원칙　　　　6 정확, 자세　7 ②

어법·어휘편

[1단계]
(1) 방법 - ㉡ 어떤 일을 해 나가거나 목적을 …
(2) 까닭 - ㉠ 일이 생기게 된 이유
(3) 원칙 - ㉢ 어떤 행동에서 지켜야 하는 …

[2단계]
(1) ㉎ 주인공　(2) ㉍ 시간　　(3) ㉣ 장소
(4) ㉢ 대상　　(5) ㉡ 방법　　(6) ㉠ 까닭

[3단계]
(1) 원칙/법칙　(2) 방법/불법　(3) 정확/확인

---

1. 중심 생각을 찾는 문제입니다. 글 전체가 '육하원칙'에 대하여 소개하고 설명하고 있습니다.

2. '얼마나'는 제시되어 있지 않습니다.

3. '언제'는 이야기가 일어난 시간을 나타냅니다.

4. 각 문단의 중심 생각을 구조화한 문제입니다.
　- 1문단 : 육하원칙의 소개
　- 2문단 : 육하원칙의 자세한 설명
　- 3문단 : 글을 쓰거나 읽을 때 육하원칙을 사용하면 좋은 점

5. '원칙'은 어떤 행동이나 이론 따위에서 일관되게 지켜야 하는 기본적인 규칙이나 법칙을 말합니다.

6. 세 번째 문단에 제시되어 있습니다.

7. 일기에 '②어디에서'는 제시되어있지 않습니다.
　①누가 : 나는
　③무엇을 : 달리기 시합을
　④어떻게 : 같은 반 친구들과 팀을 나누어서
　⑤왜 : 다음 달에 있을 운동회를 준비하기 위해서

어법·어휘편 해설

[1단계] '방법'은 어떤 일을 해 나가거나 목적을 이루기 위하여 취하는 수단이나 방식을 말합니다. '까닭'은 일이 생기게 된 원인이나 조건을 말합니다. '원칙'은 어떤 행동이나 이론 따위에서 일관되게 지켜야 하는 기본적인 규칙이나 법칙을 말합니다.

[2단계] 육하원칙의 각 요소들을 다른 낱말로 사용할 수 있습니다.
▷누가 - 주인공, 언제 - 시간, 어디서 - 장소, 무엇을 - 대상, 어떻게 - 방법, 왜 - 까닭

[3단계] 두 단어의 공통된 글자 찾기 문제입니다. 두 단어 중 공통으로 들어갈 글자를 넣어 본 후 뜻이 맞는지 확인 해 봅시다.
　- '원칙'과 '법칙', '방법'과 '불법', '정확'과 '확인'이 짝을 이루고 있습니다.

02회 본문 14쪽

1 사육사
2 ①
3 ④
4 관리, 먹이, 건강, 설명
5 돌봄
6 종류, 시간
7 ⑤

어법·어휘편

[1단계]
(1) 사육 - ㉡ 어린 가축이나 짐승이 자라도록 먹이어 기름
(2) 관리 - ㉠ 사람이나 동식물을 보살펴 돌봄
(3) 생활 - ㉢ 사람이나 동물이 일정한 환경에서 …

[2단계]
(1) 사육　　　(2) 생활　　　(3) 관리

[3단계]
(1) 강의　　　(2) 간호

1~2. 본문은 '사육사'가 하는 여러 가지 일에 대하여 설명하고 있습니다.

3. 사육사의 일 중 '동물을 구경하러 온 사람들의 티켓을 확인합니다.'라는 말은 나와 있지 않습니다.

4. 두 번째 문단에서 다섯 번째 문단까지의 각 문단 중심 생각을 빈칸에 채워 넣어봅시다.

5. 돌보다 : 관심을 가지고 보살피다.

6. 이유는 세 번째 문단에 제시되어 있습니다.

7. 동물들을 돌보는 일이 즐겁고 뿌듯하다는 것을 통해, 사육사는 동물들을 사랑하는 마음이 있어야 한다는 것을 유추할 수 있습니다.

어법·어휘편 해설

[1단계] '사육'은 어린 가축이나 짐승이 자라도록 먹이어 기름을 말합니다. '관리'는 사람이나 동식물을 보살펴 돌보는 일을 말합니다. '생활'은 사람이나 동물이 일정한 환경에서 활동하며 살아감을 말합니다.

[2단계] (1) 동물을 돌봐주는 사람을 '사육'사라고 합니다.
(2) 동물들과 '생활'하는 일은 즐겁습니다.
(3) 가축이 질병에 걸리지 않게 '관리'하는 일이 필요합니다.

[3단계] 무엇인가를 전문적으로 하는 사람을 가리킬 때, 뒤에 ' - 사'를 붙이곤 합니다.
'강사'는 강의를 하는 사람을 말합니다. '간호사'는 간호를 하는 사람을 말합니다.

03회 본문 18쪽

1 강아지
2 ④
3 (1) ○ (2) X (3) X (4) ○ (5) X
4 ④
5 ㉠아푼 → 아픈   ㉡마니 → 많이
6 '갈색', '하늘색'에 ○
7 ⑤

어법·어휘편

[1단계]
(1) 실종 - ㉢ 간 곳이나 있는 곳을 알 수 없게 …
(2) 연락처 - ㉠ 소식을 주고받을 수 있도록…
(3) 수술 - ㉡ 기계를 사용하여 몸의 일부를 자르거나 째거나 조작을 하여 병을 고치는 일

[2단계]
(1) 실종   (2) 연락처   (3) 수술

[3단계]
(1) 모금   (2) 상금   (3) 입금

1~2. 본문은 잃어버린 '강아지'를 찾는 글입니다.

3. ②성별이 수컷이라고 합니다.
③초코는 다리가 아파 잘 걸어 다니지 못합니다.
⑤사진을 보면 하트모양 목걸이를 했다는 것을 알 수 없습니다.

4. '미끄럼틀'이라는 장소를 나타내고 있다는 것을 추측할 수 있습니다.

5. - 아프다 : 몸의 어느 부분이 다치거나 맞거나 자극을 받아 괴로움을 느끼다.
   - 많다 : 수효나 분량, 정도 따위가 일정한 기준을 넘다.

6. 제시된 사진을 보면 초코는 갈색이고, 하늘색 목줄을 하고 있다는 것을 알 수 있습니다.

7. ⑤실종 날짜가 3월15일이라고 나왔으므로 2월에 본 건 초코가 아닐 것입니다.

어법·어휘편 해설

[1단계] '실종'은 종적을 잃어 간 곳이나 생사를 알 수 없게 됨을 말합니다. '연락처'는 연락을 하기 위하여 정해 둔 곳을 말합니다. '수술'은 피부나 점막, 기타의 조직을 의료 기계를 사용하여 자르거나 째거나 조작을 가하여 병을 고치는 일을 말합니다.

[2단계] (1) 아이가 '실종'된 지 나흘이 지났습니다.
(2) 선생님께 '연락처'를 알려달라는 상황입니다.
(3) '수술'을 하면 자국이 남습니다.

[3단계] (1) 불우이웃을 돕기 위한 '모금'입니다.
(2) 대회에서 이기면 받는 '상금'입니다.
(3) 급식비를 내기 위해 통장에 돈을 '입금'합니다.

04회 본문 22쪽

1 새싹
2 ④
3 ②
4 두리둥실
5 ⑤
6 ③
7 ③

어법·어휘편

[1단계]
(1) 넓은 - ㉡ 교실
(2) 푸른 - ㉢ 소나무
(3) 씩씩한 - ㉠ 내 친구

[2단계]
(1) 넓은   (2) 씩씩한   (3) 푸른

[3단계]
(1) 마으믈   (2) 우리드른

---

1. 이 노래 가사인 "우리들은 새싹들이다"를 통해 '새싹'이 정답임을 알 수 있습니다.

2. '푸른'처럼 색깔을 나타내는 낱말이 들어간 선지는 '새하얀' 마음입니다.

3. '발맞춰 나가자'라는 가사처럼 함께 걷는 율동을 하는 것은 노래의 분위기와 가사에 어울립니다. 다른 선지들은 노래의 분위기나 가사에 어울리지 않습니다.

4. "두리둥실 떠 간다 구름이 되어"의 가사를 통해 '두리둥실'이 정답임을 알 수 있습니다.

5. 이 노래에는 낮잠을 자는 모습은 나오지 않습니다.

6. '어깨를 걸고'는 어깨동무를 표현한 것입니다.

7. 이 노래는 새싹처럼 자라나는 우리들을 표현한 노래입니다. 따라서 ③번이 가장 적절합니다.

어법·어휘편 해설

[1단계] '넓은'은 교실과, '푸른'은 소나무와, '씩씩한'은 내 친구와 어울립니다.

[2단계] '넓은'은 놀이터와, '푸른'은 빛깔과, '씩씩한'은 아이와 어울립니다.

[3단계] '마음을'은 [마으믈]로, '우리들은'은 [우리드른]으로 소리가 납니다.

1 금덩이
2 여관, 강가
3 ①
4 ③
5 ②
6 ②
7 ④

어법·어휘편

[1단계]
(1) 급여 - ⓒ 일한 것에 대해 주는 돈
(2) 여관 - ㉠ 일정한 돈을 받고 손님을 묵게 하는 집
(3) 수위 - ⓒ 강, 바다, 호수, 댐 등의 물의 높이

[2단계]
(1) 여관   (2) 수위   (3) 급여

[3단계]
(1) 답변   (2) 답례   (3) 답안

1. 글의 전체 주제가 되는 것은 '금덩이'와 관련된 일입니다.

2. 두 번째 줄에서 '여관', 다섯 번째 줄에서 '강가'가 제시되어 있습니다.

3. 손님이 두고 간 금덩이를 자신이 가지지 않고 주인에게 찾아준 것을 보면, 여관 주인은 정직한 사람이라는 것을 알 수 있습니다.

4. - 이르다 : 어떤 장소나 시간에 닿다. (장소에) 도착하다.

5. '하지만'은 서로 일치하지 아니하거나 상반되는 사실을 나타내는 두 문장을 이어 줄 때 쓰입니다. 강물에 빠져 있는 아이가 있는 상황과 그 아이를 아무도 구해주지 않는 상황이 상반되기 때문에 '하지만'이라는 말이 어울립니다.

6. 이야기의 흐름을 머릿속으로 그리며 문제를 풀어봅시다.

7. 아이를 구해준 사람에게 금덩이를 준 것을 보면, 젊은이는 금덩이보다 아이의 목숨을 더 중요하게 여긴다는 것을 알 수 있습니다.

어법·어휘편 해설

[1단계] '급여'는 일한 것에 대해 돈이나 물품 따위를 주는 것을 말합니다. '여관'은 일정한 돈을 받고 손님을 묵게 하는 집을 말합니다. '수위'는 강, 바다, 호수, 댐 따위의 물의 높이를 말합니다.

[2단계] (1) 날이 어두워 잠을 자러 '여관'에 갑니다.
(2) 비가 내려 강의 '수위'가 높아졌습니다.
(3) 어떤 일을 하고 그에 대한 대가로 '급여'를 받습니다.

[3단계]

- 답례 : 말, 동작, 물건 따위로 남에게서 받은 예(禮)를 도로 갚음
- 답변 : 물음에 대하여 밝혀 대답함. 또는 그런 대답.
- 답안 : 문제의 해답. 또는 그 해답을 쓴 것.

1 ④   **2** ③   **3** (1) O (2) X (3) O (4) O
4 플랑크톤을 먹고 산다, 스스로 영양분을 만들지 못한다, 촉수를 움직인다.
5 지구 온난화
6 맑은 바다 속에 고정된 채 살아가는 산호는 식물이 아니다. 산호는 촉수를 움직여 작은 생물을 먹기 때문에 동물이다. 지구 온난화 때문에 산호가 사라지고 있다.
7 바닷물, 지구, 지구, 바닷물, 바닷물

어법·어휘편

[1단계]
(1) 고정 - ㉠ 한곳에 꼭 붙어 있거나 붙어 있게 함
(2) 분류 - ⓒ 종류에 따라서 나눔
(3) 영향 - ⓒ 어떤 것의 힘이 다른 것에 미치는 것

[2단계]
(1) 영향   (2) 분류   (3) 고정

[3단계]
(1) 환경 오염   (2) 보통   (3) 겉모습

1~2. 이 글은 '산호'에 대해 설명한 글입니다.

3. (2) 산호는 밑바닥에 고정된 채 살아간다고 설명하고 있습니다.

4. 두 번째 문단에 산호가 동물인 이유(스스로 영양분을 만들지 못한다(세 번째 문장), 플랑크톤을 먹고 산다, 촉수를 움직인다(여섯, 일곱 번째 문장))가 설명되어 있습니다. 하지만 "바다 밑바닥에 고정된 채 살고 있다"는 산호의 특징이 맞지만 동물인 이유는 아닙니다. 고정된 채 살아가는 모습은 식물의 특성과 가깝다고 두 번째 문단 두 번째 문장에서 설명하고 있습니다.

5. 세 번째 문단에 '지구 온난화'에 대한 설명이 있습니다.

6. 문단의 중심 생각을 순서대로 정리하면,
맑은 바다 속에 고정된 채 살아가는 산호는 식물이 아니다
→ 산호는 촉수를 움직여 작은 생물을 먹기 때문에 동물이다
→ 지구 온난화때문에 산호가 사라지고 있다.
로 할 수 있습니다.

7. 세 번째 문단을 보면, 지구 온난화에 의한 산호가 죽어가는 과정이 시간의 순서에 따라 설명되어 있습니다.

어법·어휘편 해설

[1단계] '고정'은 한번 정한 대로 변경하지 아니함을 말합니다. '분류'는 종류에 따라서 가름을 말합니다. '영향'은 어떤 사물의 효과나 작용이 다른 것에 미치는 일을 말합니다.

[2단계] (1) 산호는 수온에 '영향'을 받습니다.
(2) 산호는 여러 가지 생물 중에 동물로 '분류'합니다.
(3) 산호는 바닥에 '고정'되어 움직이지 못합니다.

[3단계] (1) 환경 오염 : 인간의 활동으로 자연이 더럽혀지는 일
(2) 보통 : 흔히   (3) 겉모습 : 겉으로 드러나 보이는 모습

1 ③   2 ②   3 ⑤
4 서울, 해남 땅끝마을   5 ⑤
6 라 → 나 → 다 → 가   7 ④

어법·어휘편

[1단계]
(1) 전학 - ㉠ 다니던 학교에서 다른 학교로 옮겨 …
(2) 넘실대다 - ㉢ 물결이 자꾸 부드럽게 움직이다
(3) 풍경 - ㉡ 산이나 들, 강, 바다 등의 자연이나 …

[2단계]
(1) 넘실대다   (2) 전학   (3) 풍경

[3단계]
(1) 붙였다   (2) 부치셨다

1. 누군가에게 안부, 소식, 용무 따위를 적어 보내는 글을 '편지(글)'이라고 합니다.

2. 본문은 멀리 떨어져 있는 친구에게 자신의 마음을 전하기 위해 쓴 편지입니다.

3. ① 희정이가 전학을 갔습니다.
② 지우와 희정이는 친하게 지냈습니다.
③ 희정이는 지우가 준 소라 껍데기를 잘 간직하고 있습니다.
④ 희정이는 땅끝마을에 다시 가면 그곳 풍경을 그리고 싶다고 합니다.

4. 희정이가 살고 있는 '서울'에서 지우가 살고 있는 '땅끝마을'로 보내져야 하는 편지입니다.

5. ①~④ 담다. - 어떤 물건을 그릇 따위에 넣다.
⑤ 담다. - 어떤 내용이나 사상을 그림, 글, 말, 표정 따위 속에 포함하거나 반영하다.

6. 글에 나타난 사건을 시간의 순서대로 정리해봅시다.
지우의 짝꿍이 됨
→ 정호에게 놀림을 당함
→ 지우에게 소라 껍데기를 받음
→ 서울로 전학을 감

7. 지우의 답장에는 선생님에 대한 이야기가 나와 있지 않습니다. 그래서 ④는 지우의 답장에 대한 희정이가 할 수 있는 이야기로 적절하지 않습니다.

어법·어휘편 해설

[1단계] '전학'은 다니던 학교에서 다른 학교로 학적을 옮겨 가서 배움을 말합니다. '넘실대다'는 물결 따위가 자꾸 부드럽게 굽이쳐 움직이는 말입니다. '풍경'은 경치를 말합니다.

[2단계] (1) 바다가 출렁이는 모양을 '넘실대다'라고 표현합니다.
(2) 다른 학교로 '전학'을 간 상황을 설명합니다.
(3) 바닷가의 '풍경'을 그리고 싶다고 말합니다.

[3단계] '붙이다'의 다른 예) 화장실 벽에 스티커를 붙이다.
'부치다'의 다른 예) 멀리 사는 아들에게 용돈을 부치다.

1 ③
2 ③
3 미세조정 버튼
4 ①
5 스위치
6 오른쪽 스틱, 위
7 ④

어법·어휘편

[1단계]
(1) 조종 - ㉢ 비행기나 자동차 등의 기계를 다룸
(2) 미세 - ㉠ 알아보기 어려울 정도로 아주 작음
(3) 조정 - ㉡ 어떤 기준이나 상황에 맞게 정돈함
(4) 균형 - ㉣ 어느 한쪽으로 기울어지거나 치우치지 않은 상태

[2단계]
(1) 미세   (2) 균형   (3) 조종   (4) 조정

[3단계]
⑤

1. 이 글은 드론의 조종 방법을 알려주기 위해 쓴 글입니다.

2. 드론을 오른쪽으로 움직이기 위해서는 조종기의 왼쪽 스틱을 오른쪽으로 움직입니다.

3. 글의 마지막 문단에 '미세조정 버튼'에 대한 설명이 있습니다.

4. 보기 문장은 전원을 켜는 것과 관련한 내용입니다.

5. 전원을 켜고, 끄고 하는 '스위치'와 관련한 내용입니다.

6. 세 번째 문단에서, 드론을 앞으로 움직이기 위해서는 오른쪽 스틱을 위로 움직이라고 설명하고 있습니다.

7. 두 번째, 세 번째 문단에 나온 설명을 바탕으로 풀 수 있는 문제입니다.
- 왼쪽 스틱을 위로 움직인다 : 드론이 위로 움직임
- 오른쪽 스틱을 아래로 움직인다 : 드론이 뒤로 움직임

어법·어휘편 해설

[1단계] '조종'은 비행기나 선박, 자동차 따위의 기계를 다루어 부림을 말합니다. '미세'는 분간하기 어려울 정도로 아주 작음을 말합니다. '조정'은 어떤 기준이나 실정에 맞게 정돈함을 말합니다. '균형'은 어느 한쪽으로 기울거나 치우치지 아니하고 고른 상태를 말합니다.

[2단계] (1) 현미경으로 '미세'한 물체를 관찰할 수 있습니다.
(2) 몸이 흔들리지 않도록 '균형'을 잘 잡아야 합니다.
(3) 아빠께 드론을 '조종'하는 방법을 배웠습니다.
(4) 카메라는 거리를 '조정'해 주는 기능이 있습니다.

[3단계] - 이동 : 움직여 옮김. 또는 움직여 자리를 바꿈.
⑤점심을 먹기 위해 학생들은 교실에서 식당으로 자리를 바꾸었습니다.

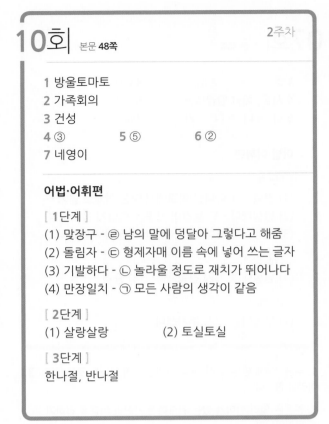

09회 본문 44쪽
2주차

1 도토리나무, 아기 다람쥐, 어미 다람쥐
2 ①
3 ④
4 ①
5 도토리, 나뭇잎
6 ④
7 ⑤

어법·어휘편

[1단계]
(1) 서로   (2) 자꾸만

[2단계]
(1) ②   (2) ①

[3단계]
(1) 나뭇잎   (2) 빗방울

---

1. 시에 '가을바람'은 등장하지 않습니다.

2. 시에 도토리나무와 다람쥐가 등장하는 것으로 보아 가장 어울리는 장소는 '숲속'입니다.

3. 두 번째 연에, 도토리나무가 안타까워하는 이유가 설명되어 있습니다.

4. 시를 읽어보면 평화로운 숲속의 한 장면을 떠올릴 수 있습니다.

5. 첫 번째 연에는 '도토리', 세 번째 연에는 '나뭇잎'이 제시되어 있습니다.

6. 도토리나무가 사람처럼 생각도 하고 움직이기도 합니다.
(참고) 의인법 : 사람이 아닌 것을 사람에 빗대어 사람이 행동하는 것처럼 표현하는 방법을 말합니다. 예를 들면 '꽃이 웃습니다' 등이 있습니다.

7. 의인법을 사용하여 바다를 사람(엄마)처럼 표현했습니다.

어법·어휘편 해설

[1단계] - 서로 : 관계를 이루는 둘 이상의 대상 사이에서, 각각 그 상대에 대하여
- 자꾸(만) : 여러 번 반복하거나 끊임없이 계속하여

[2단계] (1) 도토리나무가 도토리를 땅에 흘려주었습니다.
(2) 선생님과 눈이 마주친 나는 시선을 아래로 내렸습니다.

[3단계] (1) 나무+잎 = 나뭇잎
(2) 비+방울 = 빗방울
▷사이시옷 현상이 나타난 예
: 아래+방 → 아랫방, 노래+말 → 노랫말

10회 본문 48쪽
2주차

1 방울토마토
2 가족회의
3 건성
4 ③   5 ⑤   6 ②
7 네영이

어법·어휘편

[1단계]
(1) 맞장구 - ② 남의 말에 덩달아 그렇다고 해줌
(2) 돌림자 - ⓒ 형제자매 이름 속에 넣어 쓰는 글자
(3) 기발하다 - ⓛ 놀라울 정도로 재치가 뛰어나다
(4) 만장일치 - ③ 모든 사람의 생각이 같음

[2단계]
(1) 살랑살랑   (2) 토실토실

[3단계]
한나절, 반나절

---

1. 글 전체적으로 방울토마토의 이름을 짓는 이야기를 하고 있습니다.

2. 방울토마토의 이름을 짓기 위해 가족들이 모여 회의를 했습니다.

3. 영미가 아영이의 물음에 성의 있게 답하지 않았습니다. 그 모양새를 설명한 말이 '건성으로'입니다.

4. ①, ②, ④, ⑤는 방울토마토를 가리키는 것이고, ③은 아영이네 반 친구들을 가리키는 것입니다.

5. 아영이는 우울한 마음을 달래기 위해 방울토마토에게 자신의 속마음을 이야기했습니다.

6. ②방울토마토가 아직 어려 빨간색이 아닌 초록색이라고 말하고 있습니다.

7. 방울토마토의 이름을 순서에 따라 각각 '한영이', '두영이', '세영이'라고 지어준 것을 보면 알 수 있듯이, 네 번째 토마토는 '네영이'라고 지어줄 것입니다.

어법·어휘편 해설

[1단계] '맞장구'는 남의 말에 덩달아 호응하거나 동의하는 일을 말합니다. '돌림자'는 항렬을 나타내기 위하여 이름자 속에 넣어 쓰는 글자를 말합니다. '기발하다'는 유달리 재치가 뛰어나다는 말입니다. '만장일치'는 모든 사람의 의견이 같음을 말합니다.

[2단계] - 토실토실 : 보기 좋을 정도로 살이 통통하게 찐 모양.
- 살랑살랑 : 조금 서늘한 바람이 가볍게 자꾸 부는 모양.

[3단계] 단어의 뜻을 생각하며 그림에 적용해봅시다.
- 하루 : 한 낮과 한 밤이 지나는 동안
- 한나절 : 하룻낮의 반
- 반나절 : 한나절의 반

11회 본문 54쪽

1 ②   **2** ③   **3** ④
4 겨울잠, 나무, 구덩이, 모래, 도롱뇽, 돌, 나무
5 덜   **6** 먹이, 에너지, 봄   **7** ①

어법·어휘편

[1단계]
(1) 매서운 - ㉣ 찬바람이나 추위가 아주 심한
(2) 충분 - ㉢ 모자라지 않고 남을 정도로 많음
(3) 소비 - ㉠ 필요한 일을 하기 위해 써서 없애는 일
(4) 안성맞춤 - ㉡ 꼭 들어맞음

[2단계]
(1) 안성맞춤   (2) 소비   (3) 충분   (4) 매서운

[3단계]
(1) 더   (2) 깊은

1. 이 글은 겨울철 추위를 이겨내기 위해 겨울잠을 자는 동물들에 대해 설명한 글입니다.

2. 이 글은 겨울잠 자는 동물들에 대해 설명하려고 쓴 글입니다.

3. 곰은 겨울잠을 자는 동안에도 먹이를 찾기 위해 얕은 잠을 잡니다.

4. 겨울잠을 자는 동물 중 곰은 '나무'나 바위로 된 '구덩이'에서 얕은 잠을 잡니다. 자라는 '모래' 속에서 겨울잠을 자며 개구리와 '도롱뇽' 역시 겨울잠을 잡니다. 뱀은 땅속이나 쓰러진 '나무'에서 겨울잠을 잡니다.

5. 겨울에 땅속이나 돌, 쓰러진 나무 밑 등은 바깥보다 '덜' 춥습니다.

6. 동물들이 겨울잠을 자는 까닭은 겨울에 '먹이'가 충분하지 않고 움직이는 데 필요한 '에너지' 소비를 줄이기 위해서입니다. 겨울잠은 동물들이 건강하게 '봄'을 맞이하는 데 중요한 역할을 합니다.

7. 동물원의 곰과 뱀은 먹이가 충분하기 때문에 겨울잠을 잘 필요가 없습니다.

어법·어휘편 해설

[1단계] '매서운'은 찬바람이나 추위가 아주 심한 상태를 뜻합니다. '충분'은 모자라지 않고 남을 정도로 많다는 뜻입니다. '소비'는 필요한 일을 하기 위해 써서 없애는 일을 뜻합니다. '안성맞춤'은 꼭 들어맞는다는 뜻입니다.

[2단계] (1) 옷이 딱 '안성맞춤'이라고 표현합니다. (2) 겨울잠은 겨울 동안의 에너지 '소비'를 줄여줍니다. (3) 겨울에는 먹이가 '충분'하지 않아 겨울잠이 필요합니다. (4) 눈 내리는 겨울에는 '매서운' 추위에 몸이 움츠러듭니다.

[3단계] (1) 배가 고프므로 밥을 '더' 달라고 하는 것이 자연스럽습니다. (2) 자신의 키보다 '깊은' 물에 들어가면 위험합니다.

12회 본문 58쪽

1 절약, 전기
2 ⑤
3 선풍기, 부채
4 온도, 전기, 빨래
5 ②
6 실내, 내복
7 ⑤

어법·어휘편

[1단계]
(1) 오염 - ㉠ 더럽게 됨
(2) 절약 - ㉢ 함부로 쓰지 않고 꼭 필요한 데에만 써서 아낌
(3) 유지 - ㉡ 어떤 상태나 상황을 그대로 두거나 변함없이 …

[2단계]
(1) 절약   (2) 오염   (3) 유지

[3단계]
(1) 햇빛   (2) 굳이

1. 이 글은 '전기'를 '절약'하는 방법에 대한 글입니다.

2. 전기를 만들 때 석탄과 석유를 이용하는데, 석탄과 석유가 환경을 오염시키기 때문에 전기를 절약해야 합니다.

3. 에어컨 대신 선풍기나 부채를 사용해야 합니다.

4. 전기를 아끼기 위해 적절한 실내 '온도'를 유지하고 불필요한 '전기' 사용을 줄여야 합니다. '빨래'는 한 번에 모아서 해야 합니다.

5. 돈, 물건, 시간 등을 아끼지 않고 함부로 쓰는 것을 '낭비', 돈, 물건, 시간 등이 써서 없어지는 것을 '소비'라고 합니다.

6. 겨울철에는 '실내' 온도를 20도 정도로 유지하고, '내복'을 입으면 에너지를 더욱 절약할 수 있습니다.

7. 여름에는 에어컨 대신 선풍기나 부채를 사용하는 것이 좋고, 겨울에는 실내 온도를 20도로 유지해야 합니다. 컴퓨터를 사용하지 않을 때는 전원을 꺼야 하고, 사용하지 않는 휴대폰 충전기는 콘센트에서 뽑아야 합니다. 빨래는 한 번에 모아서 해야 합니다.

어법·어휘편 해설

[1단계] '오염'은 더럽게 되었다는 뜻입니다. '절약'은 함부로 쓰지 않고 꼭 필요한 데에 써서 아낀다는 뜻이고, '유지'는 어떤 상태나 상황을 그대로 두거나 변함없이 계속된다는 뜻입니다.

[2단계] 생활 속에서 에너지를 '절약'하는 방법에는 여러 가지가 있습니다. 석탄과 석유는 환경을 '오염'시킵니다. 항상 적절한 실내 온도를 '유지'해야 합니다.

[3단계] (1) '해빛'은 '햇빛'이라고 써야 합니다. (2) '구지'는 '굳이'라고 써야 합니다.

13회 | 본문 62쪽

1 ③
2 ③
3 방송반
4 익히지 않은
5 식중독, 손, 익힌, 오래
6 ⑤
7 ②

어법·어휘편

[1단계]
(1) 방송 - ㉡ 많은 사람들이 듣고 볼 수 있도록…
(2) 보관 - ㉣ 어떤 물건을 간직하여 관리함
(3) 식중독 - ㉠ 상한 음식을 먹고 배탈이 나는 것
(4) 사항 - ㉢ 낱낱의 내용

[2단계]
(1) 곧바로   (2) 당분간   (3) 곧바로   (4) 당분간

[3단계]
(1) ②   (2) ②

1. 이 글은 식중독을 예방하기 위해 '지켜야 것을 알리기 위한 글'입니다.

2. 이 방송에서 배 아프면 뜨거운 물을 마시라는 내용은 없습니다.

3. 방송 끝부분에 이 방송은 우리초등학교 '방송반'에서 하였습니다.

4. '날음식'은 '익히지 않은 음식'을 말합니다.

5. 당분간 '식중독'을 조심해야 하고 '손'을 자주 씻어야 합니다. '익힌' 음식을 먹고 만든 지 '오래'된 음식은 되도록 먹지 않습니다.

6. 만든 지 오래된 음식을 되도록 먹지 말라고 하였는데, '지훈'은 점심에 나온 김밥을 밤에 먹었습니다.

7. 여름철 어린이 식중독 환자가 느는 것을 예방하기 위해 이 방송을 하였습니다.

어법·어휘편 해설

[1단계] '방송'은 많은 사람들이 듣고 볼 수 있도록 음성이나 화면을 내보내는 것을 말합니다. '보관'은 물건을 간직하여 관리하는 것을, '식중독'은 상한 음식을 먹고 배탈이 나는 것을 말합니다. 사항은 '낱낱의 내용'을 말합니다.

[2단계] (1), (3)에는 '곧바로'가 (2), (4)에는 '당분간'이 어울리는 낱말입니다.

[3단계] (1) '걸리다'는 식중독이라는 병에 든다는 뜻입니다. (2) '익혀'는 고기나 채소 등 음식을 굽거나 삶거나 끓인다는 뜻입니다.

14회 | 본문 66쪽

1 양말, 발가락
2 ⑤
3 ⑤
4 ③
5 양말, 발가락, 발가락, 엄마, 양말, 발가락
6 ⑤
7 3, 5, 3, 7, 9, 13, 5, 14(연 → 행 → 마지막 줄 순서)

어법·어휘편

[1단계]
(1) 쏙 - ㉢ 안으로 깊이 들어가거나 밖으로 …
(2) 꼼틀꼼틀 - ㉠ 몸의 한 부분을 구부리거나 …
(3) 밀치기 - ㉡ 밀어내기

[2단계]
(1) 꼼틀꼼틀   (2) 쏙   (3) 밀치기

[3단계]
⑤

1. 이 시는 '양말' 밖으로 나온 '발가락'에 대한 시입니다.

2. 시에서 말하는 이는 양말 구멍 사이로 나온 발가락을 보고 있습니다.

3. 말하는 이는 양말이 기워져서 발가락들이 캄캄한 세상에서 숨도 못 쉬고 사는 것을 안타깝게 생각하고 있습니다.

4. 이 시는 '저거끼리', '와 밀어내노' 등 사투리를 쓰고 있고, '뿅', '꼼틀꼼틀' 등 흉내 내는 말을 사용합니다. 발가락을 사람처럼 생각하여 표현하였고, 누구나 경험했을 일을 시로 썼습니다. 글자 수를 일정하게 맞춰 쓴 시는 아닙니다.

5. 말하는 이는 '양말'에 구멍이 나서 '발가락'들이 밖으로 나온 모습을 담았습니다. '발가락'들이 움직이는 것이 밀치기하는 것 같다고 생각하였습니다. '엄마'가 '양말'을 기워서 '발가락'은 다시 캄캄한 세상에서 살게 되었습니다.

6. 이 시에서 발가락들이 부끄러워하는 모습은 나오지 않습니다.

7. 시에서 한 줄 한 줄을 '행'이라 하는데, 행들이 모이면 '연'이 됩니다. 빈 칸에는 연과 행의 순서에 따라 '3연', '5연', '3행', '7행', '9행', '13행'이 알맞은 답입니다. 이 시는 5연 14행으로 이루어져 있습니다.

어법·어휘편 해설

[1단계] '쏙'은 안으로 깊이 들어가거나 밖으로 볼록 내미는 모양을 말하고 '꼼틀꼼틀'은 몸의 한 부분을 구부리거나 비틀며 움직이는 모양을 말합니다. '밀치기'는 밀어낸다는 말입니다.

[2단계] (1)에는 '꼼틀꼼틀', (2)에는 '쏙', (3)에는 '밀치기'가 어울리는 말입니다.

[3단계] '캄캄한'은 아주 어두운 상태를 나타내는 말인데 비해, '흐릿한'은 뚜렷하지 않고 어슴푸레한 상태를 나타내는 말입니다.

15회 본문 70쪽

1 은수
2 1교시
3 ②
4 옆자리 - 수진, 뒷자리 - 승규
5 삐아삐아
6 ④
7 ④

어법·어휘편

[1단계]
(1) 제각각 - ⓒ 사람이나 물건이 모두 따로 각각
(2) 통쾌 - ㉠ 아주 유쾌하고 시원함
(3) 취급 - ⓒ 사람이나 사건을 어떠한 태도로 대함

[2단계]
(1) 통쾌   (2) 취급   (3) 제각각

[3단계]
(1) 머리속은 새하얘졌다 → 머릿속은 새하얘졌다
(2) 뒤자리에, 찝적거렸다 → 뒷자리에, 집적거렸다
(3) 긇시 → 글씨, 비뚤배뚤 → 삐뚤빼뚤

16회 본문 76쪽

1 고인돌   2 ③
3 (1) O (2) X (3) X (4) X
4 ③   5 무덤
6 글자, 생활 풍습   7 ⑤

어법·어휘편

[1단계]
(1) 우두머리 - ⓒ 한 마을이나 사회를 다스리고 이끄는 사람
(2) 생활 풍습 - ⓔ 옛날부터 그 사회에 전해 오는 생활 습관
(3) 유물 - ㉠ 조상들이 후손들에게 남긴 물건
(4) 유적 - ⓛ 건축물이나 전쟁이 있던 옛터

[2단계]
(1) 유물   (2) 유적

[3단계]
(1) ⓛ 유물   (2) ㉠ 풍습

---

1. 이 이야기의 주인공은 '은수'입니다.

2. 받아쓰기 시험은 '1교시'였습니다.

3. 은수는 받아쓰기 시험을 본다는 것을 알고 눈앞이 캄캄해졌습니다.

4. 이야기에서 은수는 '뒷자리'에 앉은 승규에게 집적거렸습니다. 은수는 '짝'인 수진과 시험지를 바꾸어 채점하였습니다.

5. '삐아삐아'는 은수가 상상 놀이를 할 때 쓰는 말입니다.

6. 시험 점수가 70점 밑인 사람은 숙제를 해야 했는데, 은수는 60점을 맞았습니다. 은수가 채점한 백 점짜리 시험지는 수진이의 것입니다.

7. 은수는 승규의 말에 기분이 나빠서 '삐아삐아'를 날렸습니다. 또 백 점을 맞은 수진이가 마음에 들지 않아서 '삐아삐아'를 날렸습니다.

어법·어휘편 해설

[1단계] '제각각'은 사람이나 물건이 모두 따로 각각이라는 말이고, '통쾌'는 아주 유쾌하고 즐겁다는 말입니다. '취급'은 사람이나 사건을 어떠한 태도로 대한다는 말입니다.

[2단계] (1)에는 '통쾌', (2)에는 '취급', (3)에는 '제각각'이 자연스러운 말입니다.

[3단계] '새하얘졌다'는 '새하얘졌다', '뒤자리'는 '뒷자리', '찝적거렸다'는 '집적거렸다'로 써야 합니다. '긇시'는 '글씨', '비뚤배뚤'은 '삐뚤빼뚤'로 써야 합니다.

1. 이 글은 옛날 사람들이 만든 '고인돌'의 비밀에 대해 설명한 글입니다.

2. 고인돌은 '괴어 있는 돌'이란 뜻입니다. 고인돌은 두 개의 돌 위에 넓은 돌을 지붕처럼 얹은 모양입니다. 고인돌이 중요한 까닭은 옛날 사람들의 생활 모습을 알려주기 때문입니다. 고인돌이 세워진 까닭은 우두머리들의 위대함을 기리기 위해서 입니다. 고인돌에 사용된 돌에 대해서는 설명하고 있지 않습니다.

3. (2) 고인돌은 바닥에 두 개의 돌을 세워 받칩니다. (3) 고인돌은 선사시대 사람들의 무덤이었습니다. (4) 우두머리들만 고인돌에 묻힐 수 있었습니다.

4. 고인돌이 제사에 쓰였다는 것은 고인돌의 비밀을 자세히 설명하는 내용입니다. (다)에 들어가는 것이 적절합니다.

5. 죽은 사람을 땅에 묻어놓은 곳을 '무덤'이라 합니다.

6. 옛날에는 지금처럼 '문자'가 없었기 때문에 고인돌과 유물들을 통해서 그 시대의 '생활 풍습'을 알 수 있습니다.

7. 고인돌을 만들던 시대에는 글자가 없었습니다. 고인돌에는 누구의 무덤인지 글자가 나타나 있지 않습니다.

어법·어휘편 해설

[1단계] '우두머리'는 한 마을이나 사회를 이끄는 사람을 말하고 '생활 풍습'은 그 사회에 전해 오는 생활 습관을 말합니다. '유물'은 조상들이 남긴 물건을 말하고, '유적'은 건축물이나 전쟁이 있던 옛터를 말합니다.

[2단계] (1)에는 '유물', (2)에는 '유적'이 자연스러운 말입니다.

[3단계] (1)은 청동검으로 우리 조상들이 남긴 유물입니다. (2)는 세배를 하는 모습으로 옛날부터 전해 오는 생활 습관, 즉 풍습입니다.

17회 본문 80쪽

1 ①
2 ⑤
3 ③
4 ②
5 ③
6 ㄷ → ㄹ → ㄱ → ㄴ
7 ⑤

어법·어휘편

[1단계]
(1) 안부 - ㉠ 어떤 사람이 편안히 잘 지내고 있는지에 대한 소식
(2) 마무리 - ㉡ 일의 끝맺음
(3) 대체로 - ㉢ 많은 경우에, 보통

[2단계]
(1) 안부　　(2) 마무리　　(3) 대체로

[3단계]
(1) 정성껏　　(2) 마음껏

1. 이 글은 편지를 쓰는 방법에 대해 쓴 글입니다.

2. 편지를 시작할 때에는 받을 사람이 누구인지 써야 합니다.

3. 편지에 연락처를 반드시 써야 하는 것은 아닙니다.

4. 주어진 문장은 인사에 해당하는 말로 (나)에 들어가는 것이 적절합니다.

5. '직접'은 '중간에 아무것도 거치지 않고 바로'라는 뜻입니다.

6. 편지를 쓸 때는 받을 사람을 쓰고(㉢) 인사나 안부를 묻습니다.(㉣) 전하고 싶은 말을 씁니다.(㉠) 편지를 마무리하는 끝인사를 쓴 뒤에 편지를 쓴 날짜와 편지 보내는 사람의 이름을 씁니다.(㉡)

7. '올림'이나 '드림'은 어른들에게 편지를 쓸 때 이름 뒤에 붙이는 말입니다. '지현이가'로 고쳐 써야 합니다.

어법·어휘편 해설

[1단계] '안부'는 어떤 사람이 편안히 잘 알고 있는지에 대한 소식을 말하고 '마무리'는 일의 끝맺음을 말합니다. '대체로'는 많은 경우에, 보통을 뜻하는 말입니다.

[2단계] (1)에는 '안부', (2)에는 '마무리', (3)에는 '대체로'가 자연스러운 말입니다.

[3단계] (1) 편지는 '정성껏' 적어야 합니다. (2) 마음에 찰 때까지 넉넉하게 먹는 것을 '마음껏' 먹는다고 표현합니다.

18회 본문 84쪽

1 전주
2 학교, 5월 20일, 버스
3 ①
4 ㉠ 머글 → 먹을, ㉡마는 → 많은
5 학교, 버스, 한옥마을 입구, 전동성당, 동락원
6 한복, 한복, 한옥
7 ⑤

어법·어휘편

[1단계]
(1) 한옥 - ㉡ 우리나라 고유의 형식으로 지은 집
(2) 온돌 - ㉠ 불기운이 방 밑을 통과하여 방을 데우는 장치
(3) 인상 - ㉢ 어떤 대상에 대하여 마음속에 새겨지는 느낌
(4) 전통 - ㉣ 어떤 집단에서, 지난 시대에 이미 …

[2단계]
(1) 한옥　(2) 전통　(3) 인상　(4) 온돌

[3단계]
(1) 들떠　　(2) 유명한

1. 이 글은 전주에 현장 체험 학습을 가서 보고 들은 것을 쓴 글입니다. 글에서 가장 중심이 되는 낱말은 '전주'입니다.

2. 글쓴이의 여행은 학교에서 출발하였고, 날짜는 5월 20일이었습니다. 버스를 타고 갔습니다.

3. 전동성당은 한옥마을이 시작되는 곳입니다.

4. '머글'은 '먹을'로, '마는'은 '많은'으로 써야 합니다.

5. '나'는 학교, 버스, 한옥마을 입구, 전동성당, 동락원 순으로 이동하였습니다.

6. 동락원은 '한복' 입기를 체험할 수 있는 곳이었습니다. 글쓴이는 '한복'을 입고 '한옥'에 있으니 옛날 사람이 된 것 같았습니다.

7. 글쓴이는 전주에 버스를 타고 갔습니다. '준연'의 말처럼 꼭 기차를 타야 하는 것은 아닙니다.

어법·어휘편 해설

[1단계] '한옥'은 우리나라 고유의 형식으로 지은 집을 말하고, '온돌'은 불기운이 방 밑을 통과하여 방은 데우는 장치를 말합니다. '인상'은 어떤 대상에 대하여 마음속에 새겨지는 느낌을, '전통'은 어떤 집단에서, 지난 시대에 이미 이루어져 전하여 내려오는 것을 말합니다.

[2단계] (1)에는 '한옥', (2)에는 '전통', (3)에는 '인상'이 (4)에는 '온돌'이 자연스러운 말입니다.

[3단계] (1) 마음이나 분위기가 조금 흥분되는 것을 '들떠있다'라고 표현합니다. (2) 이름이 널리 알려져 있는 것을 '유명하다'고 표현합니다.

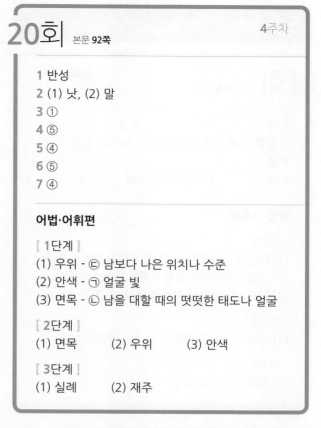

19회 본문 88쪽

1 토끼, 자라, 용왕
2 (1) 용궁, (2) 육지
3 특효약
4 ③
5 ④
6 ④
7 ①

어법·어휘편

[1단계]
(1) 신중 - ㉡ 매우 조심스러움
(2) 부질없이 - ㉠ 쓸모없이
(3) 벼슬 - ㉢ 나랏일을 맡아 다스리는 자리

[2단계]
(1) 벼슬　　(2) 신중　　(3) 부질없이

[3단계]
(1) 진지　　(2) 연세　　(3) 병환

20회 본문 92쪽

1 반성
2 (1) 낫, (2) 말
3 ①
4 ⑤
5 ④
6 ⑤
7 ④

어법·어휘편

[1단계]
(1) 우위 - ㉢ 남보다 나은 위치나 수준
(2) 안색 - ㉠ 얼굴 빛
(3) 면목 - ㉡ 남을 대할 때의 떳떳한 태도나 얼굴

[2단계]
(1) 면목　　(2) 우위　　(3) 안색

[3단계]
(1) 실례　　(2) 재주

---

1. 이 글은 연극을 하기 위해 만든 이야기로 토끼, 자라, 용왕이 나옵니다.

2. 이 이야기는 바닷속 '용궁'과 '육지'에서 펼쳐집니다.

3. 토끼는 자신의 간을 '특효약'이라고 말하였습니다.

4. 토끼는 자라가 의심을 시작하자 용왕에게 계속해서 변명과 설득을 하고 있습니다. 따라서 '억울해하면서'가 가장 적절합니다.

5. 토끼가 친구들을 불러 자라를 혼내주었다는 내용은 나오지 않습니다.

6. 토끼가 정말 배속에서 간을 꺼내는 것이 아니라 용궁에서 벗어나기 위해 거짓말을 한 것입니다.

7. 토끼는 영리하게 용왕을 속여 육지로 돌아올 수 있었습니다.

어법·어휘편 해설

[1단계] '신중'은 매우 조심스럽다는 말이고, '부질없이'는 쓸모없다는 말입니다. '벼슬'은 나랏일을 맡아 다스리는 자리를 말합니다.

[2단계] (1)에는 '벼슬', (2)에는 '신중', (3)에는 '부질없이'가 자연스러운 말입니다.

[3단계] (1) 밥의 높임말은 '진지'입니다. (2) 나이의 높임말은 '연세'입니다. (3) '병'의 높임말은 '병환'입니다.

---

1. 글 (나)에서는 상대방보다 재주나 힘이 뛰어난 것보다 넓은 마음씨로 상대방을 '반성'하도록 하는 것이 진짜 이기는 것이라고 하였습니다.

2. 남자는 '낫'을, 이웃집 주인은 '말'을 빌리려 하였습니다.

3. 남자와 이웃집 주인이 친구라는 설명이 없고, 격식을 차려 대화를 하고 있습니다. 따라서 남자와 이웃집 주인은 친구 사이가 아닙니다.

4. 남자는 이웃집 남자가 낫을 빌려주지 않았어도 말을 빌려주겠다고 말하였습니다. 따라서 '그러나', '하지만', '그래도', '그렇지만'이 빈칸 ㉠에 자연스러운 표현이며 '예를 들어'는 부자연스러운 표현입니다.

5. (가)와 <보기>에서는 다른 사람이 나를 험하게 대하더라도 그에게 친절을 베풀어야 이기는 것 혹은 강한 것이라는 교훈을 전하고 있습니다.

6. (가)에서 반성의 의미를 담은 말은 ㉤입니다.

7. (나)에서는 넓은 마음씨로 상대방을 반성하도록 하는 것이 진짜 이기는 것이라고 하였습니다. (나)를 참고할 때 (가)에서 남자의 넓은 마음씨를 본받자는 감상을 얻을 수 있습니다.

어법·어휘편 해설

[1단계] '우위'는 남보다 나은 위치나 수준, '안색'은 얼굴 빛을 말합니다. '면목'은 남을 대할 때의 떳떳한 태도나 얼굴을 말합니다.

[2단계] (1)에는 '면목', (2)에는 '우위', (3)에는 '안색'이 자연스러운 말입니다.

[3단계] (1) 어떤 말이나 행동을 하면서 상대방의 양해를 구할 때 '실례'한다고 표현합니다. (2) 어떤 일을 잘 할 수 있는 능력이나 꾀를 '재주'라고 표현합니다.

21회 본문 98쪽

1 맛　　　　2 ③　　　　3 ②
4 설탕, 달짝지근, 소금, 짤짤, 가루약, 쌉쌀, 식초,
시큼
5 ④　　　　6 혀, 맛, 아픔, 혀　　　7 ③

어법·어휘편

[1단계]
(1) 다양한 - ⓒ 모양, 빛깔 등이 여러 가지로 많은
(2) 간장 - ㉠ 음식의 간을 맞추는 데 쓰는 짠맛이 …
(3) 식초 - ⓛ 액체 조미료의 하나. 약간의 산이 …

[2단계]
(1) 간장　　　(2) 식초　　　(3) 다양한

[3단계]
(1) 달콤　　　(2) 짤짤

---

1. 본문은 여러 가지 '맛'에 대하여 이야기하고 있습니다.

2. 세 번째 문단에서 매운맛은 맛이 아닌 '혀가 아픔을 느끼는 것'이
라고 이야기하고 있습니다.

3. 본문에 의하면 ②소금이나 간장 같은 맛은 짠맛이라고 합니다.

4. 두 번째 문단을 잘 정리하여 빈칸에 알맞은 단어를 넣어봅시다.

5. ① 지그시 : 슬며시 힘을 주는 모양
　　- 예) 지그시 누르다.
② 살며시 : 남의 눈에 띄지 않게 가만히
　　- 예) 선물을 살며시 건네주다.
③ 번쩍 : 정신이 갑자기 아주 맑아지는 모양
　　- 예) 정신을 번쩍 차리다
④ 질끈 : 바짝 힘을 주어 사이를 눌러 붙이는 모양
　　- 예) 주먹을 질끈 쥐다.
⑤ 우당탕 : 잘 울리는 바닥에 무엇이 몹시 요란하게 떨어지거나
　　부딪칠 때 나는 소리
　　- 예) 자전거가 갑자기 우당탕 쓰러졌다.

6. 세 번째 문단에 보면 '매운맛은 혀가 맛을 느끼는 것이 아니라 아
픔을 느끼는 거랍니다.'라고 제시되어있습니다.

7. 매운맛은 맛의 종류에 포함되지 않습니다.

어법·어휘편 해설

[1단계] '다양한'은 모양, 빛깔, 형태, 양식 따위가 여러 가지로 많
다는 뜻입니다. '간장'은 음식의 간을 맞추는 데 쓰는 짠맛이 나는
흑갈색 액체를 말합니다. '식초'는 약간의 초산이 들어 있어 신맛이
나는 액체를 말합니다.

[2단계] (1) '간장'은 짠맛을 냅니다.
(2) '식초'는 신맛을 냅니다.
(3) 맛에는 '다양한' 종류가 있습니다.

[3단계] 사탕은 단맛을, 치즈는 짠맛을 냅니다. 해당하는 낱말을
본문에서 찾아봅니다.
(1) 사탕은 '달콤'합니다.　(2) 치즈는 '짤짤'합니다.

22회 본문 102쪽

1 의성어, 의태어
2 ④
3 (1) ⓛ 소리를 흉내 내는 말
　(2) ㉠ 모양을 흉내 내는 말
4 의태어, 소리, 눈
5 움직임, 표현
6 의태어
7 (1) 윙윙, 의성어　　　(2) 힐끔힐끔, 의태어
　(3) 살랑살랑, 의태어　(4) 오들오들, 의태어

어법·어휘편

[1단계]
(1) 생생하다 - ⓔ 힘이나 기운 따위가 왕성하다
(2) 사물 - ⓒ 일과 물건을 아울러 이르는 말
(3) 문학 - ⓛ 사상이나 감정을 언어로 표현한 예술
(4) 작품 - ㉠ 예술 창작 활동으로 얻어지는 제작물

[2단계]
(1) 문학　　　(2) 사물　　　(3) 작품

[3단계]
(1) 숙제　　　(2) 궁금했어요　(3) 놓쳤어요

---

1. 본문은 사물을 흉내 내는 말인 '의성어'와 '의태어'에 대하여 설명
하고 있습니다.

2. 본문에서는 의성어와 의태어는 '무엇을 흉내 냈는가에 따라' 구
분한다고 설명하고 있습니다. 따라서 표현하는 대상이 무엇인지에
따라 구분된다고 할 수 있습니다.

3~4. 두 번째 문단과 세 번째 문단을 잘 정리하여 의성어와 의태어
를 비교하는 연습을 해봅시다.

5. 본문의 마지막 부분에 '만화에서 그림의 움직임을 더욱 잘 표현
하기 위해 의태어가 자주 쓰입니다.'라고 설명합니다.

6. '깡총깡총'은 토끼가 뛰는 모습을 흉내 내는 의태어입니다.

7. - 윙윙 : 조금 큰 벌레나 돌 따위가 매우 빠르고 세차게 잇따라
　날아가는 소리
- 힐끔힐끔 : 가볍게 곁눈질하여 슬쩍슬쩍 자꾸 쳐다보는 모양
- 살랑살랑 : 조금 사늘한 바람이 가볍게 자꾸 부는 모양
- 오들오들 : 춥거나 무서워서 몸을 잇따라 심하게 떠는 모양

어법·어휘편 해설

[1단계] '생생하다'는 시들거나 상하지 아니하고 생기가 있다는 말
입니다. '사물'은 일과 물건을 아울러 이르는 말입니다. '문학'은 사
상이나 감정을 언어로 표현한 예술입니다. '작품'은 예술 창작 활동
으로 얻어지는 제작물을 말합니다.

[2단계] (1) 희연이는 '문학'에 재능이 있습니다.
(2) 의성어는 '사물'의 소리를 흉내낸 말입니다.
(3) 그의 문학'작품'의 주제는 사랑입니다.

[3단계] - 숙제 : 복습이나 예습 따위를 위하여 방과 후에 학생들
에게 내주는 과제
- 궁금하다 : 무엇이 알고 싶어 마음이 몹시 답답하고 안타깝다
- 놓치다 : 잡거나 쥐고 있던 것을 떨어뜨리거나 빠뜨리다

23회 | 본문 106쪽

1 ④
2 ①
3 경기도
4 중부, 남부, 밤, 미세먼지
5 ④
6 ③
7 화

어법·어휘편

[1단계]
(1) 출근 - ㉢ 일하는 곳으로 감
(2) 미세 - ㉡ 보이지 않을 정도로 매우 작음
(3) 안팎 - ㉠ 어떤 수량이나 기준에 조금 …

[2단계]
(1) 안팎   (2) 미세   (3) 출근

[3단계]
서부, 동부, 남쪽, 남부

---

1. '눈', '찬 공기', '영하 10도' 라는 말을 통해 겨울이라는 것을 예상할 수 있습니다.

2. 날씨에 대한 정보를 사람들에게 알려주는 글입니다.

3. 두 번째 문단에 보면, 경기도에 눈이 가장 많이 내렸다고 설명하고 있습니다.

4. 보기는 두 번째, 세 번째 문단을 요약한 문장입니다. 알맞은 단어를 본문에서 잘 찾아 적어보세요.

5. '반갑지만은 않다.' 라는 표현에서 알 수 있듯이, 앞에 나온 '새하얗게'라는 좋고 긍정적인 느낌의 단어와는 반대로 뒤에는 눈과 관련한 나쁘고 부정적인 말이 나와야 합니다.

6. 두 번째 문단을 살펴보면, 중부지방은 어젯밤 눈이 내렸고 지금 눈이 내리는 곳은 남부지방입니다.

7. 어제, 오늘, 내일 눈이 내립니다. 내일은 미세먼지가 나쁠 것이라고 합니다. 모레는 영하10도(- 10)라고 합니다. 이 내용들을 종합해보면 '오늘'은 화요일로 유추할 수 있습니다.

어법·어휘편 해설

[1단계] '출근'은 일터로 근무하러 나가거나 나옴을 말합니다. '미세'는 분간하기 어려울 정도로 아주 작음을 말합니다. '안팎'은 사물이나 영역의 안과 밖을 말합니다.

[2단계] (1) 모이는 사람은 열 명 '안팎'입니다.
(2) 키 차이가 별로 없으니 '미세'한 차이라고 말할 수 있습니다.
(3) 아버지가 '출근'하시면서 용돈을 주셨습니다.

[3단계] '북쪽=북부'라는 것에 힌트를 얻어 나머지 빈칸을 완성할 수 있습니다.
▷동쪽=동부, 서쪽=서부, 남쪽=남부

24회 | 본문 110쪽

1 나무
2 나무나무 무슨 나무
3 오, 오리. 백, 백
4 가시나무
5 소리, 소리가 나기 때문입니다.
6 뾰족한 것에 찔릴 때의 … - ㉡ 따끔따끔
바람이 부드럽게 부는 … - ㉠ 솔솔
7 나물, 나물

어법·어휘편

[1단계]
(1) 절반 - ㉡ 반으로 가름
(2) 솔솔 - ㉢ 바람이 부드럽게 부는 모양을 …
(3) 따끔따끔 - ㉠ 뾰족한 것에 찔릴 때의 …

[2단계]
(1) 따끔따끔   (2) 절반   (3) 솔솔

[3단계]
(1) 십, 열 (2) 이십, 스물 (3) 삼십, 서른
(4) 사십, 마흔 (5) 오십, 쉰 (6) 육십, 예순
(7) 칠십, 일흔 (8) 팔십, 여든 (9) 구십, 아흔

---

1. 이 시는 여러 '나무'들을 재미있게 표현한 시입니다.

2. 이 시는 '나무나무 무슨 나무'라는 구절이 처음과 맨 마지막에 똑같이 반복됩니다.

3. 오리나무는 숫자 '십'을 이용해서, 백양나무는 숫자 '백'을 이용해서 재미있게 표현한 나무입니다.

4. 주어진 나무 사진을 보면 따끔따끔한 가시가 보입니다. 따라서 이 나무는 이 시에 나오는 '가시나무'임을 알 수 있습니다.

5. 뽕나무와 쪽나무는 둘 다 '뽕'과 '쪽'이라는 소리를 이용해서 표현한 나무입니다.

6. 뾰족한 것에 찔릴 때의 느낌이나 모양을 표현한 말은 '따끔따끔', 바람이 부드럽게 부는 모양을 표현한 말은 '솔솔'입니다.

7. 주어진 전래동요는 '나무' 대신 '나물'을 이용해 나물의 이름을 재미있게 표현하고 있습니다.

어법·어휘편 해설

[1, 2단계] '절반'은 반으로 가름, '솔솔'은 바람이 부드럽게 부는 모양을 표현한 말, '따끔따끔'은 뾰족한 것에 찔릴 때의 느낌이나 모양을 표현한 말을 뜻합니다.

[3단계] 주어진 숫자들을 알맞은 내용에 이어주면 됩니다.

25회 | 본문 114쪽

1 이모, 결혼식　　　　　2 스피나리
3 (1) O　(2) O　(3) X　(4) X
4 (2) → (5) → (3) → (1) → (4)
5 ⑤　　　　6 첫인상　　　7 ④

어법·어휘편

[1단계]
(1) 물론 - ㉠ 말할 것도 없이 당연히
(2) 첫인상 - ㉡ 어떤 대상에 대해 처음 마음에 …
(3) 결심 - ㉣ 어떻게 하기로 마음을 굳게 정함
(4) 직접 - ㉢ 중간에 어떤 것을 거치지 않고 바로

[2단계]
(1) 결심　(2) 직접　(3) 물론　(4) 색색　(5) 절대

[3단계]
(1) 이튿날　　(2) 한대요　　(3) 하얗고

---

1. 본문은 이모의 결혼식에 관한 글입니다.

2. 주인공은 이모의 결혼식을 위해 비행기를 타고, 그리스에 있는 크레타 섬에 위치한 '스피나리'에 갔습니다.

3. (3) 눈은 파랗고, 한글을 잘 모르는 것을 보면 이모부가 될 사람은 외국 사람입니다.
(4) 마을에 꽃집이 없어 직접 꽃다발을 만든다는 내용이 본문에 나와 있습니다.

4. 글에 나온 상황을 머릿속으로 그리며 사건의 순서를 정리하며 문제를 풀어보세요.

5. 뒤에 나오는 '나는 슬플 때만 눈물이 나오는데' 라는 문장을 통해, 주인공은 기쁠 때 우는 것에 대해 이해할 수 없다는 것을 유추할 수 있습니다.

6. 본문에서는 이모부를 처음 봤을 때 이 단어를 사용하고 있습니다.

7. 이모부가 외국인이라는 것을 알고 있다면 쉽게 풀 수 있는 문제입니다.

어법·어휘편 해설

[1단계] '물론'은 말할 것도 없음을 말합니다. '첫인상'은 첫눈에 느껴지는 인상을 말합니다. '결심'은 할 일에 대하여 어떻게 하기로 마음을 굳게 정함을 말합니다. '직접'은 중간에 아무것도 거치지 아니하고 바로라는 말입니다.

[2단계] '절대'는 어떠한 경우에도 반드시라는 말입니다. '색색'은 여러 가지 색깔을 말합니다.

[3단계]
- 이튿날 : 어떤 일이 있은 그다음의 날
- ' - 대요' :　알고 있는 것을 일러바침을 나타내는 종결 어미. ' - 다고 해요'가 줄어든 말
예)철수는 숙제도 안 하고 하루 종일 놀았대요. / 그 직장은 월급이 아주 많대요
- 하얗다 : 깨끗한 눈이나 밀가루와 같이 밝고 선명하게 희다

26회 | 본문 120쪽

1 ①, ③　　　2 잡초, 둥지　3 ①
4 둥지, 주머니, 물, 절벽, 구멍
5 둥지　　　　6 ①　　　　7 ③

어법·어휘편

[1단계]
(1) 둥지 - ㉡ 새가 알을 낳거나 자리잡고 사는 곳
(2) 부화 - ㉢ 동물의 알 속에서 새끼가 껍데기를 …
(3) 사발 - ㉣ 흙을 구워 만든 국그릇이다 …
(4) 잡초 - ㉠ 가꾸지 않아도 저절로 나서 자라는 …

[2단계]
(1) 사발　(2) 둥지　(3) 잡초　(4) 부화

[3단계]
(1) 틀었다　　(2) 낳았다　　(3) 쌓았다

---

1. 본문은 '새'가 다양한 '둥지'를 만드는 것에 대한 설명을 하고 있는 글입니다.

2. 세 번째 문단에서 물새가 둥지를 만드는 방법을 설명하고 있습니다.

3. 글의 시작부분에 봄이 되면 새가 바쁘게 움직이는 이유가 제시되어 있습니다.

4. 각 문단의 내용을 참고하여 문제를 풀 수 있습니다.
두 번째 문단 : 나무에 둥지를 짓는 새
세 번째 문단 : 나무에 둥지를 짓지 않는 새
네 번째 문단 : 둥지를 짓지 않는 새

5. 본문에서 '둥지'라는 단어가 '보금자리'의 뜻을 가장 잘 반영하고 있습니다.

6. ①만 본문에 제시되어있지 않은 내용입니다.

7. 세 번째 문단에, 물새는 물 위에 잡초와 나뭇가지를 이용해서 둥지를 만든다고 설명하고 있습니다. 이 설명을 바탕으로 제시된 그림은 물새의 둥지라는 것을 유추할 수 있습니다.

어법·어휘편 해설

[1단계] '둥지'는 새가 알을 낳거나 깃들이는 곳을 말합니다. '부화'는 동물의 알 속에서 새끼가 껍데기를 깨고 밖으로 나옴을 말합니다. '사발'은 사기로 만든 국그릇이나 밥그릇을 말합니다. '잡초'는 가꾸지 않아도 저절로 나서 자라는 여러 가지 풀을 말합니다.

[2단계] (1) 어떤 새들은 진흙을 이용해 '사발' 모양의 둥지를 만듭니다.
(2) 새들은 '둥지'를 틀기 위해 열심히 일합니다.
(3) 물새들은 '잡초'를 이용해 둥지를 만듭니다.
(4) 둥지는 아기 새가 '부화'한 후 자라나는 곳입니다.

[3단계] - '둥지를 틀다'라고 자주 사용되는 말입니다.
- 낳다 : 배 속의 아이, 새끼, 알을 몸 밖으로 내놓다.
- 쌓다 : 여러 개의 물건을 겹겹이 포개어 얹어 놓다.

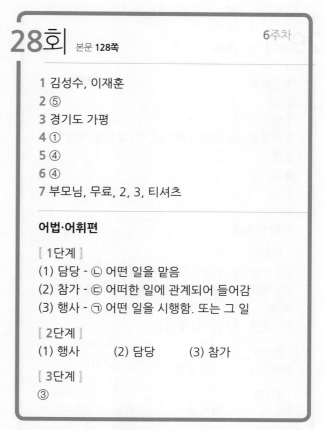

27회 본문 124쪽

6주차

1 아침, 활기
2 ②
3 피로
4 ③
5 아침, 활기, 늦, 충분, 아침밥, 기분
6 기분, 아침
7 ③

어법·어휘편

[1단계]
(1) 활기 - ⓒ 활발하고 힘이 넘치는 기운
(2) 수면 - ㉠ 잠을 자는 일
(3) 피로 - ㉣ 몸이 지쳐서 힘든 상태
(4) 실천 - ⓛ 실제로 행동함

[2단계]
(1) 피로   (2) 수면   (3) 활기   (4) 실천

[3단계]
(1) 든든   (2) 튼튼

28회 본문 128쪽

6주차

1 김성수, 이재훈
2 ⑤
3 경기도 가평
4 ①
5 ④
6 ④
7 부모님, 무료, 2, 3, 티셔츠

어법·어휘편

[1단계]
(1) 담당 - ⓛ 어떤 일을 맡음
(2) 참가 - ⓒ 어떠한 일에 관계되어 들어감
(3) 행사 - ㉠ 어떤 일을 시행함. 또는 그 일

[2단계]
(1) 행사   (2) 담당   (3) 참가

[3단계]
③

---

1. 본문의 처음과 끝부분에 '활기', '아침'이란 말이 자주 등장합니다. 글의 처음과 끝에서 주로 나오는 단어가 글의 중심 생각인 경우가 많습니다.

2. 활기찬 아침을 시작하기 위해 자신의 생각을 주장하고 있습니다.

3. 세 번째 문단 중간부분에 아침밥을 먹으면 '피로'가 덜 느껴진다고 이야기하고 있습니다.

4. 활기하게 아침을 시작하기 위해서는 밤에 잠을 일찍 자야한다고 이야기하고 있습니다.

5. 문단별로 중심 생각을 정리하여 문제를 풀어봅시다.

6. 첫 번째 문단을 요약하여 문제를 풀어봅시다.

7. ③은 본문에서 이야기하고 있는 '기분 좋은 말'이 아닙니다.

어법·어휘편 해설

[1단계] '활기'는 활동력이 있거나 활발한 기운을 말합니다. '수면'은 잠을 자는 일을 말합니다. '피로'는 과로로 정신이나 몸이 지쳐 힘든 상태를 말합니다. '실천'은 생각한 바를 실제로 행함을 말합니다.

[2단계] (1) 일을 열심히 하면 '피로'해집니다.
(2) 사람은 '수면'상태에서 잠꼬대를 합니다.
(3) 아침을 '활기'차게 시작하면 하루가 상쾌합니다.
(4) 약속한 일은 반드시 '실천'해야 합니다.

[3단계] (1) 아침을 먹으면 하루 종일 '든든'합니다.
(2) 운동을 하면 몸이 '튼튼'합니다.

---

1. 이메일의 처음 부분과 마지막 부분에 보내는 사람과 받는 사람의 이름이 제시되어 있습니다.

2. 어린이 캠프에 당첨된 것을 알리기 위해 이메일을 보냈습니다.

3. 세 번째 문단 중간부분에, 캠프는 '경기도 가평'에서 열린다고 제시되어 있습니다.

4. 보내는 사람에게 메일의 내용에 대한 자신의 의견을 다시 전달하기 위해서 '답장'버튼을 클릭합니다.

5. 캠프에서 하는 일 중 '과자 파티'는 제시되어 있지 않습니다.

6. 네 번째 문단에, 티셔츠 색깔은 선착순으로 고를 수 있다고 제시되어 있습니다.

7. 문단별로 내용을 요약하여 빈칸에 알맞은 말을 적어봅시다.

어법·어휘편 해설

[1단계] '담당'은 어떤 일을 맡음을 뜻합니다. '참가'는 모임이나 단체 또는 일에 관계하여 들어감을 말합니다. '행사'는 어떤 일을 시행함을 말합니다.

[2단계] (1) 학교에서 30주년 기념 '행사'를 합니다.
(2) 바닥 닦기가 내 '담당'입니다.
(3) 대회에 '참가'합니다.

[3단계] '선착순'은 먼저 와 닿는 차례를 뜻합니다. ③차례대로와 비슷합니다.

29회 | 본문 132쪽

1 고드름
2 ⑤
3 발
4 고드름, 발, 각시, 각시, 낮, 밤, 고드름, 바람
5 ③
6 ⑤
7 ③

어법·어휘편

[1단계]
(1) 수정 - ⓒ 색깔이 없는 투명한 보석
(2) 엮다 - ㉠ 여러 개의 물건을 끈이나 줄로 어긋 매어…
(3) 문안 - ⓛ 인사의 높임말

[2단계]
(1) 수정   (2) 문안

[3단계]
(1) ①   (2) ③   (3) ②

1. 노랫말의 중심이 되는 낱말은 '고드름'입니다.

2. 고드름을 볼 수 있는 계절은 겨울입니다.

3. 가늘고 긴 대를 줄로 엮거나, 줄 따위를 여러 개 나란히 늘어뜨려 만든 물건을 '발'이라고 합니다.

4. 빈칸에 들어갈 단어를 노랫말과 비교해가면서 채워봅시다.

5. 각시님 방에 바람이 들어 감기에 걸릴 것을 걱정하고 있습니다.

6. 지금 감기에 걸린 것이 아니라, 바람 때문에 각시님이 감기에 걸릴 것을 걱정하고 있습니다.

7. '고드름', '여름'이라는 단어가 계절을 알 수 있게 해줍니다.

어법·어휘편 해설

[1단계] '수정'은 무색투명한 석영의 하나로 보석을 말합니다. '엮다'는 노끈이나 새끼 따위의 여러 가닥을 얽거나 이리저리 어긋매어 어떤 물건을 만들다는 말입니다. '문안'은 웃어른께 안부를 여쭘을 말합니다.

[2단계] (1) 아름다운 것을 '수정'같다고 합니다.
(2) 어른께 인사하는 것을 '문안'드린다고 합니다.

[3단계] 하나의 단어가 여러 개의 뜻을 가지고 있을 때, 문장의 상황에 어울리는 뜻으로 단어를 사용해야합니다.
(1) 무게를 잴 때는 저울로 헤아립니다.
(2) 예쁜 장식을 트리에 걸거나 매달아 놓습니다.
(3) 과일은 단 맛을 냅니다.

30회 | 본문 136쪽

1 사슴
2 뿔 - 멋지다 - 위험할 뻔 했다
  다리 - 쓸모없다 - 덕분에 살 수 있었다
3 ①
4 ⑤
5 ③
6 뿔, 다리, 뿔, 다리, 다리
7 ⑤

어법·어휘편

[1단계]
(1) 불만 - ⓛ 만족하지 못함
(2) 감탄 - ⓒ 마음 속 깊이 느끼어 놀람
(3) 쓸모 - ㉠ 쓰일 거리

[2단계]
(1) 쓸모   (2) 불만   (3) 감탄

[3단계]
(1) 가늘기만   (2) 여기던

1. 이 이야기는 '사슴'을 중심으로 진행되는 이야기입니다. 따라서 이 이야기의 주인공은 사슴입니다.

2. 사슴은 늘 자랑스럽게 여기던 뿔 때문이 오히려 위험해 빠졌고, 쓸모없다고 생각하던 다리 덕분에 살 수 있었습니다.

3. 사냥개에게 잡히지 않기 위해 도망가는 모습을 표현해야 하므로 '헐레벌떡'이 가장 알맞습니다.

4. 사슴은 다리의 힘으로 나뭇가지에서 빠져나올 수 있게 되었습니다. 그 후로 다리에 대해 생각하는 태도가 바뀌게 되었습니다.

5. 사슴은 사냥개와 싸우지 않았습니다.

6. 이야기의 내용을 잘 정리하면서 채워나가면 됩니다.

7. 평소에 쓸모없다고 생각하던 다리도 알고 보면 중요하다는 것을 알게 된 이야기이므로 ⑤번이 가장 적절합니다.

어법·어휘편 해설

[1, 2단계] '불만'은 만족하지 못함, '감탄'은 마음 속 깊이 느끼어 놀람, '쓸모'는 쓰일 거리를 뜻합니다.

[3단계] '얇기만'의 '가늘기만'으로, '생각하던'은 '여기던'으로 바꾸어 쓸 수 있습니다.

31회 | 본문 142쪽

1 그림자, 해시계
2 ③
3 4000, 그림자, 햇빛
4 ② → ⊙ → ⓒ → ⓛ
5 ①
6 종이판, 움직이지, 종이판, 움직이면
7 ②

어법·어휘편

[1단계]
(1) 측정 - ⓒ 길이나 무게 등을 재어서 정함
(2) 이용 - ⊙ 대상을 필요에 따라 이롭게 씀
(3) 표시 - ⓛ 표를 하여 외부에 드러내 보임

[2단계]
(1) 표시   (2) 이용   (3) 측정

[3단계]
(1) ②   (2) ②

1. 이 글은 옛날 사람들이 시간을 측정하기 위해 만든 '해시계'에 관한 글로 해시계는 '그림자'로 시간을 알려줍니다.

2. 그림자는 해의 움직임에 따라 길이와 위치가 변합니다.

3. 해시계는 '4000'년 전에 만들어지기 시작했고, '그림자'를 이용하여 시간을 알려줍니다. '햇빛'이 비칠 때 해시계를 사용할 수 있습니다.

4. 해시계를 만들려면 먼저 연필과 종이판을 가지고 밖으로 나갑니다.(②) 종이판을 햇빛이 비치는 평평한 곳에 놓고 종이판 한가운데에 연필을 끼웁니다.(⊙) 그러고 나서 1시간마다 연필의 그림자를 따라서 선을 반듯하게 긋습니다.(ⓒ) 그리고 선을 그은 끝부분에 시간을 표시합니다.(ⓛ)

5. 길이나 무게 따위를 재어서 정하는 것을 '측정'이라 합니다.

6. 해시계를 만들 때에는 '종이판'이 '움직이지' 않게 조심해야 합니다. '종이판'이 '움직이면' 정확한 해시계를 만들 수 없습니다.

7. 해시계에는 동그란 모양의 종이판을 사용합니다. 종이판을 해가 비치는 곳에 두어야 합니다. 1시간마다 연필의 그림자를 따라 선으로 반듯이 그어야 합니다. 선을 그은 끝부분에 시간을 표시해야 합니다.

어법·어휘편 해설

[1단계] '측정'은 길이나 무게 등을 재어서 정한다는 뜻이고, '이용'은 대상을 필요에 따라 이롭게 쓴다는 뜻입니다. '표시'는 표를 하여 외부에 드러내 보이는 것을 말합니다.

[2단계] (1)에는 '표시', (2)에는 '측정', (3)에는 '이용'이 어울리는 말입니다.

[3단계] (1) '평평했다'는 바닥이 고르고 판판하다는 뜻입니다. (2) '아예'는 일시적이거나 부분적이 아니라 완전히 어떠하다는 뜻입니다.

32회 | 본문 146쪽

1 모차르트
2 ②
3 잘츠부르크
4 ⑤
5 ③
6 ⑤
7 작곡, 유럽, 빈, 오페라

어법·어휘편

[1단계]
(1) 궁정 - ⊙ 궁궐
(2) 재능 - ⓒ 어떤 일을 하는 데 필요한 재주와 능력
(3) 생애 - ⓛ 살아 있는 한평생의 기간

[2단계]
(1) 재능   (2) 궁정   (3) 생애

[3단계]
(1) 가사   (2) 이름

1. 이 글은 위대한 음악가 모차르트에 관한 글입니다.

2. 이 글은 모차르트의 생애를 알려주기 위하여 쓰인 글입니다.

3. 모차르트는 오스트리아의 도시 '잘츠부르크'에서 태어났습니다.

4. ⊙은 모차르트가 유럽 곳곳을 여행하며 다양한 음악과 중요한 음악가들을 만난 경험을 가리킵니다.

5. 글에는 모차르트가 어떻게 궁정 음악가가 되었는지에 대해서는 나와 있지 않습니다.

6. 모차르트는 잘츠부르크에서 궁정 음악가가 되었지만 원하는 음악을 할 수 없었습니다. 왕이 원하는 음악만 해야 했습니다.

7. 모차르트는 5살 때 '작곡'을 시작했으며 그의 아버지는 그를 데리고 '유럽' 곳곳을 돌아다니며 연주 여행을 했습니다. 모차르트는 잘츠부르크에서 '빈'으로 떠나게 되고, 그곳에서 수많은 '오페라'와 피아노곡을 작곡하였습니다.

어법·어휘편 해설

[1단계] '궁정'은 궁궐이란 뜻이고, '재능'은 어떤 일을 하는 데 필요한 재주와 능력을 뜻합니다. '생애'는 살아 있는 한평생의 시간을 뜻합니다.

[2단계] (1)에는 '재능', (2)에는 '궁정', (3)에는 '생애'가 어울리는 말입니다.

[3단계] (1) '작사'는 노래 '가사'를 쓰는 일을 말합니다. (2) '작명'은 '이름'을 짓는 일을 말합니다.

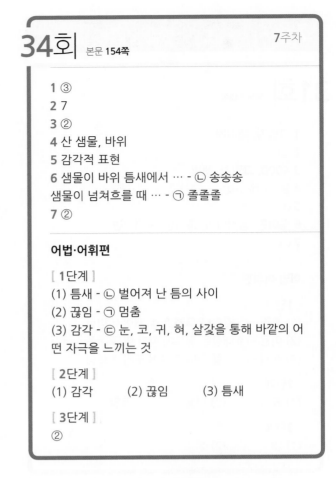

33회 본문 150쪽

1 ②
2 ④
3 ③
4 여쭤볼게
5 (라) → (가) → (마) → (다) → (나)
6 ③
7 ④

어법·어휘편

[1단계]
(1) 귀국 - ⓒ 다른 나라에 있던 사람이 자기 나라로 돌아옴
(2) 취직 - ⓔ 일자리를 얻음
(3) 강의 - ㉠ 학교 수업 (흔히 대학교 수업을 말함)

[2단계]
(1) 귀국   (2) 강의   (3) 취직

[3단계]
자정, 오전, 정오, 오후, 자정

---

1. 형이 현준이에게 전화를 한 상황입니다.

2. 형은 이번 방학에 귀국하지 못한다는 사실을 가족들에게 알리기 위해 전화를 하였습니다.

3. 이어지는 "오면 좋을 텐데."라는 말로 보아 현준은 아쉬운 마음을 가지고 있습니다.

4. '물어볼게'의 높임말은 '여쭤볼게'입니다.

5. 귀국하지 못한다는 형의 말에 현준은 할머니 칠순 잔치가 있다고 답합니다.(가) 형은 다시 여름 방학에 한국에 들어갈 것이라 말하고,(마) 칠순 잔치 날짜에 대해서 어머니에게 다시 전화한다고 합니다.(다)

6. '현준'은 어머니에게 형이 미국에서 취직 준비를 한다는 사실을 전하지 않았습니다.

7. 형은 '아침 11시'에 전화한다고 하였습니다.

어법·어휘편 해설

[1단계] '귀국'은 다른 나라에 있던 사람이 자기 나라로 돌아오는 것을 말하고 '취직'은 일자리를 얻는 것을 말합니다. '강의'는 학교 수업을 말합니다.

[2단계] (1)에는 '귀국', (2)에는 '강의', (3)에는 '취직'이 어울리는 말입니다.

[3단계] 밤12시는 '자정', 낮 12시는 '정오'라고 합니다. 자정에서 정오까지 '오전', 정오에서 자정까지가 '오후'입니다.

34회 본문 154쪽

1 ③
2 7
3 ②
4 산 샘물, 바위
5 감각적 표현
6 샘물이 바위 틈새에서 … - ⓒ 송송송
샘물이 넘쳐흐를 때 … - ㉠ 졸졸졸
7 ②

어법·어휘편

[1단계]
(1) 틈새 - ⓒ 벌어져 난 틈의 사이
(2) 끊임 - ㉠ 멈춤
(3) 감각 - ⓔ 눈, 코, 귀, 혀, 살갗을 통해 바깥의 어떤 자극을 느끼는 것

[2단계]
(1) 감각   (2) 끊임   (3) 틈새

[3단계]
②

---

1. 이 시의 제목이 '산 샘물'인 것을 통해 장소가 산 속임을 알 수 있습니다.

2. 이 시는 각 줄마다 글자 수를 모두 7글자씩 맞추었습니다.

3. '쉬지 않고'는 끊이지 않는다는 뜻입니다. 따라서 끊임이 없는 것으로 생각할 수 있습니다. 때문에 '끊임없이'가 가장 적절합니다.

4. 이 시에서 표현하고자 하는 것은 이 시의 제목인 '산 샘물'이며 샘물이 '바위' 틈새 속에서 송송송 솟아나고, 졸졸졸 흐르는 모습을 표현하고 있습니다.

5. 눈, 코, 입, 코, 손 등을 통해 느끼는 것을 '감각'이라고 합니다. 따라서 이 시에는 '송송송', '졸졸졸' 등의 감각적 표현이 쓰였습니다.

6. 샘물이 바위 틈새에서 솟아나는 모양은 '송송송', 샘물이 넘쳐흐를 때 들리는 소리는 '졸졸졸'입니다.

7. [보기]에서도 귀로 느낄 수 있는 소리인 '보글보글'과 '꼬르륵'이라는 감각적 표현이 사용되었습니다.

어법·어휘편 해설

[1, 2단계] '틈새'는 벌어져 난 틈의 사이, '끊임'은 멈춤, '감각'은 눈, 코, 귀, 혀, 살갗을 통해 바깥의 어떤 자극을 느낌이라는 뜻입니다.

[3단계] '나물'은 그 자체로 하나의 단어입니다. 따라서 나물에서의 '물'이라는 글자는 우리가 아는 '물'과 관계가 없습니다.

35회 본문 158쪽

1 개구리
2 쌀
3 ②
4 바가지
5 농부가 쌀과 개구리를 바꿨다. 농부가 개구리를 개울에 풀어줬다. 개구리 한 마리가 바가지를 물고 와서 농부에게 줬다. 개구리가 준 바가지로 물을 뜨니 물이 쌀로 바뀌었다. 바가지에서 나온 쌀을 마을 사람들과 나누었다.
6 바가지, 쌀
7 ④

어법·어휘편

[1단계]
(1) 흉년 - ㉡ 농사가 제대로 되지 않은 해
(2) 식량 - ㉢ 먹을 것
(3) 은혜 - ㉠ 고맙게 베풀어주는 신세나 혜택

[2단계]
(1) 은혜　　(2) 식량　　(3) 흉년

[3단계]
(1) 귓가　　(2) 개울가

1. 이 이야기에는 '개구리'들이 나옵니다.

2. 농부는 개구리를 잡아가는 마을사람에게 개구리를 '쌀'과 바꾸자고 부탁합니다.

3. 농부는 개구리의 울음소리를 듣고 개구리가 불쌍하다고 생각했습니다. 따라서 ②번이 가장 적절합니다.

4. 개구리는 농부에게 '바가지'를 갖다 주었습니다.

5. 이야기의 내용을 잘 정리하며 화살표를 이어가면 됩니다.

6. 이야기를 통해 바가지에서 계속 쌀을 얻을 수 있다는 것을 알 수 있습니다. 따라서 이제 더 이상 식량을 걱정하지 않아도 되기 때문입니다.

7. 개구리를 도와주고 나서 좋은 일이 생겼으므로 정답은 ④번임을 알 수 있습니다.

어법·어휘편 해설

[1, 2단계] '흉년'은 농사가 제대로 되지 않은 해, '식량'은 먹을 것, '은혜'는 고맙게 베풀어주는 신세나 혜택을 뜻합니다.

[3단계] '귓가'와 '개울가'를 본문에서 잘 찾아 쓰도록 합니다. 특히 '귓가'는 '귀가'로 쓰지 않도록 본문에서 확실하게 확인한 후 쓰도록 합니다.

36회 본문 164쪽

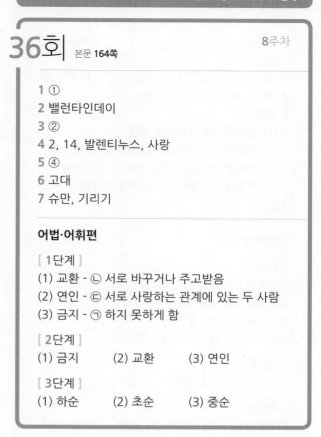

1 ①
2 밸런타인데이
3 ②
4 2, 14, 발렌티누스, 사랑
5 ④
6 고대
7 슈만, 기리기

어법·어휘편

[1단계]
(1) 교환 - ㉡ 서로 바꾸거나 주고받음
(2) 연인 - ㉢ 서로 사랑하는 관계에 있는 두 사람
(3) 금지 - ㉠ 하지 못하게 함

[2단계]
(1) 금지　　(2) 교환　　(3) 연인

[3단계]
(1) 하순　　(2) 초순　　(3) 중순

1. 이 글은 밸런타인데이에 대한 정보를 알려주기 위해 쓴 글입니다.

2. 이 글은 '밸런타인데이'에 관한 글입니다.

3. 로마 황제는 결혼 금지 명령을 어긴 병사들과 그들의 결혼식을 진행해준 발렌티누스에게 벌을 주었습니다.

4. (가) 밸런테인데이는 2월 14일입니다. (나) 밸런타인데이는 발렌티누스를 기리기 위한 날입니다. (다) 밸런타인데이가 '사랑'의 편지를 나누는 것과 어떤 상관이 있는지는 정확히 알 수 없습니다.

5. '어기다'는 규칙이나 법을 '지키지 않았다'는 뜻입니다.

6. 옛 시대를 '고대'라고 합니다.

7. 밸런타인데이가 발렌티누스를 기리기 위해 생긴 것처럼 슈만 음악 대학은 '슈만'의 이름을 '기리기' 위한 것입니다.

어법·어휘편 해설

[1단계] '교환'은 서로 바꾸거나 주고받음을 뜻하고, '연인'은 서로 사랑하는 관계에 있는 두 사람을 뜻합니다. '금지'는 하지 못하게 한다는 뜻입니다.

[2단계] (1)에는 '금지', (2)에는 '교환', (3)에는 '연인'이 어울리는 말입니다.

[3단계] (1) 매달 21일부터 마지막 날까지를 '하순'이라 합니다. (2) 매달 1일부터 10일까지의 열흘간을 '초순'이라 합니다. (3) 매달 11일부터 20일까지의 열흘간을 '중순'이라고 합니다.

37회 본문 168쪽

1 경복궁
2 ⑤
3 (1) 가족　　(2) 개교기념일　　(3) 지하철
4 (라) → (나) → (가) → (다)
5 경회루
6 (1) 광화문 - ② 경복궁의 정문
　(2) 근정전 - ① 여러 가지 정책을 논의한 건물
　(3) 경회루 - © 인공 연못 안에 떠 있는 건물
　(4) 건청궁 - ⓒ 우리나라 최초로 전등을 밝힌 곳
7 ⑤

어법·어휘편

[1단계]
(1) 복원 - © 원래대로 회복함
(2) 인공 - © 사람이 만든
(3) 개교 - ② 학교를 세움
(4) 사극 - ① 역사를 주제로 한 드라마
[2단계]
(1) 사극　　(2) 복원　　(3) 인공
[3단계]
(1) 웅장　　(2) 인공

38회 본문 172쪽

1 ④
2 (1) O　(2) X　(3) O　(4) X　(5) X
3 ④
4 폭약
5 (가) → (나) → (마) → (라) → (다)
6 다이너마이트, 노벨상
7 ④

어법·어휘편

[1단계]
(1) 유언 - © 죽기 전에 남기는 말
(2) 기사 - © 신문에 실려서 사실을 알리는 글
(3) 지원 - ① 어떤 사람이나 단체가 하는 일에 찬성하여…
[2단계]
(1) 상인　　(2) 이바지　　(3) 착각
[3단계]
(1) ②　　(2) ①

---

1. 이 글은 개교기념일에 가족들과 경복궁에 다녀온 경험을 쓴 글입니다.

2. 이 글은 경복궁을 다녀온 후, 그 곳에 대해 설명하고 생각과 느낌을 표현하기 위해 쓴 글입니다.

3. 글쓴이는 '가족'과 함께, '개교기념일'에 '지하철'을 타고 경복궁에 갔습니다.

4. 글쓴이는 '광화문', '근정전', '경회루', '건청궁'의 순서로 경복궁을 둘러보았습니다.

5. 글에 따르면 '경회루'는 인공 연못 안에 떠 있다고 하였습니다.

6. '광화문'은 경복궁의 정문이고, '근정전'은 여러 가지 나랏일을 논의했던 곳입니다. '경회루'는 연회를 하던 곳으로 인공 연못 안에 떠 있고, '건청궁'은 우리나라 최초로 전등을 밝힌 곳으로 유명합니다.

7. 경복궁은 밤에도 아름다운 풍경을 자랑한다고 하였습니다.

어법·어휘편 해설

[1단계] '복원'은 원래대로 회복한다는 뜻이고, '인공'은 사람이 만들었다는 뜻입니다. '개교'는 학교를 세우는 것을 뜻하고, '사극'은 역사를 주제로 한 드라마를 뜻합니다.

[2단계] (1)에는 '사극', (2)에는 '복원', (3)에는 '인공'이 어울리는 말입니다.

[3단계] (1) 크고 화려한 것을 '웅장하다'고 표현합니다. (2) 사람이 만든 연못을 '인공' 연못이라고 합니다.

---

1. 이 글은 노벨이 노벨상을 만든 까닭을 설명한 글입니다.

2. (2) 1988년에 죽은 사람은 노벨의 형이었습니다. (4) 노벨은 노벨상을 만든 사람이었습니다. (5) 노벨은 세계 평화를 위해 노벨상을 만들었습니다.

3. 노벨은 공사를 안전하고 쉽게 하기 위해 다이너마이트를 발명했습니다. 하지만 노벨의 생각과 달리 다이너마이트는 전쟁에 사용되었습니다.

4. 다이너마이트는 우리말로 '폭약'이라고 합니다. 폭약의 뜻은 강력한 힘으로 터지는 물건입니다.

5. 노벨은 다이너마이트를 발명하고, (가) 그로 인해 큰 돈을 벌었습니다. (나) 다이너마이트가 전쟁에 쓰여 많은 사람들이 죽게 되자, (마) 노벨은 '죽음의 상인'이라 불리게 됩니다. (라) 이후, 노벨은 세계 평화를 위해 노벨상을 만들었습니다. (다)

6. 노벨은 자기가 발명한 '다이너마이트' 때문에 세계 평화가 망가졌다고 생각했습니다. 그래서 세계 평화를 위해 '노벨상'을 만들었습니다.

7. 노벨상은 인류 문명을 위해 이바지한 사람들에게 주는 상으로 ④에 그에 대한 내용이 담겨 있습니다.

어법·어휘편 해설

[1단계] '유언'은 죽기 전에 남기는 말을 뜻하고, '기사'는 신문에 실려서 사실을 알리는 글을 뜻합니다. '지원'은 어떤 사람이나 단체가 하는 일에 찬성하여 도와주는 것입니다.

[2단계] (1) 장사꾼은 '상인'으로 바꾸어 쓸 수 있습니다. (2) 도움이 되는 것을 '이바지하다'로 바꾸어 쓸 수 있습니다. (3) 잘못 아는 것을 '착각'으로 바꾸어 쓸 수 있습니다.

[3단계] (1) 공기의 움직임으로 만들어진 바람이 불었다는 문장이므로 ②의 뜻으로 쓰였습니다. (2) 세계에서 전쟁이 사라지길 바라는 마음을 담은 문장이므로 ①의 뜻으로 쓰였습니다.

39회 | 본문 176쪽

1 소라게
2 ④
3 ②
4 현일
5 ④
6 넓은, 작은
7 파도, 소라게, 발, 소라게

어법·어휘편

[1단계]
(1) 틈 - ㉢ 벌어진 사이
(2) 처마 - ㉡ 지붕이나 껍데기 밑에서 위쪽으로 살짝 들린 부분
(3) 식구 - ㉠ 집에서 밥을 함께 먹는 사람들

[2단계]
(1) 처마　　　(2) 틈　　　(3) 식구

[3단계]
(1) 밑으로　　(2) 빨갛고

---

1. 이 시는 바닷가의 '소라게'에 대한 시입니다.

2. 이 시의 제목인 '바닷가에서'를 통해 이 시의 말하는 이가 '바닷가'에 있음을 알 수 있습니다.

3. '동그란'처럼 모양을 흉내 내는 표현을 사용한 친구는 '네모난 책상'이라고 대답한 현준이입니다.

4. 이 시의 말하는 이는 넓은 바다에서 꿋꿋하게 살아가는 소라게를 보고 감탄했습니다. 따라서 현일이의 의견이 가장 적절합니다.

5. '요렇게'는 '이렇게'로 바꾸어 쓸 수 있습니다.

6. 설명을 통해 '넓은' 바다와 '작은' 소라게가 대비됨을 알 수 있습니다.

7. 시의 내용을 정리하며 알맞게 빈칸을 채워가면 됩니다.

어법·어휘편 해설

[1, 2단계] '틈'은 벌어진 사이, '처마'는 지붕이나 껍데기 밑에서 위쪽으로 살짝 들린 부분, '식구'는 집에서 밥을 함께 먹는 사람들을 뜻합니다.

[2단계] (1)에는 '처마', (2)에는 '틈', (3)에는 '식구'가 어울리는 말입니다.

[3단계] '밎으로'는 '밑으로'로, '빨갓고'는 '빨갛고'로 바르게 고쳐 써야 합니다.

40회 | 본문 180쪽

1 나무, 소년
2 사랑
3 ②
4 나뭇잎 → 사과 → 가지 → 줄기 → 밑동
5 ④
6 ②
7 ⑤

어법·어휘편

[1단계]
(1) 노릇 - ㉡ 맡은 바
(2) 세월 - ㉢ 흘러가는 시간
(3) 마련 - ㉠ 헤아려서 갖춤

[2단계]
(1) 세월　　　(2) 마련　　　(3) 노릇

[3단계]
(1) 늦　　　(2) 낮

---

1. 이 이야기에는 '나무'와 '소년'이 등장합니다.

2. 나무는 소년을 사랑하였습니다. 그래서 자신의 나뭇잎이나 사과, 나뭇가지, 줄기 등을 아낌없이 주었습니다.

3. 소년은 날마다 나무에게 와서 놀았지만 점차 어른이 되면서 바빠졌습니다. 그래서 나무가 주는 것만 받고 한동안 돌아오지 않았습니다.

4. 나무는 소년에게 '나뭇잎', '사과', '가지', '줄기', '밑동'을 차례대로 선물했습니다.

5. 사랑하는 소년에게 쉴 곳이 되어 줄 수 있어서 나무는 행복했습니다.

6. ㉡의 부모님은 사랑하는 사람에게 무엇이든 주려 한다는 점에서 나무와 비슷합니다. ㉠의 운동선수는 자신의 성공을 위해 열심히 사는 사람입니다. ㉢의 선생님은 잘못된 점을 고쳐주는 사람이라는 점에서 나무와 차이가 있습니다.

7. 소년이 나무가 주는 것이 없다고 화내지는 않았습니다. 나무는 소년에게 주고 싶은데 남은 것이 없어 속상했지만, 소년을 위해 좋은 쉴 곳이 되어 줄 수 있었습니다.

어법·어휘편 해설

[1단계] '노릇'은 역할이나 구실 등 맡은 바를 뜻하고 '세월'은 흘러가는 시간을 뜻합니다. '마련'은 헤아려서 갖춘다는 뜻입니다.

[3단계] (1) 아침에 늦게까지 자는 잠을 '늦잠', (2) 낮에 자는 잠을 '낮잠'이라고 합니다.

유형별 분석표 독서(비문학)

유형별 분석표 사용법

• 회차를 마칠 때마다 해당 회차의 틀린 문제 번호에 표시를 해주세요.

• 회차가 진행될수록 학생이 어떤 유형의 문제를 어려워하는지 한눈에 알 수 있습니다.

• 뒷면에 있는 [유형별 해설]을 보고 부족한 부분을 채워나가게 지도해 주세요.

주	회차	중심 생각	세부내용	구조알기	어휘·표현	내용적용	추론
1	1	1.☐	2.☐ 3.☐	4.☐	5.☐	6.☐	7.☐
	2	1.☐ 2.☐	3.☐		5.☐	4.☐ 6.☐	7.☐
	3	1.☐ 2.☐	3.☐	4.☐	5.☐	6.☐	7.☐
2	6	1.☐ 2.☐	3.☐ 4.☐	6.☐	5.☐	7.☐	
	7	1.☐	2.☐ 3.☐ 4.☐	6.☐	5.☐		7.☐
	8	1.☐	2.☐ 3.☐	4.☐	5.☐	6.☐	7.☐
3	11	1.☐ 2.☐	3.☐	4.☐	5.☐	6.☐	7.☐
	12	1.☐	2.☐ 3.☐	4.☐	5.☐	6.☐	7.☐
	13	1.☐	2.☐ 3.☐		4.☐	5.☐	6.☐ 7.☐
4	16	1.☐	2.☐ 3.☐	4.☐	5.☐	6.☐	7.☐
	17	1.☐	2.☐ 3.☐	4.☐	5.☐	6.☐	7.☐
	18	1.☐	2.☐ 3.☐	5.☐	4.☐	6.☐	7.☐
5	21	1.☐	2.☐ 3.☐	4.☐	5.☐	6.☐	7.☐
	22	1.☐	2.☐ 3.☐	4.☐		5.☐	6.☐ 7.☐
	23	2.☐	3.☐	4.☐	5.☐		1.☐ 6.☐ 7.☐
6	26	1.☐	2.☐ 3.☐	4.☐	5.☐	6.☐	7.☐
	27	1.☐	3.☐	5.☐		4.☐ 6.☐	2.☐ 7.☐
	28		1.☐ 3.☐ 5.☐	7.☐		4.☐ 6.☐	2.☐
7	31	1.☐	2.☐ 3.☐	4.☐	5.☐	6.☐	7.☐
	32	1.☐	3.☐ 5.☐			7.☐	2.☐ 4.☐ 6.☐
	33	2.☐	1.☐ 7.☐	5.☐	3.☐ 4.☐	6.☐	
8	36	2.☐	3.☐	4.☐	5.☐ 6.☐	7.☐	1.☐
	37	1.☐	3.☐ 5.☐	4.☐		6.☐	2.☐ 7.☐
	38	1.☐	2.☐ 3.☐	5.☐	4.☐	6.☐	7.☐

유형별 분석표 문학

유형별 분석표 사용법

- 회차를 마칠 때마다 해당 회차의 틀린 문제 번호에 표시를 해주세요.
- 회차가 진행될수록 학생이 어떤 유형의 문제를 어려워하는지 한눈에 알 수 있습니다.
- 뒷면에 있는 [유형별 해설]을 보고 부족한 부분을 채워나가게 지도해 주세요.

주	회차	중심 생각	요소	세부내용	어휘·표현	작품이해	추론·적용
1	4	1.☐		5.☐	2.☐ 4.☐	3.☐	6.☐ 7.☐
	5	1.☐	2.☐	6.☐	4.☐ 5.☐		3.☐ 7.☐
2	9	1.☐	2.☐	3.☐ 5.☐		4.☐ 6.☐	7.☐
	10	1.☐		2.☐ 3.☐ 5.☐	4.☐	6.☐	7.☐
3	14	1.☐	2.☐	5.☐	4.☐	6.☐	3.☐ 7.☐
	15	1.☐	2.☐	3.☐	5.☐	6.☐	4.☐ 7.☐
4	19		1.☐ 2.☐ 7.☐	5.☐	3.☐	4.☐ 6.☐	
	20	1.☐	2.☐	3.☐	4.☐	7.☐	5.☐ 6.☐
5	24	1.☐	2.☐		3.☐ 5.☐ 6.☐	4.☐	7.☐
	25	1.☐	2.☐	3.☐ 4.☐	6.☐		5.☐ 7.☐
6	29	1.☐	2.☐	4.☐	3.☐	6.☐	5.☐ 7.☐
	30	1.☐		2.☐ 5.☐ 6.☐	3.☐		4.☐ 7.☐
7	34	4.☐	1.☐ 2.☐		3.☐ 5.☐ 6.☐		7.☐
	35	1.☐ 7.☐	2.☐	4.☐ 5.☐	3.☐		6.☐
8	39		2.☐		3.☐ 5.☐	4.☐ 6.☐	7.☐
	40		1.☐ 2.☐	4.☐ 5.☐		3.☐ 7.☐	6.☐

유형별 길잡이 독서(비문학)

중심 생각	비문학 지문에서는 대체로 중심 생각을 직접 드러냅니다. 글의 맨 처음 또는 맨 마지막에 나오는 경우가 많습니다. 중심 생각을 찾는 것은 글을 읽는 이유이자 독해의 기본입니다. 만약 학생이 중심 생각을 잘 찾아내지 못한다면 글을 읽는 데에 온전히 집중하지 못하고 있을 가능성이 높습니다. 이 글이 어떤 이야기를 하는지 관심을 기울여서 읽도록 지도해야 합니다.
세부내용	중심 생각을 찾기 위해서는 글을 능동적으로 읽어야 한다면 세부내용을 찾기 위해서는 글을 수동적으로 읽어야 합니다. 학생이 주관에만 매여 글을 읽게 하지 마시고, 글에서 주어진 내용을 그대로 읽도록 해야 합니다. 문제를 먼저 읽고 찾아야 할 내용을 숙지한 다음 지문을 읽는 것도 세부내용을 잘 찾는 방법 중 하나입니다.
구조알기	글의 구조를 묻는 문제는 독해 문제를 처음 접하는 학생들이 특히 어려워하는 문제 유형입니다. 평소 글을 읽을 때, 글 전체의 중심내용뿐 아니라 단락마다 중심내용을 찾는 습관을 기르면 구조를 묻는 문제의 답을 잘 찾을 수 있습니다. 또한 글 전체가 어떤 흐름으로 전개되고 있는지 관심을 갖고 글을 읽으면 글의 구조를 파악하는 데 도움이 될 것입니다.
어휘·표현	글을 읽을 때, 문장 하나, 그리고 낱말 하나도 모르는 것 없이 꼼꼼히 읽는 버릇을 들이는 것이 중요합니다. 학생이 모르는 어려운 낱말을 찾는 문제는 글 속에서 그 낱말을 따로 설명하는 부분을 찾는 요령만 있으면 의외로 쉽게 맞힐 수 있습니다.
내용적용	내용 적용 문제는 무엇보다 문제가 요구하는 바를 정확히 읽어내는 것이 중요합니다. 또한 비슷비슷한 선택지에서 가장 가까운 표현을 찾아낼 줄도 알아야 합니다. 이를 위해서는 정확한 답이 보이지 않을 때, 선택지끼리 비교하는 연습을 평소에 하면 도움이 될 수 있습니다.
추론	추론 문제 또한 내용 적용 문제처럼 무엇보다 문제가 요구하는 바를 정확히 읽어낼 줄 알아야 합니다. 추론 문제는 그 주제에 대해 잘 알고 있으면 푸는 데 아주 도움이 됩니다. 따라서 평소 배경지식을 많이 쌓아두면 추론 문제에 쉽게 접근할 수 있을 것입니다.

유형별 길잡이 문학

중심 생각	문학 문제는 중심 생각뿐 아니라 모든 유형의 문제를 풀 때, 글쓴이의 생각이 무엇인지 계속 궁금해하면서 읽어야 합니다. 독해 문제를 풀 때뿐 아니라 다른 문학 작품을 읽을 때, 학생이 끊임없이 주제와 제목에 대해 호기심을 갖는다면 보다 쉽게 작품을 파악할 수 있을 것입니다.
요소	작품의 요소를 파악하는 문제는 그리 어려운 유형의 문제는 아닙니다. 작품 자체에 드러난 인물과 사건, 배경, 정서 등을 묻는 문제입니다. 만약 요소 유형의 문제를 학생이 많이 틀린다면 작품을 꼼꼼히 읽지 않기 때문입니다. 글을 꼼꼼히 읽는 습관을 들이도록 해야 합니다.
세부내용	비문학에서 세부내용을 찾는 문제는 사실이나 개념, 또는 정의에 대한 것을 묻지만 문학 지문에서는 사건의 내용, 일어난 사실 간의 관계, 눈에 보이는 인물의 행동에 대해 묻습니다. 때문에 작품이 그리고 있는 상황을 정확히 머릿속에 그리고 있다면 세부내용 또한 찾기 수월할 것입니다.
어휘·표현	문학에서 어휘와 표현을 묻는 문제는 인물의 심경을 담은 낱말을 글 속에서 찾거나, 아니면 그에 적절한 어휘를 고르는 문제가 대부분입니다. 성격이나 마음의 상태를 표현하는 어휘를 많이 알고 있으면 이 유형의 문제를 푸는 데 유리합니다. 이와 관련된 기본적인 어휘는 미리 공부해둘 필요도 있습니다. 비슷한 말과 반대되는 말을 많이 공부해두는 것도 큰 도움이 됩니다.
작품이해	작품이해 유형 문제는 학교 단원평가에서도 자주 출제되는 문제입니다. 작품을 미리 알고 그 주제와 내용을 이해하고 있다면 보다 쉽게 풀 수 있는 문제이지만, 처음 보는 작품을 읽고 풀면 쉽지 않을 수 있습니다. 이런 경우, 전에 읽었던 작품들 중 유사한 주제를 담고 있는 작품을 떠올리는 것이 문제 접근에 도움이 될 수 있습니다.
추론·적용	문학의 추론 문제에서는 〈보기〉를 제시하고 〈보기〉의 내용과 지문의 유사점 등을 찾아내는 문제가 많습니다. 이런 문제를 풀기 위해서는 지문의 주제나 내용을 하나로 정리할 줄 알아야 하고, 또한 문제 속 〈보기〉의 주제를 단순하게 정리하여 서로 비교할 줄 알아야 합니다. 무엇보다 문제 출제의 의도를 파악하는 것이 중요합니다.

뿌리깊은 국어 독해 시리즈

뿌리깊은 초등국어 독해력	뿌리깊은 초등국어 독해력 어휘편	뿌리깊은 초등국어 독해력 한자	뿌리깊은 초등국어 독해력 한국사
하루 15분으로 국어 독해력의 기틀을 다지는 초등국어 독해 기본 교재	국어 독해로 초등국어에서 반드시 익혀야 할 속담·관용어·한자성어를 공부하는 어휘력 교재	하루 10분으로 한자 급수 시험을 준비하고 초등국어 독해력에 필요한 어휘력의 기초를 세우는 교재	하루 15분의 국어 독해 공부로 초등 한국사의 기틀을 다지는 새로운 방식의 한국사 교재
• 각 단계 40회 구성 • 매회 어법·어휘편 수록 • 독해에 도움 되는 읽을거리 8회 • 배경지식 더하기·유형별 분석표 • 지문듣기 음성 서비스 제공 (시작~3단계)	• 각 단계 40회 구성 • 매회 어법·어휘편 수록 • 초등 어휘력에 도움 되는 주말부록 8회 • 지문듣기 음성 서비스 제공 (1~3단계)	• 각 단계 50회 구성 • 수록된 한자를 활용한 교과 단어 • 한자 획순 따라 쓰기 수록 • 한자 복습에 도움이 되는 다양한 주간활동	• 각 단계 40회 구성 • 매회 어법·어휘편 수록 • 한국사능력검정시험 대비 정리 노트 8회 • 지문듣기 음성 서비스 제공 • 한국사 연표와 암기 카드

시작단계 · 예비 초등

독해력 시작단계
- 한글 읽기를 할 수 있는 어린이를 위한 국어 독해 교재
- 예비 초등학생이 읽기에 알맞은 동요, 동시, 동화 및 짧은 지식 글 수록

1단계 · 초등 1·2학년

독해력 1단계
- 처음 초등국어 독해 공부를 시작하는 학생을 위한 재밌고 다양한 지문 수록

어휘편 1단계
- 어휘의 뜻과 쓰임을 쉽게 공부할 수 있는 이솝 우화와 전래 동화 수록
- 맞춤법 공부를 위한 받아쓰기 수록

한자 1단계
- 한자능력검정시험 (한국어문회) 8급 한자 50개

한국사 1단계 (선사 시대~삼국 시대)
- 한국사를 쉽고 재미있게 이해할 수 있는 다양한 유형의 지문 수록
- 당시 시대를 보여 주는 문학 작품 수록

2단계

독해력 2단계
- 교과 과정과 연계한 다양한 유형의 지문 수록
- 교과서 수록 작품 중심으로 선정한 지문 수록

어휘편 2단계
- 어휘의 쓰임과 예문을 효과적으로 공부할 수 있는 다양한 이야기 수록
- 맞춤법 공부를 위한 받아쓰기 수록

한자 2단계
- 한자능력검정시험 (한국어문회) 7급 2 한자 50개

한국사 2단계 (남북국 시대)
- 한국사능력시험 문제 유형 수록
- 초등 교과 어휘를 공부할 수 있는 어법·어휘편 수록

3단계 · 초등 3·4학년

독해력 3단계
- 초대장부터 안내문까지 다양한 유형의 지문 수록
- 교과서 중심으로 엄선한 시와 소설 수록

어휘편 3단계
- 어휘의 뜻과 쓰임을 다양하게 알아볼 수 있는 여러 가지 종류의 글 수록
- 어휘와 역사를 한 번에 공부할 수 있는 지문 수록

한자 3단계
- 한자능력검정시험 (한국어문회) 7급 한자 50개

한국사 3단계 (고려 시대)
- 신문 기사, TV드라마 줄거리, 광고 등 한국사 내용을 바탕으로 한 다양한 유형의 지문 수록

4단계

독해력 4단계
- 교과 과정과 연계한 다양한 유형의 지문 수록
- 독해에 도움 되는 한자어 수록

어휘편 4단계
- 공부하고자 하는 어휘가 쓰인 실제 문학 작품 수록
- 이야기부터 설명문까지 다양한 종류의 글 수록

한자 4단계
- 한자능력검정시험 (한국어문회) 6급 한자를 세 권 분량으로 나눈 첫 번째 단계 50개 한자 수록

한국사 4단계 (조선 전기)(~임진왜란)
- 교과서 내용뿐 아니라 조선 전기의 한국사를 이해하는 데 알아 두면 좋은 다양한 역사 이야기 수록

5단계 · 초등 5·6학년

독해력 5단계
- 깊이와 시사성을 갖춘 지문 추가 수록
- 초등학생이 읽을 만한 인문 고전 작품 수록

어휘편 5단계
- 어휘의 다양한 쓰임새를 공부할 수 있는 다양한 소재의 글 수록
- 교과 과정과 연계된 내용 수록

한자 5단계
- 한자능력검정시험 (한국어문회) 6급 한자를 세 권 분량으로 나눈 두 번째 단계 50개 한자 수록

한국사 5단계 (조선 후기)(~강화도 조약)
- 한국사능력시험 문제 유형 수록
- 당시 시대를 보여 주는 문학 작품 수록

6단계

독해력 6단계
- 조금 더 심화된 내용의 지문 수록
- 수능에 출제된 작품 수록

어휘편 6단계
- 공부하고자 하는 어휘가 실제로 쓰인 문학 작품 수록
- 소설에서 시조까지 다양한 장르의 글 수록

한자 6단계
- 한자능력검정시험 (한국어문회) 6급 한자를 세 권 분량으로 나눈 세 번째 단계 50개 한자 수록

한국사 6단계 (대한 제국~대한민국)
- 한국사를 쉽고 재미있게 이해할 수 있는 다양한 유형의 지문 수록
- 초등 교과 어휘를 공부할 수 있는 어법·어휘편 수록

중학 · 예비 중학~예비 고1

1단계 (예비 중학~중1)

2단계 (중2~중3)

3단계 (중3~예비 고1)

뿌리깊은 중학국어 독해력
- 각 단계 30회 구성
- 독서 + 문학 + 어휘 학습을 한 권으로 완성
- 최신 경향을 반영한 수능 신유형 문제 수록
- 교과서 안팎의 다양한 글감 수록
- 수능 문학 갈래를 총망라한 다양한 작품 수록

※단계별로 권장 학년이 있지만 학생에 따라 느끼는 난이도는 다를 수 있습니다. 학생의 독해 실력에 맞는 단계를 공부하는 것이 좋습니다.
※<뿌리깊은 초등국어 한자>는 해당 학년을 참고하시기보다는 학생의 실력에 맞는 단계를 선택해 주세요. ※<뿌리깊은 초등국어 독해력 한국사>의 단계는 독해력 난이도가 아닌 시대 순서를 바탕으로 구성되었습니다.

뿌리 깊은 나무는 바람에 움직이지 않아
꽃이 좋고 열매도 열립니다.

– 〈용비어천가〉 제2장 –

〈뿌리깊은 초등국어 독해력〉은 국어 독해를 처음 시작하는 초등학생이 뿌리 깊은 나무와 같은
국어 독해력의 기틀을 다질 수 있도록 도움을 주는 교재입니다.
또한 국어 성적뿐만 아니라 다른 과목의 성적에서도 좋은 결실을 거둘 것입니다.
국어 독해는 모든 공부의 시작입니다.

뿌리깊은 초등국어 독해력 시리즈

시 작 단 계	→	1 단 계	→	2 단 계	→	3 단 계	→	4 단 계	→	5 단 계	→	6 단 계
예비 초등(7세)~ 초등1학년		초등 1~2학년		초등 1~2학년		초등 3~4학년		초등 3~4학년		초등 5~6학년		초등 5~6학년

 1. 체계적인 독해력 학습 〈뿌리깊은 초등국어 독해력〉은 모두 6단계로 이루어져 있습니다. 초등학생의 학년과 수준에 바탕을 두어 단계를 나누었습니다. 또한 일주일에 다섯 종류의 글을 공부할 수 있도록 묶었습니다. 이 책으로 초등국어 독해 공부를 짜임새 있게 할 수 있습니다.

 2. 넓고 다양한 배경지식 국어 독해력은 무엇보다 배경지식입니다. 배경지식을 갖고 읽는 글과 아닌 글에 대한 독해력은 그야말로 하늘과 땅 차이입니다. 이 책은 그러한 배경지식을 쌓기 위해 초등학생 수준에 맞는 다양한 소재와 장르의 글을 지문으로 실었습니다.

3. 초등 어휘와 어법 완성 영어를 처음 공부할 때, 학생들이 가장 어려워하는 부분이 바로 어휘와 문법입니다. 국어도 다르지 않습니다. 특히 초등국어 독해에서 어휘와 어법이 제대로 잡혀 있지 않으면 글을 읽는 것 자체를 힘겨워 합니다. 때문에 이 책에서는 어법·어휘만을 따로 복습할 수 있는 장을 두었습니다.

 4. 자기주도 학습 이 책은 학생 스스로 계획을 세우고 자신의 학습 결과를 평가할 수 있도록 꾸며져 있습니다. 학습결과를 재밌게 기록할 수 있는 학습평가 붙임딱지가 들어있습니다. 또한 공부한 날이 쌓여갈수록 학생 독해력의 어떤 점이 부족한지 알게 해주는 '문제 유형별 분석표'도 들어있습니다.

 5. 통합교과 사고력 국어 독해는 모든 학습의 시작입니다. 국어 독해력은 국어뿐만 아니라 다른 모든 과목의 교과서를 읽는 데도 필요한 능력입니다. 이 책은 국어 시험에서 나올 법한 유형의 문제뿐 아니라 다른 과목시험에서 나올만한 내용이나 문제도 실었습니다.

 **6. 독해력 기본 완성** 이 책은 하나의 글을 읽어나가는 데 꼭 짚어줘야 할 점들을 각각의 문제로 구성했습니다. 1번부터 7번까지 짜임새 있게 이루어진 문제들을 풀다보면 글의 내용을 빠짐없이 독해하도록 각 회차를 구성했습니다.

MOTHERTONGUE
마더텅출판사
since1999.4.1.

낱말풀이 놀이용 말

점선을 따라 오려서 놀이할 때 말로 사용하세요.

돈을 모으려면 ▢▢를 줄이는 것이 중요하다.

실마리 필요한 일을 하기 위해 써서 없애는 일 **4칸**

최근에는 환경 ▢▢이 심각하다.

실마리 더럽게 됨 **5칸**

언제라도 화를 내지 않고 침착함을 ▢▢ 해야 한다.

실마리 어떤 상태가 상황을 그대로 두거나 변함없이 계속함 **5칸**

▢▢을 보면 낱말의 뜻을 알 수 있다.

실마리 낱말의 뜻을 설명해주는 책 **3칸**

오늘은 역사적인 ▢▢을 방문할 예정이다.

실마리 건축물이나 전쟁이 있던 옛터 **10칸**

부모님께 편지로 ▢▢를 전했다.

실마리 어떤 사람이 편안히 잘 지내고 있는지에 대한 소식 **4칸**

도구를 쓰니 ▢▢하다.

실마리 편하고 이용하기 쉬움 **4칸**

옛 ▢▢을 가꾸고 보존하는 건 중요한 일이다.

실마리 지난 시대에 이미 이루어져 전하여 내려오는 것 **5칸**

조선 시대에는 과거 시험을 통과해야 ▢▢을 할 수 있었다.

실마리 나랏일을 맡아 다스리는 자리 **7칸**

걱정이라도 있는지 오늘따라 ▢▢이 좋지 않다.

실마리 얼굴 빛 **5칸**

시험에 합격할 수 있는 점수는 80점 ▢▢일 듯하다.

실마리 어떤 수량이나 기준에 조금 모자라거나 넘치는 정도 **5칸**

무슨 문제가 나올지 ▢▢하며 공부해야 한다.

실마리 미리 생각함 **6칸**

동생은 과자를 못 먹은 게 ▢▢인 듯하다.

실마리 만족하지 못함 **5칸**

위대한 인물의 ▢▢를 정리한 책이 '위인전'이다.

실마리 살아 있는 한평생의 기간 **6칸**

해외여행이 끝나고 내일쯤 ▢▢할 예정이다.

실마리 다른 나라에 있던 사람이 자기 나라로 돌아옴 **7칸**

수많은 독립 운동가들이 나라를 위해 ▢▢했다.

실마리 어떠한 일로 인해 목숨을 잃음 **8칸**

▢▢이 참 빠르게 지나간다고 할머니께서 말씀하셨다.

실마리 흘러가는 시간 **5칸**

오염 汚染 더러울 **오**　물들일 **염**	소비 所費 바 **소**　쓸 **비**	
유적 遺跡 남길 **유**　자취 **적**	사전 辭典 말씀 **사**　법 **전**	유지 維持 줄거리 **유**　지킬 **지**
전통 傳統 전할 **전**　줄기 **통**	편리 便利 편할 **편**　이로울 **리**	안부 安否 편안할 **안**　아닐 **부**
안팎	안색 顔色 얼굴 **안**　빛 **색**	벼슬
생애 生涯 날 **생**　물가 **애**	불만 不滿 아닐 **불**　찰 **만**	예상 豫想 미리 **예**　생각할 **상**
세월 歲月 해 **세**　달 **월**	희생 犧牲 희생 **희**　희생 **생**	귀국 歸國 돌아올 **귀**　나라 **국**

뿌리깊은 **초등국어 독해력** 스스로 붙임딱지

뿌리깊은 **초등국어 독해력** 나무 기르기 붙임딱지

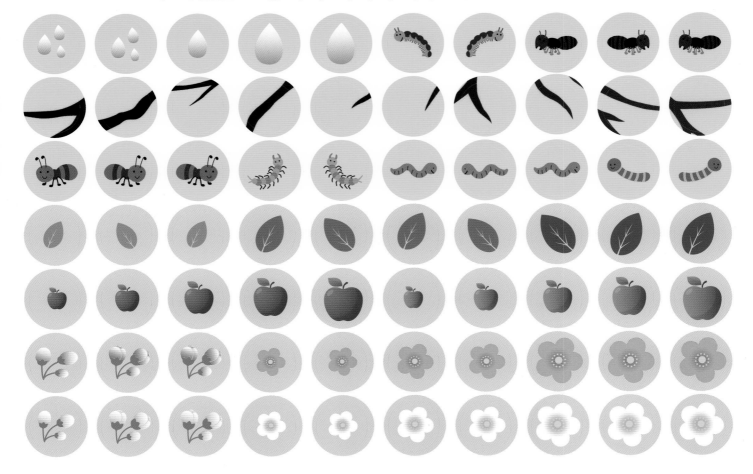